춘원 이광수 전집 25

시

정기인 | 서울과학기술대학교 조교수. 동경외국어대학 특임준교수 역임. 한국 근대시, K-pop 가사 및 뮤직비디오, 해외 한국학, 번역 등에 관심을 두고 연구하고 있다. 지은 책 『한국 근대시 형성과 한문맥의 재구성』은 '2018 지훈신진학술상'을 받아 출간되었다. 그 외 책으로 『韓国文学を旅する60章』 등이 있고, 논문으로 「"시란 하오" - 이광수의 시 인식과 한국의 '근대'」, 「경전에서 텍스트로 - 20세기 초 『詩經』에 대한 근대 시인들의 인식 변화」, 「방탄소년단과 블랙핑크의 노랫말 속 사랑의 의미」, "Fields of Revision: Adaptations of Wren's Elegy by Mo Yun-suk and Kim Ki-young" 등이 있으며, 옮긴 책으로 『겨울 공화국의 작가들』 등이 있다.

춘원 이광수 전집 25

시

초판 1쇄 발행 2024년 6월 28일

지은이 | 이광수
감수 | 정기인

펴낸곳 | (주)태학사
등록 | 제406-2020-000008호
주소 | 경기도 파주시 광인사길 217
전화 | 031-955-7580
전송 | 031-955-0910
전자우편 | thspub@daum.net
홈페이지 | www.thaehaksa.com

편집 | 조윤형 여미숙 김태훈
마케팅 | 김일신
경영지원 | 김영지
인쇄·제책 | 영신사

이정화, 2024. Printed in Korea.

값 31,000원

ISBN 979-11-6810-288-0 03810

이 전집은 춘원 이광수 선생 유족들의 협의를 거쳐 막내딸인 이정화 여사의 주관으로 발간되었습니다.

책임편집 | 조윤형
북디자인 | 이윤경

춘원 이광수 전집 25

시

―

시·시조·한시·영시·역시·가요·민요·동요

정기인 감수

태학사

이광수(李光洙, 1892~1950)

일러두기

1. 이 책은 1910년 3월 『소년(少年)』에 발표한 「우리 영웅」부터 1950년 5월 『문예(文藝)』에 발표한 「사랑」까지, 이광수가 약 44년 동안 쓴 시를 모두 모은 것으로, 저본은 해당 작품을 발표한 잡지, 이후 묶어 발행된 단행본 시집, 삼중당본 『이광수 전집』, 그리고 『이광수 친필 시첩』과 『이광수 초기 문장집』 등을 참조했다.
2. 시 작품을 시, 시조, 한시(漢詩)와 영시(英詩), 역시(譯詩), 가요, 민요, 동요 등 장르별로 나누어 수록하되, 한 장르 안에서는 발표 연월일 순으로 수록했으며, 한시나 영시 등의 번역문은 모두 감수자가 옮긴 것이다.
3. 이 책은 한국 어문 규정(2017년 3월 28일 기준)에 따라 현대역을 진행하였으나, 작가의 의도를 고려할 필요가 있거나 사투리, 옛말, 구어체 중에서 의미나 어감이 통하는 표현은 가급적 살리고자 하였다.
4. 한글만 쓰기를 원칙으로 하였다. 단, 낱말의 뜻을 파악하기 어려운 경우나 지금은 사용하지 않는 한자어의 경우, 혹은 경전·시가·한시·노래 등의 원문을 그대로 인용한 경우에는 한글과 한자를 병기하였다.
5. 대화를 표시하는 『 』 혹은 「 」은 모두 " "로, 그 밖에 강조의 뜻을 표시하는 경우에는 ' '로 바꾸었다. 말줄임표는 모두 '……'로 통일하였다.
6. 저술, 영화, 희곡, 소설 작품 등은 각각의 분량을 기준으로 「 」와 『 』를 사용하여 표시하였다.
7. 읽는 이들의 편의와 문맥의 흐름을 돕기 위해 원문의 의미를 훼손하지 않는 선에서 적절하게 문장부호를 추가, 삭제하거나 단락 구분을 하였다.
8. 숫자는 가급적 한글로 표기하되, 연도 등 문맥을 고려하여 필요하다고 판단되는 경우에는 아라비아숫자로 표기하였다.
9. 외래어나 외국어 원문을 특별히 밝혀야 할 필요가 있는 경우에는 그 뜻을 병기하였다.
10. 외래어 표기법을 따르되, 그 쓰임이 굳어진 것은 관례적인 표현을 따랐다.
11. 명백한 오탈자나 낱말의 순서 바뀜 등의 오류는 바로잡았다. 선정한 저본 안에서 해결할 수 없는 경우에는 다른 판본을 참조하여 수정하였다.
12. 이상의 편집 원칙에 따르되, 감수자가 개별 텍스트의 특성을 고려하여 유연하게, 탄력적으로 이 원칙들을 적용하였다.

발간사

 춘원연구학회가 춘원(春園) 이광수(李光洙) 연구를 중심축으로 하여 순수 학술단체를 지향하면서 발족을 본 것은 2006년 6월의 일이다. 이제 춘원연구학회가 창립된 지도 18년이 되었다. 그동안 우리 학회는 2007년 창립기념 학술발표대회 이후 학술발표대회를 27회까지, 연구논문집 『춘원연구학보(春園硏究學報)』를 27집까지, 소식지 『춘원연구학회 뉴스레터』를 13호까지 발간하였다.
 한국 현대문학사에 끼친 춘원의 크고 뚜렷한 발자취에 비추어보면 그동안 우리 학회의 활동은 미약하였다. 그러나 여러 가지 어려운 여건 속에서도 학회를 창립하고 3기까지 회장을 맡아준 김용직 선생님과 4~5기 회장을 맡아준 윤홍로 선생님, 그리고 학계의 원로들과 동호인들의 각고의 노력으로 우리 학회의 내일이 한 시대의 문학과 문화사에 깊고 크게 양각될 것으로 기대된다.
 일제강점기에 춘원은 조선인들에게 민족의식을 일깨워주고 문학적 쾌

락을 제공하였다. 춘원이 발표한 글 중에는 일제의 검열로 연재가 중단되거나 발간이 금지된 것도 있다. 춘원이 일제의 탄압에도 끊임없이 소설을 쓴 이유는 「여(余)의 작가적 태도」에 잘 나타나 있다. 이 글은 검열을 의식하면서 쓴 글임에도 비교적 자세히 춘원의 입장을 밝히고 있다. 춘원은 "읽을 것을 가지지 못한" 조선인, 그중에도 "나와 같이 젊은 조선의 아들 딸을 염두에" 두고 "조선인에게 읽혀지어 이익을 주려" 하는 것이라 하면서, 자신이 소설을 쓰는 근본 동기가 "민족의식, 민족애의 고조, 민족운동의 기록, 검열관이 허(許)하는 한도의 민족운동의 찬미"라고 밝히고 있다. 춘원의 소설은 많은 젊은이에게 청운의 꿈을 키워주기도 하고 민족적 울분을 삭여주기도 했다.

뿐만 아니라 춘원은 『신한자유종(新韓自由鐘)』의 발간, 2·8독립선언서 작성, 대한민국 임시정부 수립, 임시정부의 『독립신문』 사장, 수양동맹회(修養同盟會)와 수양동우회(修養同友會), 그리고 동우회(同友會) 활동 등 독립운동과 민족운동에 참여한 바 있다.

일제는 1937년 7월, 중일전쟁 직전인 1937년 6월부터 1938년 3월까지 수양동우회와 관련이 있는 지식인 180명을 구속하고 전향을 강요하였으며, 1938년 도산(島山) 안창호(安昌浩)의 사후 춘원은 전향하고 '가야마 미쓰로(香山光郞)'로 창씨개명을 하게 된다.

당시의 정황은 우리가 생각하는 것처럼 단순하지 않다. 조선의 히틀러라 불리는 미나미 지로(南次郞) 총독이 전시체제를 가동하여 지식인들의 살생부를 만들고 그들의 생명을 위협하던 시기였다. 나라를 잃고 민족만 남아 있는 일제강점기에 우리 선조들은 온갖 고난을 감수해야만 했다. 일제에 저항하여 독립운동을 하고 옥사한 사람들도 있지만, 생존을 위해 일제에 협력하고 창씨개명을 한 이들도 적지 않았다.

해방 후 춘원은 자신의 과오를 반성하지 않고, 자신은 민족을 위해 친일을 했고, 민족을 위해 자기희생을 했노라고 했다. 이러한 주장은 많은 사람들로부터 질타를 받았다. 그럼에도 춘원을 배제하고 한국 현대문학과 현대문화를 논할 수 없으며, 그가 남긴 문학적 유산들을 친일이라는 이름으로 폄하하는 것은 온당해 보이지 않는다. 문학 연구에 정치적인 논리나 진영 논리가 개입하면 객관적인 연구가 진척될 수 없다. 공과 과를 분명히 가리고 논의 자체를 논리적이고 이지적으로 전개해야 재론의 여지가 생기지 않는다.

삼중당본 『이광수전집』(1962)과 우신사본 『이광수전집』(1979)은 편집자의 의도에 따라 많은 작품이 누락되어 춘원의 공과 과를 가리기에 어려움이 있다. 또한 현대어와 거리가 먼 언어를 세로쓰기로 조판한 기존의 전집은 현대인들이 읽기에 어려움이 있다.

따라서 춘원이 남긴 모든 저작물들을 포함시킨 새로운 전집을 발간할 필요성이 제기되었다. 춘원연구학회에서는 춘원의 공과 과를 객관적으로 평가하는 장을 마련하기 위해 춘원학회가 아닌 춘원연구학회라 칭하고 창립대회부터 지금까지 공론의 장을 마련해왔으며, 새로운 '춘원 이광수 전집' 발간을 준비해왔다.

전집 발간 준비가 막바지에 달한 2015년 9월 서울 YMCA 다방에 김용직, 윤홍로, 김원모, 신용철, 최종고, 이정화, 배화승, 신문순, 송현호 등이 모여, 모 출판사 사장과 전집을 원문으로 낼 것인가 현대어로 낼 것인가, 그리고 출판 경비는 어느 정도로 할 것인가를 가지고 논의했으나 합의점을 찾지 못했다. 2016년 9월 춘원연구학회 6기 회장단이 출범하면서 전집발간위원회와 전집발간실무위원회를 구성하였다. 전집발간위원회는 송현호(위원장), 김원모, 신용철, 김영민, 이동하, 방민호, 배화승, 김병선, 하타노 등으로, 전집발간실무위원회는 방민호(위원장), 이경재, 김형규, 최주한, 박진숙, 정주아, 김주현, 김종욱, 공임순 등으로 구성하였다.

 전집발간위원들과 전집발간실무위원들은 연석회의를 열어 구체적인 방안들을 논의하고, 또 전집발간실무위원들은 각 작품의 감수자들과 연석회의를 하여 세부적인 사항들을 논의한 끝에, 2017년 6월 인사동 '선천'에서 춘원연구학회장 겸 전집발간위원장 송현호, 태학사 사장 지현구, 유족 대표 배화승, 신문순 등이 만나 '춘원 이광수 전집' 발간 계약을 체결하였다. 춘원이 남긴 작품이 방대한 관계로 장편소설과 중·단편소설을 먼저 발간하고 그 밖의 장르를 순차적으로 발간하기로 하였다. 또한 일본어로 발표된 소설도 포함시키되 이 경우에는 번역문을 함께 수록하기로 하였다.

 전집발간위원회에서 젊은 학자들로 감수자를 선정하여 실명으로 해당 작품을 감수하게 하며, 감수자가 원전(신문 연재본, 초간본, 삼중당본, 우신사본 등)을 확정하여 통보해주면 출판사에서 입력하여 감수자에게 전송해주고, 감수자는 판본 대조, 현대어 전환을 하고 작품 해설까지 책임지기로 하였다.

 '춘원 이광수 전집' 발간은 현대어 입력 작업이나 경비 조달 측면에서 간단한 일이 아니어서 오랜 시일이 소요되었다. 전집 발간에 힘을 보태주신 김용직 명예회장은 영면하셨고, 윤홍로 명예회장은 요양 중이시다. 두 분 명예회장님을 비롯하여 전집발간위원회 위원, 전집발간실무위원회 위원, 감수자, 유족 대표, 그리고 태학사 지현구 사장님께 감사드린다. 아울러 실무를 맡아 협조해준 전집발간실무위원회 김민수 간사와 춘원연구학회의 신문순 간사, 그리고 태학사 관계자에게도 고마운 마음을 전한다.

2024년 6월
춘원이광수전집발간위원회 위원장 송현호

차례

발간사 — 7

시

우리 영웅 — 23
곰 — 27
말 듣거라 — 31
이상하다 — 32
압록강 — 33
나라를 떠나는 설움 — 34
망국민의 설움 — 35
상부련(想夫憐) — 36
나라 생각 — 37
꽃을 꺾어 관을 짓자 — 38
새 아이 — 40
님 나신 날 — 41
한그믐 — 43
내 소원 — 44
생활난 — 45
침묵의 미 — 46
어린 벗에게 — 48
벗 — 49
양고자 — 50

청춘 — 51
궁한 선비 — 52
극웅행(極熊行) — 53
난 날 — 68
살아지다 — 72
님 — 73
어머니의 무릎 — 74
미쁨 — 81
강남의 봄 — 85
우감(偶感) 삼 편 — 86
  너는 청춘이다
  기운을 내어라
  평범
동지(同志) — 89
조선아 — 90
묵상록·1 — 93
  사감(舍監)
  통학
  반딧불
  밤차
낙담하는 자여 — 97

묵상록·2 — 98
  벗
  선물
  입산하는 벗을 보내고서
  흉년
  팔십 전
묵상록·3 — 102
  노래
  벗님
  비
  불꽃
우송(牛頌) — 105
묵상록·4 — 110
  한 그믐·1
  한 그믐·2
  약
  세 가지 맹세
  의(義)의 인(人)
  가시관
붓 한 자루 — 115
묵상록·5 — 116
  마관(馬關)
  살려는 노력
  군함
  별장
  생신(生新)
  동경(東京)
  조선 열차
  강
  양(羊)의 우리
님네가 그리워 — 120
조선의 산 — 121

기차 — 122
"조선을 버리자" — 123
곡(哭) 백암(白巖) 선생 — 124
기도 — 127
"입원 중에" — 129
경원선(京元線) 차중에서 — 130
산 내 소리 — 131
궁예(弓裔) 왕릉 — 132
서울로 간다는 소 — 133
산월(山月) — 134
새 나라로 — 137
새벽 — 138
국에 말아 드립시다 — 139
복조리 — 141
아비의 소원 — 142
색의(色衣) 노래 — 143
힘의 찬미 — 144
낙화암(落花岩) — 146
여성의 노래 — 147
  딸
  누이
  아내
  어머니
향로 — 151
내 노래 — 152
빛 — 153
송춘(頌春) — 154
비둘기 — 157
또 하루 — 158
나팔꽃 — 159
귀뚜라미 — 160
사랑해 주신 이 — 161

나는 ― 162
럼비니송(頌) ― 164
애인 ― 165
무소구(無所求) ― 167
배 ― 168
밀물에 ― 169
임의 언약 ― 171
술회(述懷) ― 173
아침의 노래 ― 175
조(弔) 박용철(朴龍喆) 군 ― 178
봄과 님 ― 181
불쌍한 아이 ― 182
맘 ― 183
쇠북 ― 184
어린 아들 ― 186
모르는 이의 편지 ― 187
아내여 ― 188
내 죄 ― 189
버들강아지 ― 192
첫 나비 ― 193
무제(無題) ― 194
첫 소리 ― 196
아버지 돌아가신 날 ― 197
멧새 ― 198
흐린 샘 ― 199
사랑의 낙인 ― 200
할미꽃 ― 201
역사가(歷史家) ― 203
세계의 노래 ― 204
산으로 바다로 ― 205
나비 ― 206
영산홍(映山紅) ― 207

지원병 장행가(壯行歌) ― 208
어버이 ― 209
애국일 노래 ― 210
희망의 아침 ― 212
선전대조(宣戰大詔) ― 213
시로가와 레이코 훈도(訓導) 순직 ― 214
정지(停止) ― 216
조선의 학도여 ― 218
새해 ― 223
새해의 기원 ― 225
승리의 날 ― 229
신병(新兵) ― 231
모든 것을 바치리 ― 233
경성 급(及) 의주 공동묘지에서 밤에 원혼만세(怨魂萬歲)와 곡소리가 들리다 ― 235
『돌베개』 서시(序詩) ― 236
독자와 저자 ― 237
나는 독립국 자유민이다 ― 238
구더기와 개미 ― 246
주몽(朱蒙)과 예랑 ― 253
사랑 ― 256
지구 ― 257
스무 살 고개 ― 260
사랑 ― 261
간수 ― 262
부처 나라 ― 263
과년(過年) ― 264
절구질 ― 265
종다리 ― 267
새끼 뺏긴 어미 닭 ― 268
모내기 ― 269

임 이름 — 270
임 — 271
나 — 272
인과응보(因果應報) — 273
늙은이 — 274
그 나무 왜 꺾나 — 275
진달래 — 276
괴로워라 — 277
절지(折枝) — 278
묵은 꽃씨 — 279
사랑 — 282
싹 — 289
수리 — 290
졸업식 — 293
도라지 — 294
나비 — 295
젊은이 — 296
이야기 — 297
하나님 — 298
이온(ion) — 302
별 — 303
이때 — 304
왜 — 307
시골 풍경 — 309
오디 — 310
병아리 — 311
기침 — 312
옛 벗 — 313
초옹(草翁) — 314
두 마음 — 315
의지 — 316
소원 — 317

완전 — 318
이런 사람 — 319
추운 날 — 320
향 피우고 — 321
우리 서로 — 322
사랑하세 — 323
정 도령 — 324
안락 — 325
불에 타는 벌레 — 326
인생 — 327
오늘과 내일 — 328
박덕복(薄德福) 상복상(相福相) — 329
기쁨 — 331
복 — 333
기뻐하세 사랑하세 — 334
사철 — 335
지옥 — 336
의심 — 337
서로 — 338
엿장수 — 339
내 뜰 340
꽈리·1 — 342
꽈리·2 — 343
오랑캐꽃 — 344
도라지 — 345
채송화와 한련 — 346
병꽃나무 — 348
분꽃 — 349
담쟁이 — 350
엄나무 — 351
아이들 나라 — 352
참새 — 354

꽃 — 355
주막 — 356
우주는 정의다 — 357
직심인(直心人) — 358
기러기 — 363
호랑이 — 364
보고 싶어라 — 365
윤회무진(輪廻無盡) — 366
문(門) — 369
청정행(淸淨行) — 374
피아노 소리 — 380
기침 — 381
세상 — 382
한 아궁이 — 383
따끔령 — 385
고려자기 — 386
개피떡 — 387
무서운 날 — 388
인과(因果) — 390
자비를 잃은 마음 — 393
화평 — 394
셋째 싸움 — 395
완전 — 396
광경 — 397
소원 — 398
나·1 — 399
나·2 — 400
아내의 설교 — 401
이야기 — 402
사랑과 미움 — 403
나라 타령 — 404
사랑 — 407

마음 — 408
저 해를 바라보니 — 409
왜 사나 — 410
해방 — 412
왜들 싸우시오 — 414
살기 좋은 세상 — 415
지배자 — 416
잘 살 수 있는 나라 — 418
법화경(法華經) — 423
무제(無題) — 424

시조

악부〔고구려지부(高句麗之部)〕 — 427
    금와(金蛙)
    해모수(解慕漱)
    유화(柳花)
    동명성왕(東明聖王)
새해의 희망 — 437
꿈 — 438
고시조·1 — 439
보낸 뒤 — 440
고시조·2 — 441
중추월 — 442
행로난(行路難) — 443
눈 — 444
옛 친구 — 445
잠옷 — 446
인정(人情) — 447
금매화(金梅花) — 448
생(生)과 무상(無常) — 449

송아지 — 450
해운대(海雲臺)에서 — 451
사비성(泗沘城)에서 — 452
촉석루(矗石樓)에서 — 453
청춘 — 454
임 — 456
새해맞이 — 457
석왕사(釋王寺)에서 — 458
새 여자의 노래 — 459
삼월의 노래 — 460
우리의 뜻 — 461
비판 — 463
시비 — 464
병아(病兒)〔수오(首五)〕 — 465
묵상 기록〔육(六)〕 — 466
전원에 가시는 이 — 469
삼계중생(三界衆生) — 470
어머님 생각 — 471
조선 (시조·1) — 472
태백산(太白山)(시조·2) — 474
누이야 (시조·3) — 475
압록강(鴨綠江)에서 — 476
송화강반(松花江畔)에서 — 477
조충혼(弔忠魂) — 478
새벽의 노래 — 480
곤한 몸 — 481
하염없는 마음 — 482
봄 — 483
역사(驛舍) — 484
마흔한째 돌 — 485
만폭동(萬瀑洞)에서 — 487
대동강(大同江) — 488

즉흥 — 490
차중에서 — 491
임 찾아갈거나 — 492
앞길 — 493
병든 몸 — 494
천지(天地) — 495
꿈 — 496
발자국 — 497
긴긴 꿈 — 498
잊은 뜻 — 499
주랄 것이 — 500
박인배(朴仁培) 군께 — 501
기다림 — 502
초라한 나 — 504
단장을 버리나이다 — 505
집도 다 없어도 — 506
헛애 켜는가 — 507
하나님 — 508
여름 볕 — 510
영년기세(迎年祈世) — 511
봉아(鳳兒) 사후(死後) 둘째 생일에 —
    512
제야(除夜) — 513
물 한 잔 — 514
잉태 — 515
남운(南雲)께 — 516
시심작불(是心作佛) — 517
능금 공양 — 518
관음상 — 519
고운 님 — 520
뵈오러 갔던 길 — 521
부질없는 내 근심 — 522

임 여기 계시다네 — 523
언뜻 뵈온 얼굴 — 524
임 그려 — 525
폭풍우·대뇌전(大雷電) — 526
임의 음성 — 527
어디를 가옵기로 — 528
장자(莊子)를 읽고 — 529
임의 얼굴 — 530
작은 샘 — 531
연꽃 — 532
매미 — 533
술회(述懷) — 534
사모 — 535
임 거기 — 536
불심(佛心) — 538
은거 — 539
내 뜰 — 540
창의문(彰義門)에서 — 541
웃고 오는 임 — 542
날 찾으시는 이에게 — 543
가신 임 — 545
옥수수 — 546
임 가신 뒤 — 547
처음 뵈온 임 — 548
어머니 — 549
송아지 — 551
수미암(須彌庵)·1 — 552
수미암(須彌庵)·2 — 553
온정령(溫井嶺) — 554
보광암(普光庵) — 555
만물초(萬物草) — 556
도솔암(兜率庵) — 557

호랑아 — 558
만폭동(萬瀑洞)·1 — 559
만폭동(萬瀑洞)·2 — 560
석비(石碑) — 561
산 — 562
바위 — 563
명경대(明鏡臺) — 564
백탑동(百塔洞) — 565
운수종적(雲水蹤跡) — 566
외원통(外圓通) — 567
동석동(動石洞) — 568
헐성루(歇惺樓) — 569
봄 — 570
여인네 — 571
축원 — 572
부여행(夫餘行) — 573
벗님네 — 574
무슨 원? — 575
가는 봄 — 576
송석(松石) 박 선생 대인(大人) 수연(壽筵)을 비오며 — 577
모르는 은혜 — 578
복 — 579
병든 걸인 — 580
무제(無題) — 581

한시(漢詩)와 영시(英詩)

贈三笑居士 — 585
明堂風月 三首 — 586
　辛未除夕韻

石顚上人華甲戱贈
　　　其二
無題 — 590
病中吟 — 592
丁丑 四月 二十八日 李光洙 鞠躬 — 594
蘇峰先生 — 595
呈德富蘇峰先生在五湖 — 597
柳樹人從江南來訪 — 598
卽興 — 599
My Dear Friends — 601
My Song — 603

역시(譯詩)

강촌(羌村) — 607
외로운 추수꾼 — 609
시월(그중 몇 절) — 611
콩코드기념비 제막식 — 613
낡은 외투 — 614
수선화 — 616
아메리카 사람들아 — 618
신종송(晨鐘頌) 역(譯) — 619
무제(無題) — 620

가요

동아일보 사가(社歌) — 623
오산학교 교가 — 625
오산학교 창립 기념가 — 626
오산 경가(競歌) — 627

경성 보성전문학교 교가 — 628
운동의 노래 — 630
유치원 원유회가(園遊會歌) — 632
우리 집의 노래 — 633

민요

미아리 — 637
딸기 순 — 638
저기 저 아씨들 — 639

동요

만세 — 643
우리 애기 자는 잠 — 644
잃어버린 노래 — 646
나무리 구십리 — 647
꾀꼬리 — 648
자장 — 649
뒷동산에 — 650
우리 애기 잠자오 — 651
어디서 오셨나? — 652

해설

영웅, 친일, 사랑: 이광수 시의 도정 _ 정기인
　— 653

시

우리 영웅

월명포(月明浦)에 밤이 깊었도다
연일 고전(苦戰)에 피로한 장사들은
깊이 잠들고 콧소리 높도다
깊고 검은 하늘에 무수한 성신(星辰)은
잠잠하게 반뜻반뜻 빛나며
부드러운 바람에 날아온 풀내까지도
날랜 우리 애국사(愛國士)의 핏내를 머금은 듯
포구에 밀려오는 물결 소리는
철썩철썩 무엇을 노래하는 듯

군영에 누워 자는 우리 영웅
고금에 없고 세계에 다시 없는 우리 영웅
얼굴에는 날램과 분개함과 근심이
그물그물하는 촉광(燭光)을 내며
서편을 향하여 통곡하던 눈물 자취
철석 같고 진주 같은 간장(肝腸) 흘러나온
뜨겁고 귀한 그 눈물 자취
이 누군가, 우리 영웅 충무공 이순신

평화로운 그 호흡에도 적심(赤心) 열정(熱情) 알배었고
똑똑 뛰는 그 심장의 고동에도
생명 자유가 넘치는도다
부모 형제 자매—한 피 나눈 동포가 도탄 어육(魚肉)에 고통받으며
생명 자유 품은 이 땅—내 나라의 운명이 위기가 일발이며
신성문무(神聖文武)하옵신 우리 황상—우리의 큰 아버지가
연진(烟塵)을 무릅쓰시고 용의 눈물을 동선령(洞仙嶺) 저편에 뿌리시게 되니
우리 영웅의 마음 어떠할까?

사랑하는 부모처자 고향에 두고
떠날 때에 그도 단장(斷腸)의 눈물 흘렸고
향기로운 가정의 행복을
그도 모르는 것은 아니라
그러나 나의 선조가 나고 자라고
죽어서도 그 몸을 묻은 이 땅—내 나라!
내가 나고 자라고 활동하고
죽어서도 이 몸을 묻을 이 땅—내 나라!
이내 천부(天賦)의 생명 자유
부모 형제자매—동포의 생명 자유를 품으며 기른 이 땅—내 나라에 비기면 어느 무엇이 이에서 더 중할쏘냐
오 척 단구 이 몸이 비록 작으나
생명 자유 품은 이 땅 이 나라의 수호자
뼈마디마다 세포마다 전기같이 잠긴 것은

산이라도 흔들고 바다라도 뒤집으며
천지간에 꽉 차서 영원히 불멸하는
귀하고 또 중한 그 정신
우리 조상부터의 큰 포부를 담아 가진 이 나라를
완전하게 가지고 가는 뜨거운 정신
생명 자유 품은 이 땅 내 나라 위하여
오 척 단구 이 몸 가루를 만들고
심장에 끓으며 전신에 돌아든
맑고 밝고 뜨거운 이 내 피로
삼천리 청구(靑邱)를 물들이리라
부모 형제자매—한 피 나눈 우리 동포
생명 자유 품은 이 땅—내 나라의 운명이 위기일발한 이때 오늘날
적심 열성을 갑주(甲胄)로 우레 같은 호령에
날래고도 굳센 애국하는 장사를 보라
"윽! 윽!" 고함으로 쫓아 나갈 때
흉용(洶湧)한 파랑도 행진곡을 부르는 듯
적심 열정…… 날랜 배…… 살 향하는 곳에
정의를 어그러치는 적의 무리는
분탕(奔蕩)하는 물결 속에 꺼지는도다
크도다 장하도다 우리 영웅의 정신이여
이 정신—충군 열성 애국 정열 있기에
자유 독립의 표상되는 백두의 뫼가 청구의 북천(北天)에 솟아 있을 때까지
영원 평화의 표상되는 한강의 물이 청구의 중앙을 흐를 때까지

부모 형제자매 — 한 피를 나눈 우리 민족이
청구의 낙원으로부터 큰 사명을 다할 때까지 찬양하고 노래하리라
우리 영웅 충무공 이순신

— 『소년(少年)』, 1910. 3.

곰

태고로부터 자라오는 수풀이 잠뿍 들어서서
아니 비취는 데 없는 해도 이곳에는 아니 비취어
어디서 나는지는 모르겠으나
처량히 그러나 한가로이 우는 부엉이의 소리
"부엉, 부엉"— 너는 무엇을 호올로
노래하느냐?
너곧 없었던들 이 깊은 침묵은 영원할 것을

천주(天柱)같이 수풀 위로 빼어난 어떤 한 바윗돌
기천 년 풍상에도 엄연한 그 위의(威儀)를 의연히
안보(安保)하여 내려옴 그 고초(枯燋)한 얼굴에 나타나도다
무한한 시간의 흐름 가운데
조그마한 목숨— 괴상한 물건을 가지고 왔다가
무한에 비하면 공(空)이나 다름없는 시간을
고민 통곡! 아아, 고민 통곡으로 보내고
그도 부족하여 침통 잔혹한 고민을 일순시(一瞬時)에 모든
'죽음'(멸망인가?)을 만난 이 얼마나 보았는가!

"흐윽" 노후(怒吼)하는 소리 또 "흐윽"······

그 소리에 수풀이 떨리는 듯하도다

두 눈에 번갯불이 번쩍번쩍
머리에서 흐르는 붉고 끓는 피!
피보라 핏방울 바윗돌과 흙을 물들여
노기가 등등한 그 두 눈으로 이윽히
바윗돌을 보더니 뿌드득 이 가는 소리……
풀 피 뿌리는 소리를 고함으로
"흐윽" 또 한 번 받는다 또 한 번 번개같이
그러나 그러나 바윗돌은 움쩍도 아니 해

또 흐윽— 피보라…… 뿌드득 이 가는 소리
머리에 고기는 떨어져서 두골(頭骨)이 나타나고
횃불 같은 그 두 눈에는 붉은 안개 돌도다
또 한 번 흐윽— 피보라 두골은 깨어져
흰 뇌장(腦漿)이 비죽이 나타나도다— 아아!

또 흐윽! 피보라는 여전하되
다시 받을 기력은 이미 소진하여
사지가 나른해 거꾸러지도다
숨소리만 높이 살기(殺氣)는 등등하나
고깃몸은 이미 조절을 잃었으니 어찌해 어찌해
심장 속에 끓는 피가 창구(創口)로 퍼붓는 듯
부릅떴던 눈도 차차 가늘어지고

목숨 없는 고깃덩이만 경련으로 떨려
이것이 이 영웅의 최후로다 이것이―
그러나 저 바윗돌은 의연해 (자연은 다아)

다른 동물들은― 조그마한 목숨 가진 괴물들은
이것을 보고 비웃으리라 미웁다 하리라
아아, 그 조고마한 목숨이 아까워 자아를 꺾는
너희들 비겁한 동물들아 네가 도리어 그를 웃어?
네가 비록 네 목숨을 아낀다 한들 그 몇 해나 될까?
무한한 시간에 비길 때에야 오십 년이나 백 년이나
이와 같은 목숨이 아까워 귀중한 자아(自我)를 꺾어?
자아! 자아! 이곧 없으면 목숨(삶) 아니요 기계라

이 곰이 수풀을 다니다가 (자유로 자재로)
거연(倨然)히 섰는 저 높은 바위를 보매
문득 제가 그의 압박을 받는 듯하여―
귀중한 자아가 그의 압박을 받는 듯하여
목숨을 내어붙이고 싸움이라―
힘이 있는 데까지 기력이 있는 때까지 목숨이 있는 때까지
그러나 그는 성공을 기(期)함은 아니요
그만 자아의 권력을 최고점에까지 신장함이라
다시 말하노라 그는 결코 성공을 기함은 아니요
다만 자아의 권력을 최고점에까지 신장함이라
그는 죽었도다 그렇도다 그는 죽었도다

그가 이리하지 아니었던들 그의 목숨은 더 좀 길었으리라

그러나 좀 더 긴 그 목숨은 목숨이 아니라 기계니라

그가 비록 단명하게 죽었으나 그러나 그러나

그의 그 짧은 일생은 전혀 전혀 자유니라

그는 일찍 자연의 법칙 이외에는 자아를 꺾은 적 없느니라

곰아! 곰아!

—「소년」, 1910. 6.

말 듣거라

산아 말 듣거라 웃음이 어인 일고
너 그 님 손에 만지우지 않았던가
그 님을 생각하거들랑 우짖기야 왜 못 하랴
네 무슨 뜻 있을까마는 하 아쉬워

물아 말 듣거라 노래가 어인 일고
너 그 님 발을 씻기우지 않았던가
그 님을 생각하거들랑 느끼기야 왜 못 하랴
네 무슨 맘 있을까마는 눈물겨워

꽃아 말 듣거라 단장이 어인 일고
너 그 님 입에 입 맞추지 않았던가
그 님을 생각하거들랑 한숨이야 왜 못 쉬랴
네 무슨 속 있을까마는 가슴 쓰려

— 『새별』, 1913. 9.

이상하다

얼음 바다에 쇠배를 저어
안개 속으로 휘몰아들어
가만히 보니 블라디보스토크라

엉기엉기 누더기 지고
이 거리 저 골목 우리 지게꾼
눈으로 안 절였다면
금시 다 썩겠더구나

얼음도 썩고 눈조차 쉬는
블라디보스토크에
이상하다 안 썩는 것 태백의 영

— 『권업신문(勸業新聞)』, 1914. 1. 18.

압록강

백두산 담은 못이
흘러내려 압록강
배달 동산 곳곳으로
잘 저물 해 흐르리오

— 『대한인정교보(大韓人正敎報)』, 1914. 5. 1.

나라를 떠나는 설움

백두산아 잘 있거라 한강수야 다시 보자
많이 정든 고국 떠나려 하랴마는
행여나 자유향 있을까 하여 눈물 지고 가노라

몸은 미국에 있거나 러시아에 있거나
꿈을 꿈꾸면 고국산천만 알뜰히도 뵈는구나
고국아 네 짐작하여 잘 때나 잠깐 비치렴.

— 『대한인정교보』, 1914. 6. 1.

망국민의 설움

아무리 가도 못 면할 것은 망국민의 설움인데
청동화로 백탄 숯에 이글이글 철인을 달아
앞이마에 뚜렷하게 '망국민' 삼 자를 새긴 것은 아니건만
만국 녀석들이 모두 다 임진강 사공의 자식인 양하여
우리를 보면 용하게도 킹킹 코웃음만 하데
무딘 칼로 가슴에 구멍을 데꾼 뚫어놓고
억센 동아줄을 울툭불툭 본때 있게 베어내어
한편에는 항우 서고 한편에는 삼손이 — 두 놈이
홀그렁 훌쩍 다리는 것은 견딜 만해도
망국민의 설움을 참말 못 견디겠네
어차피 못 살 몸이니 보국 충혼이나 되리라

— 『대한인정교보』, 1914. 6. 1.

상부련(想夫憐)

오동짓달 눈 뿌릴 제 겹옷 입고 떠나던 님
오늘 몸 맛 갈 때엔 단정코 온다더니
한벌 두벌 세벌 김을 다 매도록
늦은 벼 고개 숙이고 텃밭에 무를 캐어 김치 담그도록
기다리고 기다리는 우리 님은 아니 오네
일 있어 아니 오심이야 어쩌랴마는
품은 뜻 못 이룰까 봐 그를 근심하노라

아이는 아비 없다 울고 나는 님 그리워 울고
빚쟁이는 묵은 빚 내라고 야단까지 부리네
행여 꿈에나 그린 님 뵈려 잔등 아래에서 졸았더니
어디서 심술궂은 기러기는 내 집 위에 우는고
님아 내 고생이야 말해 무엇하랴마는
천리만리에 내내 평안하시다가
독립기 펄펄 날거던 훌쩍 날아오소서

— 『대한인정교보』, 1914. 6. 1.

나라 생각

동천을 바라볼 때
눈물이 왜 솟으며
앞길을 생각할 때
가슴이 왜 쓰린고
잊지도 못 잊는 님은
죽거나 곧 오거나

—『권업신문』, 1914. 8. 9.

꽃을 꺾어 관을 짓자

1. 아이들아 산에 가자
   산에 가서 꽃을 꺾자
   꽃 꺾어서 관 엮어서
   건국 영웅 씌워 주자

2. 이 꽃으로 엮은 관은
   누구 머리에 씌워 주랴
   백두산의 상상봉에
   독립기를 세운 영웅

3. 이 꽃으로 엮은 관은
   누구 머리에 씌워 주랴
   둥그런 독립문에
   자유종을 울린 영웅

4. 이 꽃으로 엮은 관은
   누구 머리에 씌워 주랴
   나라 위해 원혼 되신
   애국지사 무덤 앞에

5. 이 꽃으로 엮은 관은
　　누구 머리에 씌워 주랴
　　꽃 꺾어서 관을 엮는
　　우리 머리에 쓰자꾸나

—『권업신문』, 1914. 8. 16.

새 아이

네 눈이 밝구나 엑스빛 같다
하늘을 꿰뚫고 땅을 들추어
온 가지 진리를 캐고 말란다
   네가 '새 아이'로구나

네 손이 살갑고 힘도 크도다
불길도 만지고 돌도 주물러
새로운 누리를 지으려는구나
   네가 '새 아이'로구나

네 맘이 맑구나 예민도 하다
하늘과 땅 사이에 미묘한 것이
거울에 더 밝게 비춰는구나
   네가 '새 아이'로구나

네 인격 높구나 정성과 사랑
네 손발 가는 데 화평(和平)이 있고
무심한 미물도 다 믿는구나
   네가 '새 아이'로구나

―『청춘(靑春)』, 1914. 12.

님 나신 날

닭이 운다 닭이 운다 그 닭이 또 우누나
한 옛적 한 하얀 산에 우리 님 나시던 날
그날에 우리 님의 첫소리 듣던 닭이 또 우누나
네 부디 맘껏 울어라 잘 즈믄 해 내어 울어
행여나 네 소리로나 님의 소리 듣고자

해가 뜬다 해가 뜬다 그 해가 또 뜨누나
한 옛적 한 하얀 산에 우리 님 나시던 날
그날에 님의 얼굴 비추던 해가 또 뜨누나
네 부디 맘껏 떠라 잘 즈믄 해 내어 떠
행여나 네 얼굴로나 님의 얼굴 보고자

바람 분다 바람 분다 그 바람 또 부누나
한 옛적 한 하얀 산에 우리 님 나시던 날
그날에 우리 님의 입김 섞인 바람 또 부누나
네 부디 맘껏 불어라 잘 즈믄 해 내어 불어
행여나 네 입김으로나 님의 입김 맡고자

꿈이 온다 꿈이 온다 그 꿈이 또 오누나

한 옛적 한 하얀 산에 우리 님 나시던 날
그날에 님의 영광 찬송하던 꿈이 또 오누나
네 부디 맘껏 와라 잘 즈믄 해 내어 와
행여나 네 세상에나 님의 영광 생각고자

음력 10. 3. 조고(朝稿).

— 「청춘」, 1915. 1.

한그믐
(늠운 - 믐, 금, 늠, 듬, 름)

다다랐다 또 한그믐 지나노니 스물세금
앞뒤생각 잠못일때 창을친다 하늬늠늠
지나온길 세어보니 키없는배 대양에뜸
느끼는것 그무엇고 일더디고 세월빠름

    또

쏟았던물 주워담음 달에올라 계수꺽금
야속할사 뉘우침아 나를볶기 그리늠늠
애타는불 집어내어 뜨오리라 맹세의뜸
오는그믐 다치거든 또있을다 오늘서름

    또

또오느냐 원수그믐 영통에다 단근꺽금
낫못들든 보리동지 오늘와선 위풍늠늠
비나이다 저해님아 뒷걸음쳐 동으로듬
다른날은 길고지고 한그믐만 그저짜름

— 『청춘』, 1915. 1.

내 소원
(ㅏ운 - 가, 나, 다, 라, 아)

가멸일샌 맘이랄가 이름일샌 바다라나
다비춰고 다받아도 고요키론 없음같다
튼튼한몸 나온심정 시를읊고 밭을가라
대우주의 이(理)와 운(運)을 점쳐웃는 저선비아

— 「청춘」, 1915. 1.

생활난
(난운 - 간, 난, 단, 만)

생각수록 설키어간 너나내나 태운간난
밥그릇은 깨어지고 빛이나던 묵은비단
젖을베라 당부하소 서국(西國)처녀 보고더란
멍멍하니 앉았구나 살도리도 있으런만

― 『청춘』, 1915. 1.

침묵의 미

그의 입술은 꼭 다물었다
―그 입술이야 붉거나 검푸르거나―
마치 무슨 거룩한 실이 그 속에 있는 끔찍한 무엇이 드러나기를 두려워해 촘촘 호아 만 듯하다
만인의 시선은 이 입술에만 모이었다
눈이나 코나 귀 같은 것에는 시선의 한 줄기 여파도 가지 못하고
집주(集注)한 만인의 시선은 화살 모양으로 그 입술 옆에만 둘러 박히었다
그 입술이 한번 방긋 열리거든 그 속에 감추었던 무엇을 얼른만 보아도 한이 없으려 하는 듯하다
그러나 그 입술은 가다가다 파르르 떨릴 뿐 열릴 기미는 아니 보인다
만인의 시선은 더 지극한 정성과 갈망으로 참다참다 못 하여 "열리어지이다" 한다
그래도 입술은 잠잠하다
만인의 얼굴에는 피가 오르고 눈에 눈물이 고이며 간절한 소리로 "열리어지이다"
그제야 입술에 핏기가 돌며 열이 나더니 바르르 떨리며
두 입술 사이로 훈훈하고 향기로운 김이 가는 실같이 소르르 나온다
만인은 더욱 취하여 "열릴지이다 열릴지이다"

이때 그 입이 벙싯 열리며 속으로 맑은 불길이 활활 나온다
만인은 무릎을 꿇고 손을 비비며 "그 속에 이만 한 불이 있는 줄 알았나이다 저희에게 그 불을 나누어 주소서"
그 입에 불길 속으로서
"잠잠하라!"
만인은 잠잠하였다…… 그린 듯이 섰다
몇 해 뒤에 그 입이
"입을 벌려라"
만인은 입을 벌렸다……
만인의 입에서는 불길이 나왔다

—『청춘』, 1915. 3.

어린 벗에게

남쪽 시냇가 그윽한 집에서 그대를 처음 만났네
참선자리 향을 피워 사람이 절로 향기롭고
반듯한 몸가짐 정다운 눈빛에 미소 머금은 듯한 얼굴
가슴엔 도의의 기운이 가득 서려 있으리

— 『학지광(學之光)』, 1916. 3.; 『매일신보(每日申報)』, 1916. 9. 8.

벗
(ㅣ 운 - 니, 지, 이, 기, 리)

그무엇고 벗이라니 아는이야 오직알지
눈물같이 웃음같이 나를알기 나와같이
금과옥을 보배라야 참보배는 참벗두기
어찌하면 내맘닦아 높은벗을 사귀오리

　　또

괴로운때 지는눈물 씻어줄이 오직네지
기쁨있어 웃는웃음 웃어줄이 또너뿐이
말을함도 네듣기로 일을함도 네가알기
천하사람 날몰라도 네있으니 어떠하리

—「청춘」, 1917. 5.

양고자
(운 - 아, 밥, 다, 나, 라)

무섭을사 양고자아 횡행천하 하단말가
간데족족 약한동포 밥을앗고 피를빤다
짐승같은 몸뚱이에 비계지고 기름도나
못믿을손 운수의힘 바꿔칠줄 그도몰라

    또

하늘이 빙빙돌아 안쉬는줄 모르는가
한창피던 양인문명 저녁때가 되었도다
어수선에 지치어서 머리짚고 우는구나
오래자던 밤나라에 새벽된줄 네알아라

—「청춘」, 1917. 6.

청춘
(운 - 고, 오, 도, 로, 노)

붉은얼굴 그몇날고 봄나비의 꽃꿈이오
때를써는 바늘소리 창자굽이 끊는듯도
이세상을 지나갔단 값진기념 무엇으로
센터럭이 흩날려든 대경탄을 어찌하노

—「청춘」, 1917. 6.

궁한 선비

지아비는 쭈그리고 침 구멍 둘려 때고
지어미 "추워" 하며 양말 바닥 깁는구나
"이것도 집이오?" 하거늘 "둥지외다" 하더라

기침증을 핑계 삼아 아랫목에 이불 펴고
선비와 아내 둘이 자리 밑에 발을 넣고
아내는 저고리 짓고 선비는 글 짓더라

두 달 만에 처음 타 온 백 냥 월급 앞에 놓고
선비님은 책을 사리 아내는 무명 사리
초한(楚漢)이 오르던 차에 쌀값 내라 하더라

중학교에 으뜸 교사 노학자로 자처턴 몸
논리학 심리학 맛 이제야 처음 들어
한 손에 담뱃대 들고 꾸덕꾸덕 파더라

―『청춘』, 1917. 6.

극웅행(極熊行)

우리 사는 곳에서
북편으로 북편으로 한정 없이 가다가
큰 산맥을 지나서
큰 벌판을 지나서
삼월이라 삼짇날 봄 가지고 날아오는
제비보다 더 가서, 훨씬훨씬 더 가서
아내 함께 친구 함께 공중 높이 뜨고 떠
여름 가는 끝까지 가 보고야 만다는
기러기 떼보다도 훨씬훨씬 더 가서
얼음 세계 만나니 북극이란 세계라

나무는 말 말고 풀 한 포기 있으랴
풀 한 포기 없거니 꽃이 어이 있으랴
지축이 곧을 때엔 밤도 낮도 없고서
쬐고 남은 일광이 늘 비쳤다 하건만
천지가 낡으매 지축조차 기울어
걸음 타는 애 모양 비씰비씰거리니
반년은 낮이요 남은 반년 밤이라
삼백육십 남은 밤 한데 모여 밤 되고

삼백육십 남은 낮 한데 모여 낮 되니
밤 하나 낮 하나
다른 세상 한 해가 이 세상엔 하루라
병신(病身) 밤 병신 낮
병신이라 하여도 밤과 낮은 있으나
춘하추동, 남 같으면 네 철에다 가를 것을
한데 모아 기다란 겨울 하나 이루니
비 올 때나 눈 올 때나 온다 하면 눈이요
푸를 데나 붉을 데나 빛이라면 설백색(雪白色)
몇백만 몇천만 몇억억만 년 전에
하느님이 별들을 빚어내실 그때에
쓰고 남은 부스러기를 새로 반죽하여서
더운 원소 찬 원소 밝은 것 어두운 것
분량대로 섞어서 지구별을 한 뒤에
나머지 찬 원소를 둘 곳이 없어서
달이라는 별에다 데덕데덕 바르고
그러고도 남은 것 들고 빙빙 돌다가
화(火)를 내어 북극에 발라 놓고 말았다
그때에 뫼와 들에 발라 놓은 얼음이
갈수록 얼 뿐이요 녹을 줄을 몰라서
얼고 얼고 또 얼어서
몇천 척 몇만 척 딴딴하게 얼었다

이 세상에 주인으로 내 몸이 태어나니

북극에 산다 하여 극웅(極熊)이라 일컫더라
내 아버지 아버지, 그 아버지 또 아버지
맨 처음 조상은
어디가 본(本)이든지
무슨 생각 있어서
무슨 지랄이 나서
제비보다 더 멀리, 기러기보다도 더 멀리
이 세계로 왔든지, 흘러들어 왔든지
그 무슨 죄를 지어 귀향으로 왔든지
심술을 부리다가 쫓겨나서 왔든지
세상이 귀찮아서 죽으려고 왔든지
어째서 왔든지 이 세상에 들어와
아들 낳아 죽고, 아들 낳아 또 죽고
죽고 나고 나고 죽고 몇백 번 한 끝에
어찌해서 낳든지 내란 것이 낳았것다

따뜻한 어머니의 배 속에서 쫓겨나
차디찬 얼음 위에 뚝 떨어진 뒤로는
하루에 두세 번씩 어미 품에 안겨서
따뜻한 젖꼭지에 따뜻한 젖을
빨아 본 뒤로는 그로부터 뒤로는
앉아도 얼음판, 누워도 얼음판
먹는 것은 찬 고기, 마시는 것 찬 공기
차고 차고 찬 것이 차디찬 내 살림!

그중에서 따뜻한 것 내 한 몸뿐이라
생명이라 하는 것 그야말로 이상해
적도의 더운 김도 오듯 말듯 차지고
난류의 더운 물도 볼 새 없이 얼거늘
불보다도 덥다는 더운 중에 덥다는
태양의 열선조차 꽁꽁 얼거든
그러한 찬 세계에 생명 홀로 더워서!

혼자 앉아 눈 감고 가슴을 만질 때
똑딱똑딱 심장의 뛰는 것을 볼 때에
끓는 듯한 혈액이 시냇물 모양으로
생명으로 발발 떠는 섬유, 세포 사이로
돌돌돌 졸졸졸 흘러감을 볼 때에
나는 매양 생각해 ―

누가 불을 때어서 어느 때에 때어서
무엇을 때어서, 어디서 무엇에
이 피를 끓인고
이 피를 끓여서 고기 합(盒)에 넣어서
바로바로 요기다, 요 갈빗대 밑에다
가만히 들여놓고
가는 힘줄 굵은 힘줄 재주 있게 꼬아서
요리 매고 조리 매고
떨어지지 않게 뒤집히지 않게

벌어지지도 않고 졸아들지도 않게
요렇게도 묘하게 했는지 몰라라
그러고는 그 위에 막(膜) 한 겹을 싸고
살 한 겹을 싸고 뼈 한 겹을 싸고
살 한 겹을 또 싸고 엷은 가죽 싸고
두꺼운 가죽 싸고
그 위에다 튼튼한 엷은 가죽 또 싸고
그 위에다 이렇게 부드럽고 길고
너슬너슬 깁고 찍찍하게 짙은
흰 털가죽 또 싸서
식지 않게 얼지 않게 꽁꽁 싼 것은
어느 때에 어디서 어느 분이 하신고

무엇을 때어서 어떻게 끓여서
무엇에 넣어서 어떻게 싸더라도
차디찬 빙세계(氷世界)에 오 년 십 년 가노라면
식을 듯도 얼 듯도 하기도 하건만
잘 때에도 그만, 깰 때에도 그만
어제 그만 그제 그만 오늘도 그만
매양에 그만큼 더운 것도 모를 일

아버지 또 아버지 그 아버지 아버지
또 아버지 아버지 한정 없이 올라가
맨 처음 아버지의 가슴속에 놓였던

가는 힘줄 굵은 힘줄 재주 있게 얽혔던
고기 함에 넣었던
하늘 솥에 하늘 불로 하느님이 때어서
알맞추 끓여서 고기 함에 넣었던
그 피가 더운 피가
아들에게 흐르고
그 아들에게 흐르고
그 아들 또 그 아들
또 그 아들 또 그 아들
흘러서 흘러서 백천대를 흘러서
내 아버지 가슴에
내 어머니 가슴에
흘러서, 그다음에 내 가슴에 흘러서
차디찬 빙세계에 혼자 이리 덥구나

자다가
눈이 떠
일어나
기지개하고, 하품하고
그러고는 나 혼자 넓은 세계 좁다고
얼음산에 올랐다가
성큼성큼 내려와서
얼음벌에 껑충껑충
갔다가, 왔다가, 왔다가 또 갔다가

동으로, 서로, 남으로, 북으로
그러다가 싫증 나면 우두커니 섰다가
섰기가 싫증 나면 쭈그리고 앉다가
엉덩이가 시리면 활개 뻗고 눕다가
이 옆구리가 시리면 저편 옆구리
저 옆구리가 시리면 이편 옆구리
이리 뒤적 저리 뒤적 돌아눕다가
그러기도 싫으면 한잠 자다가
자기도 싫거든 일어났다가
눈이나 내리거든
네 발로 붓을 삼아
끝없는 얼음판을 화포(畫布)로 삼아
커다랗게, 커다랗게
원 그리고 삼각형 사각 오각형
아침마다 잡아먹는 물에 물고기
되는 대로 마음대로 그려보다가
지웠다가 그렸다가
그렸다가 지웠다가
그것도 싫어지면
허리 쭉 펴고
하품 한번 크게 하고
얼음산에 스쳐 넘는
눈보라를 몰아오는
하늘에서 나려쏘는

땅으로서 올려 쏘는
바람에게 배운 소리
퉁퉁탕 터지는
울쿨쿵 구르는
얼음에서 배운 소리
있는 소리 없는 소리
된 소리 안 된 소리
한바탕 실컷 부른 후에
또 자고, 깨고 뛰고, ……
이것이 극웅 되는 내 생활이었다

어느 밤
삼백에도 예순 밤을 한데 모은 긴 밤에
북극광이 보였다.
벌겅이 퍼렁이 노랑이와 자줏빛
짙은 자주 연자주 연분홍에 진다홍
짙은 초록 연초록 은행색과 연주색
타고 남은 잿빛이며 갖은 빛 온갖 빛
개벽 이래 하늘 위에 내걸었던 무지개를
걷어서 접어서 곳간에 넣어서
찬찬히 개켜서 두 벌 세 벌 겹 싸서
두고두고 두었다가 내어서 펼쳐서
북극의 한복판에 큰사람이 떡 서서
입에다가 물고서

개벽 이래 불던 바람, 큰 바람 잔 바람
찬 바람 더운 바람 혼자 말끔 삼켜서
큰 사람의 가슴이 지구같이 불렀다가
단숨에 휘유—하고 내어불 때에
천만 줄기 무지개가 깃발과 같이
펄렁펄렁 궁륭(穹窿)에 누비는 것 같다

곱고 고운 극광(極光)의 여러 줄기 그중에
제일 고운 한 줄기 그 줄기의 한 끝이
허공 지나 별 지나 구름까지 지나서
펄렁펄렁 날아서 휘휘친친 감겨서
얼음산을 넘어서 얼음벌을 지나서
닭 채려는 솔개가 닭을 싸고 돌 듯이
처음에는 멀다가 차차차차 가깝게
열 바퀴 스무 바퀴 동심원을 그려서
마침내 내 가슴이 바로 앞에 박혔다

나는 무서워서
무엇인지 몰라서
몸을 벌벌 떨리며
눈이 둥그레지며
야릇한 그 줄기가
도는 양을 보다가
현기(眩氣)가 나서

그 줄기가 내 가슴에 박힐 때에는
기절하고 말았다. 그 후는 이랬다—

무지개 저고리에 무지개 치마
무지개를 오려서 고름을 달고
고름 달고 남은 것을 고이 접어서
밤빛 같은 머리에 댕기 들이고
하늘에 별을 따서 진주 삼아서
댕기 끝에 붙이고 그리고 남아
옷고름에 달고도 또 남은 것을
저고리 앞자락에 젖가슴 밑에
팔굽이와 팔목에 곱게 붙이고
하얀 이마 분홍 뺨 다홍 입술에
검은 눈썹 맑은 눈 달 같은 얼굴
웃을 때 말할 때에 옥 같은 잇새
그리로서 나오는 웃음과 말에
새 노래와 꽃향기가 한데 섞여서
섞여 나온 그 향기가 에테르같이
수술상에 누운 사람 코에 떨어져
영혼을 뽑아 들고 하늘로 가는
그러한 에테르의 향기와 같이
내 영혼을 빼어서 품에다 안고
하늘 높이 솟아서 구름보다도
별보다도 더 높이 하늘보다도

무엇보다 더 높이 둥실 솟아서
새보다도 빠르게, 바람보다도
더 빠르게 불화살같이 유성과 같이
그렇게도 빠르게 무한 무궁한
허공 속에 휙휙휙 정처도 없이
간다 가네 가고 가 그 어딘가로

"눈을 떠라" 하면서 땅에 내려서
여기는 나 있는 데, 내가 사는 내 고향
옛날에 네 조상도 놀러 오던 꽃동산
저기 저 은빛같이 굽이굽이 돌아서
벌판을 건너가서 산굽이를 돌아서
좁았다 넓었다가, 옅었다가 깊어서
고였다 흐르다가, 느리다가 빨랐다
밤에도 낮에도 흘러가는 저것이
은하수 한 줄기가 하늘에서 갈려서
여름 구름 봉우리 사이사이 돌아서
올림푸스 봉우리에 처음 거쳐 다음에
티그리스 유프라테스 잠깐잠깐 거쳐서
이집트에 나일강과 대로마에 티베르강
그다음에 알프스령 굼실굼실 넘어서
센강 라인강 다뉴브를 거쳐서
도버해협을 건너서 템스강을 지나서
거기서 대서양의 넓고 넓은 바다를

시 63

건너서 센트, 로렌 미시시피 된 뒤에
록키산을 넘어서 태평양을 건너서
후지산(富士山)을 거쳐서 금강산을 다녀서
만폭동의 폭포와 백록담에 용왕담
한강에 대동강에 압록강에 녹파(綠波)와
황동수(黃洞水)에 양자강 볼가 네바 모든 강
두루두루 돌아서 휘돌아서 감도는
쿨투르(文化) 쿨투르 쿨투르 쿨투르!

"강가에는 흰 모래 모래 담에 푸른 솔
비단 같은 잔디판, 작은 나무 큰 나무
나고 자라 수풀과, 붉은 꽃에 누런 꽃
얼크러져 피어서, 짙은 빛에 연한 빛
짙은 향기 연 향기, 나비춤과 새소리
누런 나비 흰 나비, 한데 섞어 아롱이
적은 새와 푸른 새, 적은 새에 큰 새며
나는 짐승 길짐승 넓적한 놈 동굴이
모양도 많거니와 빛깔도 많을시고
빛깔도 많거니와 소리도 많을시고"
이 말을 마치자 주문을 외니
내 몸이 변하여 신선이 되어서
한 손은 마주 잡고 한 팔로 마주 안고
봄바람을 마시고 새소리에 발맞춰
내가 노래하거든 그가 화(和)해 부르고

그가 먼저 웃거든 내가 따라 웃으며
붉은 꽃 내가 꺾어 그 머리에 꽂으면
흰꽃을 그가 꺾어 내 가슴에 꽂고서
어깨가 으쓱하고 발이 들리니
어느덧 어우러져 춤이 되었다

"봄이 왔구나 봄이 왔구나
하늘에도 봄이 오고
땅에도 봄이 왔다
잎봉오리 잎이 피고
꽃봉오리 꽃이 피고
생명의 가슴에는 사랑이 피었다

봄이 왔구나 봄이 왔구나
하늘에도 봄이 오고
땅에도 봄이 왔다
얼음 세계 찬 살림을
생각하여 무엇 하랴
생명의 가슴에는 사랑이 피었다

젊은 생명의 떠는 포옹은
하늘 위에 성신(星辰)들도
뫼와 들에 초목들도
바닷속에 고기들과

하늘 위에 신선들도
부러워한다더라 그 더운 키스를

봄의 단술을 맑은 옥잔에
금실금실 따랐스라
따른 것을 마셨스라
마시고는 또 따르고
따르고는 또 마셔라
취토록 마시고서 취토록 마시고"

한 잔 두 잔 마셔서
취하려고 할 때에
아아 바로 그때에
봄노래의 끝 절을 다 부르려 할 때에
거의 다 부른 때에 아아 바로 그때에
어느덧 내 영혼은 빙세계에 돌아와
얼음에 쌔워 있는 내 몸뚱이 찾았다
어지야 드지야차 얼음에서 뽑아서
털에 묻은 얼음 조각 투두럭턱 떨어서
차디찬 그 형해(形骸)에 다시 들어박히니
아까와 다름없는 빙세계에 북극곰
선녀도 간 곳 없고 극광도 사라지고
보-얀 눈보라 쩡쩡하는 얼음 소리
차디찬 북극 밤은 영원히 긴 듯한데

큰 눈을 뒤룩뒤룩 쭈그리고 앉은
극웅의 심장만 똑……딱, 똑……딱
따뜻한 피 한 줄기 돌……돌, 졸……졸

1917. 11. 13. 밤

—「학지광」, 1917. 12.

난 날

북국의 쌓인 눈 밑에서
만휘(萬彙)가 첫 숨을 쉴 때
그 숨결 따라서 내 생명이
무한한 암흑에서 솟았네
홰에서 수탉이 소리를
높여서 두세 홰 울 때
동편 하늘에 구름이
새벽의 붉은빛 띨 때

밤새 켜 놓은 등불이
비친 피곤한 두 얼굴!
산욕(産褥)에 누우신 어머니
말없이 서 계신 아버지!
자주 뛰는 가슴 속에는
어떠한 희망과 염려가
"으아"의 첫소리 들을 때
번개같이 빠르게 지났나?

잘 때 둥근 목침과

깨어서 안아 줌 업어 줌
백일이 차기를 못 참아
목욕과 재계와 비화수(非華水)
애자(愛子)를 아버지 품 안고
어머니 말없이 뒤따라
부처께 신령께 애자의
목숨과 부귀를 빌었다

몸이 좀 달아도 의약을
소경을 무당을 기도를
심야에 정(鉦) 소리를 마쳐
소경의 부르는 축문(祝文)이
오르는 소지의 불결이
별 많은 하늘에 몇백 번
그네의 정성된 기도를
이끌어 올려 갔는가
살이에 물결이 밀듯이
밀어 오는 빈한의 독아(毒牙)가
애자의 몸에 못 미치게끔

그네의 이마에 큰 주름
잡히도록 애써도 못 막어
무심히 꿈꾸는 애자의
얼굴을 보면서 심야에

눈물을 흘리기 몇 번인가
쇠하는 가도(家道)를 일으켜
선조의 이름을 빛내고
들어오는 친척과 붕우(朋友)의
조롱과 천대를 물리고
여봐라 하게 번쩍하게
네나 살아 보라는 생각
힘없어 글방에 못 보내도
집에서 논맹(論孟)을 가르쳤다

그러나 그네는 없구나
불러도 못 듣고, 보려도
못 보는 먼 곳에, 그렇게
귀여워하던 애자를, 떠나서
간 지가, 가서 못 온 지가,
어느덧 열이오 여섯 해
이역(異域)에 노니는 고자(孤子)의
흐르는 눈물을 보는가

따스하게 물 데워 세수하고
어머니 손으로 적은 머리
감겨서 빗겨서 새 당기를
들이고 두 자 석 자 자라라고
머리서 등까지 두드린 뒤에

농(籠) 열고 어저께 잘 다려 둔
바지와 저고리 두루마기
입혀서 세우고 보고 또 보고,
닭국에 찰밥에 백어생선(白魚生鮮)
주시던 그때의 나의 난 날!
동서로 내외로 부평같이
떠도는 십육 년 지낼 때
뉘라서 이날을 기억하고
백어의 생선을 주었으랴,
반이나 넘어난 잊었었고
기억한 때이면 혼자 울 뿐

밤새 켜 놓은 등불 밑
"으아"의 첫소리 치던 애,
구르고 구르며 이십육
난 날을 보내고 맞으며
당신네 두 분과 이 애와
셋이서 보았던 저 햇빛
이역에 나 혼자 대하여
난 날의 노래를 부르네

1918. 2. 22. 동경성서(東京城西)

— 『기독청년(基督靑年)』, 1918. 3.

살아지다

살아지다 살아지다 억 년이나 살아지다
백자(百子) 천손(千孫) 엉키엉키 십만 리나 퍼지다
잘 살고 잘 퍼지도록 일생 힘을 쓰고자

쓰라 주신 손톱 발톱 그저 두기 황송해라
큰일 맡은 머리와 입 묵힐 줄이 있소이까
웃기나 울기나 간에 실컷 맘껏 하리라

빛일 세면 다홍빛이 아니거든 초록빛이
소리거든 우렛소리 아니거든 바다 소리
그러나 겨울눈 여름비를 외다 아니 하리라

— 『시문독본(詩文讀本)』, 1918. 4. ; 『삼인시가집』, 1929. 10.

님

산 넘어 또 산 넘어 님을 꼭 뵈옵고자
넘은 산이 백(百)이언만 넘을 산이 천(千)가 만(萬)가
두어라 억(億)이요 조(兆)라도 넘어 볼까 하노라

―「시문독본」, 1918. 4.

어머니의 무릎

어머니!
당신의 무릎은 부드러운데다
봄철 멧기슭의 잔디보다도
여름 하늘에 뜨는 구름보다도
양의 털보다도 비단 방석보다도
어머니!
그 부드러운 무릎에 제가 앉았었지요!

어머니!
당신의 가슴은 광활합디다
넓다는 땅 위의 모든 벌판보다도
더 넓다는 땅 위의 모든 바다보다도
아마, 한정 없다는 푸른 하늘보다도
어머니!
그 광활한 가슴에 제가 안겼었지요!

어머니!
당신의 가슴이 제 세계였어요
배부를 때에는 놀이터였고

피곤할 때에는 침대였었고
무서울 때에는 피난처였어요
당신의 가슴에 푹 파묻혀서
눈만 반짝반짝 내어놓았을 적에
호랑이가 온들 무서웠습니까
어머니!
그 안전한 가슴에 제가 안겼었지요!

어머니!
당신의 가슴은 옥토였어요!
당신의 부드러운 젖꼭지를
빨기만 하면 단 젖이 흘렀습니다
일찍 한 번이나
"애야 밉다 젖 먹지 말아"
하신 적 있어요?
배가 부르도록, 몸이 훈훈하도록
빨다가 빨다가 제가 싫어야 말았지요.

어머니!
배껏 먹고 나서
그래도 젖꼭지를 놓기가 싫으면
저는 두 개밖에 아니 난 조그만 이빨로
꼭 물기도 하고 잘근잘근 씹기도 했지요
그때에 어머니께서

"애야 아프다!" 하시고
벌거벗은 제 엉덩이를 때리셨지요?
그래, 당신께서 미워서 때리셨어요?

어머니!
저는 부엌에 있는 당신을
불러들이는 재주가 있었어요
"엄마!" 하든지, "앵이" 하든지
그래도 아무런 대답이 없으시면
발버둥치고 몸부림하며
한바탕 실컷 울고 나면
어느덧 당신은 치마 귀로 손을 씻으며
그 무릎에, 그 가슴에
떼쓰는 저를 올려놓으셨지요!

어머니!
당신의 품속에는 세월이 없었습니다
젖꼭지에 척 매어달려서 척 눈을 감으면
밤도 낮이요, 낮도 밤이었어요!
그때 제가 다리를 버둥버둥하면서
중얼중얼 저도 모르는 소리를 지껄일 때
그것을, 밤이라겠어요, 낮이라겠어요?
땅에야 눈이 덮이거나 말거나
얼음이 얼고 찬 바람이 불거나

당신의 가슴에 푹 파묻혀서
젖꼭지를 주물럭주물럭할 때에
그것을, 겨울이라겠어요, 여름이라겠어요?

어머니!
당신의 무릎은 제 놀이터였어요
기어오를 때에는 산이었었고
올라앉은 때에는 대궐이었었고
드러누울 때에는 침대였어요
제가 울면서 벌네벌네 기어 올 때에
제 눈에는 오직 그 무릎이 있었어요
아무리 울다가도
거기만 올라앉으면 방긋 웃었지요

어머니!
당신의 무릎은 제 학교였어요
"냥!"하는 짐승은 고양이란 말도
"왕!"하는 짐승은 강아지란 말도
"꽥"하는 짐승은 화륜차란 말도
해그림자가 저기까지 오면
아버지께서 돌아오신단 말도
다 그 학교에서 배웠어요

어머니 !

불쌍한 콩쥐와 얄미운 팥쥐도
토끼 간과 자라 주부(主簿)도
물에 빠져서 연꽃이 피어난
불쌍한 심 낭자의 재미있는 이야기도
다 그 학교에서 배웠지요
"가갸, 거겨, 고교, 구규" 하고
어머니께서 아니 가르치셨어요?
"하늘 천(天), 따 지(地), 검을 현(玄)" 이것도
어머니께서 가르쳐주셨지요?

어머니!
생각나시겠지요?
"요것은 무엇?" "눈!"
"요것은 무엇?" "코!"
"또 요것은?" "그것은 몰라!"
"그것은 귀지!" 하고
제 볼기짝을 때리신 것을

어머니!
당신은 제 엉덩이를 잘 때리셨습니다
그러나 미워서 그러셨어요?
제가 당신의 머리카락도 뜯었습니다
그러나 아프라고 그랬겠어요?
"아야!" 하는 당신의 말씀

철썩 하고 내 엉덩이를 때림
그것이 좋아서 그랬지요

어머니!
그러나 지금 저는 먼 나라에 있어요!
모두 다, 어머니 무릎에서 못 보던 사람
어머니의 노래와 재미있는 이야기는
아무리 들으려도 들을 수가 없습니다
어머니, 언제 제가 이런 고장에 왔어요?
어머니?
지금 제가 어디 있어요?
왜 저를 이리로 보내셨어요!
어머니 당신은 어디 계셔요?
왜 저를 두고 어디로 가셨어요?
당신은 제 생각이 아니 나십니까

어머니!
당신께서 가르쳐 주신 말을
당신께서 가르쳐 주신 글자로 써서
당신의 입술에서 흐르던 곡조로
당신을 생각하는 노래를 부릅니다
광활하고 옥토이던 당신의 가슴!
잔디보다 구름보다 부드럽던 무릎!
저는 웁니다, 먼 나라에서

그것이 그리워서, 보고 싶어서

1917. 12. 2.

―『여자계(女子界)』, 1918. 9.

미쁨

1

아아 믿고 싶다.
너는 나를 믿고
나는 너를 믿고
서로 믿고 싶다—
그렇게 믿는 세상이 언제나 올까나

님아 네 눈에서
의심의 깜박임을 떼라
내가 참말을 할 제
어이하여 그냥 깜박이느냐
언제나 말과 말이 곧은길로 다니리오

"나를 믿으라"
하는 말도 못 믿네
"너를 믿어라"
하는 말도 못 믿는다네
아아 못 믿는 님이시니 내 어이하리오

2

악마! 악마!
어느 악마냐, 그 어느 악마려나
사람의 입술에
'거짓의 씨'를 뿌린 것이
네야말로 악마로다 — 악마의 악마

에덴동산의
불쌍한 하와에게
천만대에 멸치 못할 죄악의 뿌리를
심은 것이 — 무엇으로냐
알았다, 갈라진 혀끝의 달콤한 '거짓말'

아비와 아들과
나라와 백성과
지아비와 아내의
피로 맺은 언약이, 소위 철석 같다는 언약이
이로부터 깨어지다, 눈물이 오다, 죽음이 오다

"어디를 가시든지
주를 좇으리다"
하고 주먹을 불끈 쥔 베드로
아아 닭이 울기 전에

세 번은 과하다, 세 번 "모른다"는 정말 과하였다

3

드는 칼을 들어
내 혀를 베어라
입술도 찢어버려라
만일 '거짓말'의 독액이 전신에 퍼졌거든
아아 주여 유황(硫黃)의 불길로 전신을 태워지이다

십자가의 보혈(寶血)로
씻을 것이 무엇입니까
성신(聖神)의 불로
태울 것이 무엇입니까
"이다, 저다" 마시고 다만 "거짓말이다" 할 것이외다

이 눈물의 노래를 외는
이천만 흰옷 입은 무리에게
모든 고통도, 내리소서
비참도, 무엇도 다 내리소서, 마는
다만 그네의 입술에서 거짓의 뿌리를
뽑아주소서

아아 믿고 싶다

너는 나를 믿고

나는 너를 믿고

서로 믿고 싶다

그렇게 믿는 세상이 언제나 올까나

— 『창조(創造)』, 1920. 5.

강남의 봄

버들가지가 흔들린다
부드러운 강남의 봄바람에
뽀얀 수국(水國)의 대기 속에
그리고 젖빛 같은 일광 속에
버들가지가 나부낀다

종다리의 소리가 끝도 안 나서
청인(淸人)의 집 낮닭이 운다
종다리 또 운다, 바람이 또 분다
동자군(童子軍)의 행군나팔이 들린다
아아 사람들 노곤케 하는 강남의 봄이여

—「창조」, 1920. 7. ; 「춘원시가집(春園詩歌集)」, 1940. 2.

우감(偶感) 삼 편

너는 청춘이다

저 핏기 없는 얼굴을 치워 버려라
산에도 강에도 가지 말고
그것을 화산 아궁지에 데워 버려라
아아 내 가슴을 불쾌케 하는
저 핏기 없는 얼굴을 치워 버려라
저 광채 없는 눈
신경쇠약장이의 눈을 우그려 버려라
가을의 시원하고 긴 밤에도
잠이 못 들어 하는 불매병인(不寐病人)의 광채 없는 눈을
우그려 내어라, 안 보이게 하여라

너는 청춘이다, 혈기다
뛸 것이다, 웃을 것이다
강산이 떠나가도록 희망의 노래를 부를 것이다
그 소화불량성의 불평과
결핵성의 센티멘탈리즘을 버려라

1920. 11. 9.

기운을 내어라

동무야
우는 소리를 그쳐라, 참 듣기가 싫다
주먹을 불끈 쥐고 소리 질러라
"내 손으로, 내 손으로, 내 손으로 하자!"고
강산이 잘못되었거든 뒤집어 꾸미자
우주에 결(缺)이 있거든 뜯어서 고치자
동무야 무엇이야 못 하랴
기운을 내어라, 우는 소리를 그쳐라!

신경쇠약을 버려라
소화불량을 떼어라
해 뜨기 전에 일어나 산과 들에 뛰어라
담배를 버리고 술 먹기를 그쳐라
그리고 건장한 남자가 되어라, 여자가 되어라
혈기 좋고, 힘 많고, 기운차고
전신에서 후끈후끈하는 건강의 김이
화차(火車)의 굴뚝 연기같이 솟게 하여라
그러한 사람이 되자, 동무야

평범

보니
큰 것은 다 평범하더라
하늘을 보아라, 바다를 보고
억만년 날마다 같은 길로 왔다 갔다 하는
태양을 보아라, 저 평범한 태양을
우리 사람인들 비범한 체하고 위대한 놈이 있더냐
큰 것은 다 평범하더라

―「창조」, 1921. 1.

동지(同志)

동지여!
우리의 수효가 적다고 마라
우리의 사업이 너무나 망망(茫茫)하다고 마라
넓은 하늘 한구석에 두서너 구름장을 동지여 적다 하나뇨
눈 감았다 뜨는 동안에 왼 하늘은 어두워지고
우레 울다 번개 치다
천하에 큰비가 내리다!
아아, 동지여!
우리가 적다고 마라!
동지여, 오직
"우리가 있다!" 할지어다!

— 『개벽(開闢)』, 1924. 2. ; 『삼인시가집(三人詩歌集)』, 1929. 10.

조선아

조선아!
그렇게도 내게 슬픔을 주고
근심을 주고
떠나면 그리움을 주고
다시 볼 때에 반가움을 주는
인연 깊은 조선아!
너를 위하여 내가
몇 번이나 울었던고 이를 갈았던고
몇 번이나 밉다고 발길로 찼으며
몇 번이나 안 돌아본다고 고개를 흔들었던고……
그러고는 또다시
아아 또다시
오 "내 조선아!" 하고 얼싸 껴안았던고?

아— 조선아!
왜 너는 남과 같이 크지를 못하였더냐
굳세지를 못하였더냐
왜 남과 같이 슬기롭지를 못하였더냐
어찌하여 남의 웃음거리가 되었더냐

아아 얼마나 내가 너를 저주하였으랴
네 배에서 나온 것을 저주하였으랴

그러나 아아 내 조선아!
나는 너를 사랑하노라!
이 어린 눈이 오늘에야 뜨여
네 가슴속에 깊이깊이 감춘
보물의 빛을 보았노라
아아 그 빛을 보았노라

아아 너는 결코 못난이가 아니러니라
값없는 이가 아니러니라
천년에 빛날 무궁화!
그 한 송아리를 피우랴
오천 년 기나긴 세월에
그날의 봄바람을 기다릴 때에
아아 그 뉘라 알았으리
난들 어이 알았으리
못난 체하는 네 눈의 표정을
아아 그 뉘라 알았다더냐

이봐라!
조선의 아기들아!
아들들아 딸들아! 울던 눈물을 거둘지어다

울기에 늙은 머리 흰 아기들도 기뻐 뛸지어다

남들의 비웃음에 애끊던 이들아, 무덤 속에서 뛰어 일어나 기쁜 모양으로 볼지어다

너희를 웃던 자에게 소리쳐 자랑할지어다—

"보라 나의 조선은 작은 것이 아니러니라"고!

아아 내 조선아!

—「개벽」, 1924. 2.

묵상록·1

사감(舍監)

기숙사의 모든 방에 불들은 꺼지었다
공부에 피곤한 아이들은 이불 속에서
아직도 산술 문제를 생각하고 있다
머리는 벌써 잠이 들었다

나는 사감의 등불을 들고
발소리 안 나게 모든 방을 돌아야 한다
혹 방문이 열리지 아니하였나
이불을 차 던지지나 않았나

귀여운 아들들아, 딸들아!
꿈이라도 평안하게 잘들 자거라
과부(寡婦)와 같은 너희 조선이
너희밖에 무엇을 바라랴 아이들아

나는 새벽종을 친다, 아이들아
애처로운 너희의 단잠을 깨우거니와

일어나거라, 일어나 하루의 힘을 또 기르자
과부와 같은 조선이 너희를 부르나니

통학

가무는 날에
아침 햇빛이 산과 들을 비출 때
책보를 끼고 아장아장 걸어가는
조선의 아들들아 딸들아

하고 싶은
장난들도 못 하고 너희는 왜
이 추운 새벽에 학교에를 가느냐
조그마한 주먹들이 꽁꽁 얼어서?

가무는 날에
시들어 빠진 너희 선인(先人)들은
기운 없는 눈을 가까스로 들어서
너희의 가슴속에 불룩한 꽃봉오리가
피는 날을 고대하고 있다

아아 아장아장
겨울의 석양에 너희가 학교에서 돌아올 때에

길가에 팔 벌리고 섰는 어떤 얼빠진
사람을 보거들랑
너희를 안아 주려는 가엾은 선인인 줄 알아라

반딧불

실비 오락가락하는 침침한 밤에,
반짝반짝 가엾이도 떠도는 반딧불아!
내 마음과도 같아라

오르락내리락
동으로 가락 서로 가락 방향도 없이
조그마한 빛이 누구를 찾아 어디로나 가는고.

밤마다 찾아도 못 찾은 님을
또 어느 밤에나 찾을 것인고, 그래도 —
이 밤이 새도록 또 찾아나 보자.

밤차

차는 간다
밤이야 깊거나 말거나

밤차는 쿵쿵거리며 간다

삼등차에는 만원이다
사람들은 그 좁은 속에 그래도 잠들을 잔다
아아 피곤해 보이는 그 얼굴들

다들 어디로 가오?
무슨 일로들 가시나요?
끝없이 끝없이 쿵쿵거리고 가는 밤차들을 타시고

차는 간다
산을 넘고 강을 건너 밤차는 간다
새 사람 오르고 옛사람은 내리면서 쿵쿵거리고
밤차는 가는구나

—『조선문단(朝鮮文壇)』, 1924. 11. ;『삼인시가집』, 1929. 10.

낙담하는 자여

낙담하는 자여
원컨대 네 낙담을 안고 곧 네 관 속으로 들어가라
네 낙담의 악취가 진실로
네 썩는 송장의 악취보다 견디기 어렵도다
나라는 어린이의 것이니 새로 나는 이의 것이니
새로 나는 이는 끝없는 새로운 희망과 확신과 노력을 지으리니
낙담하는 자여, 곧 네 낙담을 안고
이미 준비한 네 관 속으로 들어가 침묵할지어다

— 『조선문단』, 1924. 11.

묵상록·2

벗
(선생을 생각하고)

벗은 먼 곳에 있다
오천 리나 되는 먼 곳에
가난하고 병든 몸이
애타는 뜻을 품고
얼마나 우나 괴로워하나

나는 고개를 들어
책상머리에 놓인 그의 사진을 본다
여윈 얼굴과
끝없는 나라 사랑에 끝없는 수심에
잡힌 이마의 주름을 보고 운다

날이 추워지는구나
두꺼운 옷이 없는 줄을 아는 나는
북한(北漢)의 찬바람을 보고 우노라
마는 벗아 내 눈물이 무엇 하리

부질없는 줄 알건마는 하염없이도 우노라

선물

어린 학생이
곁으로 오더니
부끄러운 듯이 경례를 하고
살그머니 무엇을 손에 쥐여 준다

나는 집에 돌아와
그것을 끌렀다—
종이로 싸고 싸고 또 싼 뭉텅이 속에서
나온다— 수학여행 길에 주워 온 조고마한 수정 박인 돌이

입산하는 벗을 보내고서

> 이 노래는 죽은 최서해(崔曙海)가 봉선사(奉先寺)에 갔을 때에 준 것이다. 그는 봉선사에서 일시 중 노릇을 하였다. (단행본 『인생의 향기』에서)

그대들은
산으로 가는구나
시끄러운 세상을 버리고 깊이깊이
산으로 가는구나!

산으로 가는구나!
산중에 새벽종 울 때에
부흥새 황혼에 슬피 울 때에
그대인들 날 그려 어찌하리 난들 어찌하리만
가라! 산길이 저물리! 어서 가소
산에서 편지 왔네
"외롭다" 하였네
벗아, 외롭기야 산이나 들이나 다르랴
솜옷 보내니 입으라! 날 본 듯이 입으소

흉년
(갑자년에 삼남에 큰 흉년이 들었다)

웬 흉년인고!
아아 웬 흉년인고!
어떻게 살란 말이냐
눈조차 와서 산을 덮으면
풀뿌리 나무뿌리를 어떻게 캐리
흉년이라니
아아 어떻게 하란 말인고!

팔십 전

"선생님
저는 살 수가 없어서 인천 이모님 댁으로 갑니다! 어머니 모시고"
이렇게 열여섯 살 된 ○○이는 우는 고개를 숙인다
곁에 섰던 흑각비녀 꽂은 부인이 외면하고 내게 인사를 하면서
"그처럼 도와주시니 감사합니다
나이는 먹었어도 남녀가 달라서 못 와 뵈었습니다
이 은혜를 어떻게나 갚으리까"
"인천을 가려도
돈 팔십 전이 부족합니다
육십 전이 있고 팔십 전이 부족합니다"
나는 팔십 전을 떨어 주었다
"선생님 저는 갑니다
편지 곧 드리겠습니다
안녕히 계십시오!
안녕히 계십시오"
두 사람의 그림자는 큰길 사람들 틈에 스러지었다.

— 「조선문단」, 1924. 12.; 「삼인시가집」, 1929. 10.

묵상록·3

노래

나는 노래를 부르네
끝없는 슬픈 노래를 부르네
천지가 모두 고요한
한밤중에 나 홀로 깨어 있어
목을 놓아 끝없는 노래를 부르네

노래는 떠 흩어지네
흐르는 바람결에 타고 흩어지네
새는 항아리에 물을 채우려고
길어다 붓고 또 길어다 붓고
여인 모양으로 나는 노래를 부르네

나는 귀를 기울이네
한 노래가 끝날 때마다 귀를 기울이네
산에서나 들에서나 어느 바다에서나
행여나 화답이 오나 하고 귀를 기울이네
그러고는 또 끝없는 내 노래를 부르네

벗님

꾀꼬리도 벗을 부른다네
사슴도 짝을 찾는다네
잣나무 전나무도 서로 마주 선다거든
내 어찌 벗이 안 그리우랴
그립고 그립다마는

벗님네는 안 그런가 보데
꽃에 앉는 나비 같은가 보데
나를 찾아 있는 사랑을 다 주더라마는
눈 한 번 감았다 뜨니
벗님은 갔네— 소리도 없이 갔네

날 위해 온 벗님 아니시라
제 일로 온 벗님이시니
부른다 오랴, 울며 따른다 오랴
가는 벗님을 말릴 줄 있으리만
가다가 찾을 벗 없거들랑 아무 때나 오시오

비

"혼인날 왜 비가 오니?"

어머니께서 걱정하시는 것을
"아이 비가 오면 어때요?"
하기는 하면서도 내 맘도 슬펐다

"애야, 어쩌면 혼인 반지를 잃니?"
어머니의 눈에서는 눈물이 흘렀다
"글쎄요" 하고 나도 내 손을 보았으나
거기는 있어야 할 반지가 없었다
"내 일이 왜 이럴까" 하고 내가 우는 것을
신랑은 신방에서 나의 등을 만지며, 이랬다—
"반지는 잃었거든 또 만들지요
끝없는 사랑이야말로 참으로 혼인 반지"

불꽃

불꽃!
작은 불꽃!
까물까물하는 불꽃
그러나 사람아 웃지 말아라
꺼지지 않는 불꽃은 태우고야 마나니
마침내 크나큰 온 세계를 태우고야 마나니

—『조선문단』, 1925. 1.

우송(牛頌)

천지가 개벽할 제
만물을 개이시니
모두 다 다르더라

생김도 다르거니
성질 아니 다를소냐
성질이 다르오매
재주 각각 아니 같고
재주가 다른 대로
덕이 또한 다를러라

벼룩이 작사오니
높이 뛰는 재주 있고
코끼리 몸이 크니
그 걸음이 느리더라
호랑이 날개 있고
당나귀 뿔 있더냐
한 놈은 물고
한 놈은 차니

물고 참이 다를러라

모기는 밤 버러지
소리 응당 클 것이오
반딧불 벙어리니
등불이나 틀릴 것이
굼벵이와 지렁이는
눈도 코도 없거니와
기는 재주 파는 재주
꼴 보아선 용할러라

고양이는 얌전하나
앙큼하고 교만하고
개는 비록 더북하나
은혜 알고 점잖고
수탉은 허우대뿐이요
암탉은 암상꾸러기
신수 좋은 학두루미
다리가 검어 상놈이요
목청 좋은 꾀꼬리는
집 한 칸이 없다더라

여우는 간교하기로 왕이요
곰은 미련하기로 왕일러라

까마귀 모양 흉해도
반포지효 있다 하고
거미 흉물스러우나
애자지정 지극하다

어즈버 천지 만물을
어이 다 의논하리
큰 놈 작은 놈
긴 놈이며 짧은 놈
나는 놈에 기는 놈과
물속에서 헤이는 놈
흙 속에서 뭉개는 놈
얌전한 놈 얄미운 놈
능글능글 뱀 같은 놈
까불기는 할미새
지껄이는 참새 새끼
날래기로 벼룩이
위엄 좋기 사자며
예쁘기로 다람쥐
부지런키 새앙쥐
재기로는 족제비
호걸스러운 덜걱이
오래 사는 따오기
기운 좋은 기러기

수없는 천지 만물
이루 다 일컬으랴마는
모든 재주 다 있어도
착한 이가 드물어라

산에 가도 티격태격
들에 가도 이앙 저앙
물에 차고
받고 할퀴고
간 데마다 말썽이요
간 데마다 쌈일러라

천지가 이래서 어이하리
이렇게 살벌해서 어이하리
모두 다 꾀만 부리고
속이려고만 들고
잡아먹으려고만 들고
젠체하여 제 실속만 보려고만 들고
어허 천지가 이래서 어이하리
모든 모양 다 낼 때에
순한 모양 잊었더라
모든 재주 다 낼 때에
섬기는 재주 잊었더라
모든 덕을 다 낼 때에

자비의 덕 잊었더라
그래서 지으시니
기린이요 사슴일러라
기린 사슴 착하여도
모양내고 교만하고
게을러서 못 쓸러라

양은 인자하나
잔약하니 어이하리
염소는 강하다고
심술궂어 못 쓸러라

힘 있고 강하고도
인자코도 위엄 있고
점잖고도 겸손하고
욕심 없고 부지런코
남을 위해 몸 바치니
어허 네 이름이 소로구나
어허 네 이름이 소로구나

천지가 이로부터 자비를 배워 태평할까 하노라

―「개벽」, 1925. 1.

묵상록·4

한 그믐·1

벌써 열 시를 치는데
내 맘은 울 것 같구나
무엇이 설운고? 말할 수는
없어도 그저 울 것 같구나

음침한 어두움 속으로
사람의 소리 들려올수록
내 맘은 더욱 울 것 같구나
못 견딜 설움이 있는 듯싶어

때는 바짝바짝 가네
뭉친 내 설움이 터지기도 전에
내 노래 구절이 이루기도 전에
아뿔싸, 마지막 종이로구나

1924. 한 그믐

한 그믐·2

나가 보니 하얗게 눈이 쌓였다
하늘은 회색인데
싸늘한 바람이 눈가루를 날리니
아아 추운 사람도 있을 것을

넓은 방에
뜨뜻이 불이나 잘 피우고
모두들 놀았으면— 자정의
싸늘한 바람은 눈가루를 날리는데

1924. 한 그믐

약

화로에
김을 내며
약이 끓는다—
병든 나의 심장과 같이 약한 소리를 내며 약이 끓는다
이 약을 먹어
병이 나으면
무엇을 할꼬?

약은 끓는데
김이 나는데

세 가지 맹세

맹세합니다
내 목숨을 가리키어 맹세합니다
이 몸을
이 몸의 일생을
내 일신의 안락 말고
의를 위해 — 동포를 위해 바치게 하기로
맹세하옵니다

맹세하옵니다
내 목숨을 가리키어 맹세하옵니다
일생을
죽을 때까지 — 죽을지라도
털끝만 한 허위도 없이
진리의 생활 오직 진리의 생활을 하기로
맹세하옵니다

맹세하옵니다
내 목숨을 가리키어 맹세하옵니다

동포를

모든 인류를 모든 생류를

조금이라도 미워함 해치람 없이

아끼고 사랑하고 용서하기로 이날에

맹세하옵니다

1925. 1. 4.

의(義)의 인(人)

"친구여— 그대의 팔에 웬 허물인고?"
"이것은 쇠사슬 자국— 의를 위하여 옥에 매였을 때의 쇠사슬 자국"
"친구여 얼마나 아팠을꼬— 아이, 애달파라"
"그것도 아프기는 아프더라마는 불의를 보고 참기보다는 수월할러라. 팔목의 허물이 나아갈수록 불의의 아픔이 더욱 재우치니 친구여 나는 또 쇠사슬에 매이러 가노라"
"아아 거룩한 벗이여, 나도 함께 내 몸에도 의의 인을 마칠지이다"

가시관

님아 향기로운 꽃가지로 엮은 관을 저 깊은 벼랑에 던지어 버리라. 내 머리에는 가시관이 가장 합당하도다.

가시관을 내 머리에 꽉 눌러 씌워라 님아! 그리하여서 이마의 수없는 생채기에서 흐르는 아프고 쓰린 피를 열 손가락으로 찍어 뿌리며 통곡하게 할지어다.

님아 내게는 오직 아픔과 울음에 합당한 가시관이 맞도다 가시관이 맞도다!

— 「조선문단」, 1925. 2.; 「삼인시가집」, 1929. 10.

붓 한 자루

붓 한 자루
나와 일생을 같이하련다

무거운 은혜
인생에서 받은 갖가지 은혜
언젠가 갚으리
무엇 해서 갚으리? 망연해도

쓰린 가슴을
부둥코 가는 나그네 무리
쉬어나 가게
내 하는 이야기를 듣고 나가게

붓 한 자루야
우리는 이야기나 써 볼까이나

―「조선문단」, 1925. 2. ; 「삼인시가집」, 1929. 10.

묵상록·5

마관(馬關)

　아침에 마관에 오니 육 년 만에 보는 바다와 산은 예나 이제나 다름이 없다. 푸른 바다 푸른 산. 옛날에 박제상(朴堤上) 정포은(鄭圃隱) 같은 우리 선인들이 사신으로 올 때에도 바다와 산은 이와 같았을 것이다.
　역 앞에는 흰옷 입은 노동자의 무리가 오락가락한다. 이번 배에 부산서 온 이들이다. 그들도 이 땅에 뿌리를 박고 자자손손이 번식할 수 있을까.

살려는 노력

　농촌과 논밭과 냇물과 도로와 농촌 생활이 육 년 전에 보던 것보다도 훨씬 더 정리가 되었다. 우리 농촌은 언제나 저만큼 되나. 삼십 년인가 오십 년인가.
　특별히 농촌의 전등화에 놀랐다. 철도 연선으로는 거의 다 농촌에 전등을 켰다. 전등불 밑에서 짚신을 틀고 새끼를 꼰다.
　멧기슭에 손바닥만 한 땅 조각도 돌로 다 네모반듯하게 쌓아 놓았다.
　이것은 그 백성의 근성의 근면과 원려의 표현이다. 부러워라.

군함

　삼전고(三田尻) 앞바다에는 군함이 십여 척이 떠 있고, 그중에 전함인 듯한 배에서는 경기구가 떠 있다. 궁도(宮島) 앞바다에도 그러하다. 아마 해군 연습인가 보다.
　이런 것이 있어야 백성들이 젠체하고 산다고. 유치한 듯하지마는 아직은 진리다. 나는 부끄러웠다.

별장

　신호(神戶)와 대판(大阪) 간, 그중에도 신호에서 가까운 노옥(蘆屋) 근방은 거의 전부 별장지가 되고 말았다. 산이 좋고 물맛이 좋고 앞에는 바다를 바라보는데, 거기다가 아주 얌전하게 깨끗하게 살 맘 나게 집들을 지어 놓았다. 아마 여러 천 호다. 탄(灘)이라는 데는 산에 올라가는 철로까지 놓였다. 이러한 설비를 하는 데는 돈의 여유와 문화의 향상이 필요하고, 돈의 여유는 상공업의 발달과 식민지를 짜내는 데서 오고, 그리하려면 전쟁과 외교가 필요하고, 그리하려면 군대와 정치가 필요하고, 그리하려면 국가가 필요하고, 그리하려면 다스리는 계급과 심부름하는 계급이 필요하고, 그러니까 이 다스리는 계급이 그네의 행복한 생활을 유지하는 데는 현 제도를 위하여 생명을 희생하는 것이 필요하게 된다.
　그렇게 어려운 소리는 그만두고, 우리 조선은 언제나 이만큼 살게 되나, 그것이나 생각하세그려. 그것을 생각할 만한 지혜도 없고 생각하는 수고도 싫거들랑 밀기만이라도 하세그려. 그것조차 싫거들랑 저 혼자라도 다만 사오만 원이라도 모아서 여기 와서 편안히 살 생각이라도 하게그려. 부질없이 남의 행복을 원망하고 저주할 필요가 없는 것이 아닌가.

생신(生新)

횡빈(橫濱)! 대진재의 상처가 참혹하도다. 그러나 그 생채기가 나아간다. 생명만 있으면 살은 얼마라도 나오는 것이다.

동경(東京)

동경 정거장서 내려서 놀란 것은 전차와 자동차가 무섭게 많아진 것이다. 뚜뚜 오루루 하는 사이로 사람들이 말없이 다니는 것은 비참한 광경이다.

지진 통에 무너진 신전교(神田橋)는 (Philadelphia) 무슨 회사가 설계하고 공사하는 중이라고 써 붙였다.

조선 열차

부산을 떠나는 급행열차에는 조선 사람은 일, 이, 삼등을 통틀어서 육칠 인밖에 없었다. 하도 적기로 세어 보았다.

대구를 지나더니 열세 사람이 되었다. 여기가 어딘가, 과연 조선인가.

강

해마다 사태에 개천 바닥은 땅바닥보다 점점 높아진다. 어떤 데는 개천 바닥이 논바닥보다 두 길이나 되는 데가 있다. 인제 못 먹게 폐지가 될 논이 차차 생길 것이다.

과연 김천 근방에서 벌써 그렇게 된 것이 보였다.

양(羊)의 우리

오오 저 조고만 양의 우리
우리의 오막살이를
사람아 안 태워 버리려나
태워서
그 빌어먹을 유산이 활활 타오를 때에
여보게 우리 그 불길 속에
이 몸을 던져서 타 죽세그려
아아 이 못난 요보의 목숨을

―『조선문단』, 1925. 3.;『삼인시가집』, 1929. 10.

님네가 그리워

형제여 자매여
무너지는 돌탑 밑에 꿇어앉아
읊조리는 나의 노랫소리를
듣는가— 듣는가

형제여 자매여
깨어진 질향로에 떨리는 손이
피우는 자단향의 향내를
맡는가— 맡는가

형제여 자매여
님 너를 그리워, 그 가슴속이 그리워
성문 밖에 서서 울고 기다리는 나를
보는가— 보는가.

—「조선문단」, 1925. 3.;「삼인시가집」, 1929. 10.

조선의 산

어쩌면 산이 불쌍하이그려
저 가엾은 모양
껍데기까지 벗겨진 모양
누가 저랬나?
지금까지 저 산의 주인이던 이여
너희도 저와 같이 벗겨지고 피가 흐르리라

— 「조선문단」, 1925. 3. ; 「삼인시가집」, 1929. 10.

기차

"고동 소리!
기차가 온다
나도 정거장에 갈 준비를 해야"
"미친놈! 내가 어딜 가
갈 데도 없는 놈이
무엇 하러 가
할 것도 없는 것이"
"기차야 날 버리고 가거라!
담 열차도 그담 열차도
상관 말고 지나가거라
나는 일 없는 놈
죽은 목숨
자빠져서 뒹굴면서
고동 소리나 세어 볼까"

—『조선문단』, 1925. 3.;『삼인시가집』, 1929. 10.

"조선을 버리자"

조선을 버리자
내 힘으론 못 구할 것을
아아 차라리 버리고 갈까
못 한다!
네 힘껏은 해 보렴
죽기까지는 네 의무인 것을
그러나 여보
이 백성을 어이한단 말요?
헛것만 좇는 것을
갈까나 갈까
조선이 안 뵈는 곳에 가서
울고 잊고 세상을 마칠까나

—「조선문단」, 1925. 3. ; 「삼인시가집」, 1929. 10.

곡(哭) 백암(白巖) 선생

백암 선생!
당신마저 가시네!
어린것들을 두고 당신마저 가시네!

내가 알거니와
웬걸 따뜻한 미음 한술이나 잡수시었을까
웬걸 약 한 첩이나 달여 드렸을까

호인의 집 먼지 많은 방
등으로 걸은 엉성한 침대
때 묻고 엷은 이불 위에서
육십의 늙으신 우리 국로(國老)는 눈물을 머금고 가시었네

내가 잘 아네
배갈이나 오가피주 두어 잔을 잡수시고 허리를 쭉 펴시고
왼 천하를 호령하는 태도로 어성을 높이시어
나라의 흥망을 말씀하시는 양을
다시는 못 보게 되었네 다시는 못 보게 되었네

눈물겨워라!
나라의 흥망밖에 말 제목이 없으시었네
나라의 흥망밖에 슬퍼하는 제목이 없었네
때 묻은 겹옷에 늙은 뼈가 얼기로 움직일까
피동전 한 푼짜리 피죽을 못 자시기도 여러 번이언마는 슬퍼하시었을까

나라의 흥망을 생각할 때, 말할 때
당신의 눈초리는 올라가고 언성은 높아지고 눈물은 흘렸네
슬픔이 자아질 때 목을 놓아 우시었네
"늙은 어린애!"
우리 젊은것들은 당신을 이렇게 불렀네
벙글벙글 웃는 백발에 이 빠진 어린애!

기뻐도 잘하시거니와 성도 잘 내시던 늙은 어린애, 백 년을 더 사시더라도
안 늙어지실 늙은 어린애!
아아 이 크고 늙은 어린애는 돌아가시었네

백암 백두산 바위
태백광노(太白狂奴) — 나라 잃고 미친 태백의 아들
그는 백두산을 안고 육십육 년을 울다가 돌아가시었네
그의 신체나마 백두산 기슭에 묻어 드리고 싶다 — 백골이나마 태백의 흙에 묻어 드리고 싶다

여보게 조선의 젊은이들, 이 어른을 맞나는 음식 한번, 따뜻한 옷 한 벌도 못 입혀 드리고 먼지 많은 호인의 집에 때 묻은 이불 속에서 눈물을 머금고 돌아가시게 하였구나

그 어른 환갑날
그것은 우리가 만세 부르고 죽던 때
우리들이 모아서 하여 드린 비단옷 한 벌을 어떻게 그 어른이 기뻐하시었는지
우리가 차려 드린 약주 한잔을 어떻게 좋아하시던지 불그레 취한 얼굴에 웃음에 띠고
"내가 한국편사(韓國扁史)를 쓰고 한국독립운동지혈사(韓國獨立運動之血史)를 썼거니와, 내가 비록 늙었더라도 건국사는 쓰고야 죽으려네"
하시더니마는
백암 선생은 그만 가시었네

을축 11. 4.

— 『동아일보(東亞日報)』, 1925. 11. 5.

기도
금강산 비로봉에서

거룩한 산
신비한 운무의 장막 속에
검붉은 불길이 오른다
내가
두 팔을 들고
하늘을 우러러 창생을 염(念)할 때에
바람이 외치어 불어와
흰옷 자락을 날린다
아아 천지의 주재(主宰)여!
이 산과 운무(雲霧)와 바람을 내신 이여!
내 기도를 들으소서!
내 몸을 번제물(燔祭物)로 받으소서

깨끗한
당신의 세계가
왜 죄악으로 더러웠습니까
숭암코 평화로운
당신의 성전에
어찌하여 죽음의 부르짖음과

피눈물이 찼습니까
어찌하여
아아 어찌하여
약속하신 가나안 복지와 미새야를
안 주십니까

봅시오!
저 검붉은 불길을 봅시오!
거기서
당신의 보좌(寶座)를 향하고 오르는
뜨거운 연기를 봅시오!
그것이
버리신 당신의 백성의
가슴에서 타오르는 것입니다, 가슴에서!
우러른 내 얼굴에
대답을 주소서
치어든 내 손에
구원의 금인(金印)을 내리소서
아아 천지의 주재이시여!

1923. 8.

─『시인선집(詩人選集)』, 1926. 10.

"입원 중에"

병들어 누웠으니
꽃 핀들 무엇 하리
달 뜬들 무엇 하리
젊은 몸인지라
더욱 슬퍼합니다

—『동광(東光)』, 1926. 10.

경원선(京元線) 차중에서

빈 들에 비 오니
나그네 옷 다 젖었다

옷에 물 흘리며
끝없는 길 가노라

오늘도 저물었다.
어느 집에 들어 자리

인가 못 찾거든
길을 걸어 새우자

—「동광」, 1926. 10. ;「삼인시가집」, 1929. 10.

산 내 소리

오오, 귀찮은 내야
너는 밤에도 아니 자고
내 눈 뜨기를 기다렸더냐

고달픈 내 영혼이
새벽에 돌아눌 때
놀래어 깨었더냐

귀찮게도 시끄럽게 소리 질러
하룻밤 모처럼 쌓았던 꿈 자취를
사정도 없이 쓸어 가려느냐

— 『동광』, 1926. 10. ; 『삼인시가집』, 1929. 10. ; 『문장독본(文章讀本)』, 1948. 4.

궁예(弓裔) 왕릉

삼방역(三防驛)에서 약수포(藥水浦) 들어가는 노방(路傍)에 칡넝쿨 덮인 석축릉(石築陵)이 있고, 그 앞에는 민간에서 치성드리노라고 지어 놓은 조그마한 사(祠)가 있고. 능 앞에는 늙은 전나무 한 그루가 서 있다.

내 어디로 갈거나 필마단기로
첩첩산중에 풍우도 잦다
천하를 건지잔 뜻은 어이코
시내 따라 헤매는 늙은 영웅아

가신 지 천년에 옛 백성들은
집 한 칸 지어 놓고 탱 그려 걸고
구천에 조는 혼을 날마다 불러는
복 달라, 아들 달라, 하소연하네

왕릉 곁에 우뚝 솟은 전나무
웬걸 천년이야 살았으랴만
황혼에 우뚝 솟은 그 기우(氣宇)
영웅인 듯하여 다시 우러르다

—「동광」, 1926. 10. ;「삼인시가집」, 1929. 10.

서울로 간다는 소

삼방(三防) 약수포(藥水浦)로 매일 조조(早朝)면 십여 척, 수십 척의 소가 지나간다. 흔히 갈모 쓴 사람들이 소를 몰아 천진봉〔天眞峰. 일명 기각봉(奇角峰)〕고개 절벽으로 올라간다.

깎아 세운 듯한 삼방 고개로
누런 소들이 몰리어 오른다
꾸부러진 두 뿔을 들먹이고
가는 꼬리를 두르면서 간다

움머움머 하고 연해 고개를
뒤로 돌릴 때에 발을 헛짚어
무릎을 꿇었다가 무거운 몸을
한 걸음 올리곤 또 돌려 움머!

갈모 쓰고 채찍 든 소 장수야
산길이 험하여 운다고 마라
떼어 두고 온 젖먹이 송아지
눈에 아른거려 우는 줄 알라

삼방 고개 넘어 세포(洗浦), 검불랑(劍拂浪)
길은 끝없이 서울에 닿았네
사람은 이 길로 다시 올망정
새끼 둔 고산(高山) 땅, 소는 못 오네

―「동광」, 1926. 10. ; 「삼인시가집」, 1929. 10.

산월(山月)

오랜 비가 잠깐 개이고 삼방(三防)에는 꼭 하룻밤만 칠월 보름달이 나왔다. 마침 어디서 여성(女聲)으로 노래 부르는 소리가 들리어 듣는 사람들은 모두 말할 수 없는 흥에 떴다. 나도 지팡이를 끌고 유(劉)·길(吉) 양우(兩友)로 더불어 무인(無人)한 계변(溪邊)을 찾아가다.

"기각봉(奇各峯)에 달이야!"
사십 일 긴 비 끝에
열이틀 밤 달이야!
검은 두 봉 사이로
내려다보는 저 달이야!
어디서 부르는고
젊은 여자의 노래
혼잔가 둘인가
길게 뽑는 사비수(泗沘水)
들릴락 말락 오는 노래

앞산에서 부르는가?
앞산이면 달을 등지고
뒷산에서 부르는가?
뒷산이면 달을 안고
시냇가 바위에 앉았는가?
비탈 늙은 솔에 기대 있는가?
여기도 같고 저기도 같이

온 데 모르는 노래
아마도 눈물 고인 눈이 부르는 노래

나가자!
앓는 몸에 찬바람—
그래도 나가자!

검은 물
회색 바위
하얀 여울
푸른 산에서 오는 푸른 바람
누른 달에서 오는 누른 달빛
물소리 거슬러 오르는
타게 붉은 나의 마음

땅에는 동풍이 분다
하늘에는 서풍이 분다
그러길래
안개 빗발은 서로 서로 날고
찢어진 구름 조각은 동으로 동으로 난다
달이 밝은데, 달빛 따라
얼음같이 산들거리는 안개비!

산은 앉았고

물은 소리하며 간다
사람은 바윗등에 옹송거리고
나는 구름의 소리를
흐르는 달빛의 소리를
안개비 소리를
발 아래 흐르는 검은 물의 흰 여울 소리를
하늘로 달려가는 바람의 소리를 듣는다

—「동광」, 1926. 10. ;「삼인시가집」, 1929. 10.

새 나라로

어야드야 어어혀리
어기여차 닻 감아라
옛 나라야 잘 있거라
어기어차 새 나라로

어야드야 어어혀리
어기여차 닻 감아라
만경창파 만 리 길에
나는 가네 새 나라로

어야드야 어어혀리
어기여차 닻 감아라
이제 가면 언제 오나
기약 없는 새 나라로

어야드야 어어혀리
어기여차 돛 달아라
잘 있으오 잘 있으오
나는 가네 새 나라로

—『삼천리(三千里)』, 1929. 6. ; 『삼인시가집』, 1929. 10.

새벽

새벽빛이 솟는다
해가 오른다

땅 위에 만물이
기뻐 춤을 추누나

천하 사람 꿈꿀 제
나만 일어나

하늘을 우러러
기쁜 노래 부르네

―「삼인시가집」, 1929. 10.

국에 말아 드립시다

어린 아기 보챕니다
젖 달라고 보챕니다

짜도 젖이 아니 나니
무엇 먹여 살리리까

봄에나 여름에나
애써 벌어 놓았던 걸

사정없는 붉은 물결
하룻밤에 쓸어 나가

비가 오고 바람 치고
날씨조차 저뭅니다

늙은 부모 어린 처자
집 없으니 어디서 자

따뜻한 밥 한 그릇

국에 말아 드립시다

따뜻한 밥 한 그릇
국에 말아 드립시다

—『삼인시가집』, 1929. 10.

복조리

아가 문 열어라 복조리 사려무나
맑은 가문에 설마 복을 탐내랴만
저다지 외치는 소리를 모른달 줄 있으리

여보소 조리 장수 복조리 파는 장수
잃은 사랑을 담는 조리 보았는가
그 조리 있을 양이면 있는 대로 다 내소

조리 사시오들 복조리 사시오들
나는 복 없어도 내 조리 복 있다네
내 조리 사는 양반은 수부다남(壽富多男)하오리다

복조리 나는 싫어 있는 복도 나는 싫어
우리 님 안 계시니 복은 하여 무엇 하리
우리 님 오시게 할진댄 목숨 주마 안 사리

여보소 복조리 장수 임자 조리 몇 개 있는
여기 짐 부리소 있는 대로 다 내놓소
삼천만 살뜰 동포께 고루 선물하려네

— 『동아일보』, 1930. 2. 1.

아비의 소원

아가 아가 우리 아가
수명장수(壽命長壽)하여라
몸 성하게 맘 편안케
팔십 구십 살아라

아가 아가 우리 아가
민족 은인 되어라
이천만의 가난 환난
몸소 건져 주어라

아가 아가 우리 아가
인인 의인 되어라
약한 이의 도움 되고
악한 이엔 두렴 되어라

아가 아가 우리 아가
밥 잘 먹고 잠 잘 자고
모락모락 자라라
내 희망아 내 사랑아

—「동아일보」, 1931. 5. 3.

색의(色衣) 노래

흰옷을 벗어 놓고 일터로 가세
흰옷은 망국의 옷 노는 이의 옷
맘을랑 희게 희게 옷은 물들여
조선의 사람들아 일터로 가세

—『동광』, 1931. 5.

힘의 찬미

힘!
오늘의 미는 힘에 있다
분 바른 흰 것보다
볕에 걸은 검은 것
비단결 같은 살결보다
쇠뭉치 같은 힘줄!
얌전을 집어치워라
위엄이다 억세임이다!
   사람아 오늘은 힘을 찾는다

힘!
오늘의 의는 힘에 있다
세련된 예절보다
한다면 하는 미더움성
인사성 있는 겸양보다
제 것을 버티는 뱃심!
유한 손을 빨리 들어라!
두 주먹을 불끈 쥐어라!
   사람아 오늘은 힘을 찾는다

힘!
오늘의 영광은 힘에 있다
기도 올리는 탑을 헐고
대포를 거는 포대를 쌓아라!
평화의 흰옷은 다 무엇이냐
병대의 붉은 복장을 입고
몸과 맘을 모다 무장하여라
   사람아 오늘은 힘을 찾는다

힘!
보병 포병의 접전이 있다 할 때에
비행기가 폭탄을 던진다 할 때에
군수품 수송하는 차를 볼 때에
최후통첩이 난다 난다 할 때에
우리 가슴은 말 못 할 흥분으로 뛴다
아아 총 메고 칼 찬 끝없는 병대여!
   사람아 오늘은 힘을 찾는다

—「동광」, 1931. 11. ; 시집 「사랑」, 1955. 10.

낙화암(落花岩)

사비수(泗沘水) 나린 물에 석양이 비낀 제
버들꽃 날리는데 낙화암 예란다
모르는 아이들은 피리만 불건만
맘 있는 나그네의 창자를 끊누나
낙화암, 낙화암, 왜 말이 없느냐?

칠백 년 누려 오던 부여성 옛터에
봄 만난 푸른 풀이 옛 빛을 띠건만
구중(九重)의 빛난 궁궐 있던 터 어데며
만승(萬乘)의 귀하신 몸, 가신 곳 몰라라
낙화암, 낙화암, 왜 말이 없느냐?

어떤 밤 불길 속에 곡소리 나더니
꽃 같은 궁녀들이 어디로 갔느냐?
임 주신 비단 치마 가슴에 안고서
사비수 깊은 물에 던진단 말이냐?
낙화암, 낙화암, 왜 말이 없느냐?

—「삼천리」, 1932. 7.;「춘원시가집」, 1940. 2.

여성의 노래

딸

그대는 땅 위에 고작 귀여운 것
집안에 꽃봉오리
거룩하도록 깨끗한
그대의 맘이여, 모이여!
윤나는 검은 머리끝에
날리는 불 같은 댕기를 보라!
하물며 오는 날을 찾는
별 같은 눈일까 보냐
하늘과 땅의
아름다움과 깨끗함과 귀여움이 엉키어
딸이 되었어라
아아 그 빛이여, 매여, 소리여

누이

오라비의 기쁨은 누이어라!

누이의 기쁨이 오라비임과 같이
오라비의 어휘에 누이보다 향기로운 말이 있던가
손위면 누나 아래면 누이
그것은 오라비의 거룩한 염불이어라
무엇은 안 주랴
무슨 어려운 일은 기쁘게 아니 하랴
누이일래면 죽음은 아끼리
사내와 계집의 가장 종교적인 관계
바라는 것 없는 사랑— 그것은 오누이의 것뿐이어라
사람과 사람의 가장 깨끗한 인연
그것은 인생에 오직 오라비와 누이

아내

집안의 주인
남편의 주인
집안 찾아오는 모든 손님의 주인이여
그대의 이름은 앞치마에 손 씻는 아내
그 집이 밝더냐? 그도 아내의 탓
성 안 냄, 성 안 냄, 성 안 냄
부드러움, 부드러움, 부드러움
그러고도 현명한 지배인의 슬기
─이는 어진 아내의 복, 여왕의 성덕

아! 세상에 가엾은 이는
어진 아내 못 가진 남편
아! 세상에 힘없는 나라는
어진 아내 못 가진 나라
어진 아내여
그대는 남편과 집안과 나라의 힘의 샘, 기쁨의 주인
오! 앞치마에 손 씻는 천사여!

어머니

민족의 가장 큰 일이 무엇이냐
그것은 씨를 잇는 일―
아들딸 서서 낳아서 기르는 일
어머니의 고통과 인내와 사랑과 희생을 무엇에나 비기리?
사내가 전장에 나아가 싸우고 죽더라도 일터에서 뼈가 휘도록 일생을 일하더라도 어머니의 그것에는 못 비기리
어머니의 사랑은 끝없는 사랑
고작 크고 높고 거룩한 것이로다
사람아 감사함을 가졌느냐. 그것은 모다 어머니께 드리라
찬양의 말을 가졌느냐. 그것은 모다 어머니께 바치라
우리의 살을 준 이, 피를 준 이, 말을 준 이, 민족의 전하는 정신을 아울러 준 이
사랑, 희생, 인내, 근면, 봉사, 모든 우리 밑천을 준 이

그 어른이 어머니시어라
아! 거룩하여라 어머니시여
내 어머니신 동시에 우리나라의 어머니시로다

1933. 3. 3.

―『신가정(新家庭)』, 1933. 4.

향로

깨어진 질향로에
아침마다 피는 향불
피우고 꿇어앉아
말없이 있습니다

일어나 절하옵고
또 향을 꽂사옵고
꽂고는 꿇어앉아
말없이 있습니다

깨어진 질향로는
예로부터 전해온 것
날마다 향불 피고
말없이 있습니다

— 『신인문학(新人文學)』, 1936. 1. ; 『춘원시가집』, 1940. 2.

내 노래

먼 길 가는 손님네야
내 노래나 듣고 가소
다린들 안 아프리
잠깐 앉아 쉬어 가소

변변치도 못한 노래
그래도 듣고 가소
시원치도 못한 얘기
그래도 듣고 가소

길가에 외로 앉아
부르는 내 노래를
저기 저 손님네야
한 가락만 듣고 가소

가도 또 길이요
새면 또 날이다
끝없는 길손 불러
끝없는 내 노랠세

— 「학등(學燈)」, 1936. 1.

빛

만물은 빛으로 이어서 하나
중생은 마음으로 붙어서 하나
마음 없는 중생 있던가?
빛 없는 만물 있던가?
흙에서도 물에서도 빛은 난다.
만일에 탈 때에는 온몸이 모두 빛

해와 나
모든 별과 나
빛으로 얽히어 한 몸이 아니냐?
소와 나, 개와 나
마음으로 붙어서 한 몸이로구나
마음이 엉키어서 몸, 몸이 타면은 마음의 빛

항성들의 빛도 걸리는 데가 있고
적외선 엑스선도 막히는 데가 있건마는
원 없는 마음의 빛은 시방(十方)을 두루 비춰라

— 『조광(朝光)』, 1936. 2. ; 『춘원시가집』, 1940. 2.

송춘(頌春)

1

봄이라 하건마는 아직도 추운 날
우수 경칩이 다 지나도
개천 얼음이 땡땡한 어느 날
보리 밀 뿌리까지 얼어 죽는 서슬에
가냘픈 봄도 얼어 죽었는가 싶은 어느 날
나는 봄을 보았네
봄의 싹을 보았네

그것은 북한(北漢)의 바위 깎아 질린 산골짝
덧얼고 덧얼고, 딴딴히 얼어붙은
그리고 지난밤 싸락눈 덮인 개울가
울툭불툭한 바위 그늘
하마터면 내 발부리에 밟힐 뻔한, 버들강아지 하나, 둘!
갓 난 강아지 같은 버들강아지 하나, 둘!
봄은 죽지 아니하였네
봄은 분명 살아 있네

2

올 줄을 잊어버린 금년의 봄이여!
갈 줄을 잊어버린 겨울의 꼬리여!

그러나 능금나무 밭에 거름발이 오르니 봄인가
참나무 위에 까치 한 쌍, 집을 지으니 봄인가

경칩이 지나거든 땅속에서 더운 기운 오른다 하건마는
산이나 개천이나 꽁꽁 얼어, 기척도 없는 금년의 봄이여!

그러나 반찬 가게에 모시조개 구럭 보이니 봄인가
가장 기다리는 화톳불에 냉잇국 그릇 놓였으니 봄인가?

3

라인강 가의 봄은 독불군(獨佛軍)의 말발굽에 으스러지려는가
  홍안령상(興安嶺上)에 도는 어린 움은 일소군(日蘇軍)의 초연(硝煙)에 말라 버리려는지

  지구의 궤도가 뒤둥그러지는 날까지
    해마다 봄은 오더라마는
  중생이 화평과 기쁨을 마음껏 향락할

그러한 봄은 언제나 오려는고?

— 『조광』, 1936. 4.

비둘기

오오 봄 아침에 구슬프게도 우는 비둘기
죽은 그 애가 퍽이나 섧게 듣던 비둘기
그 애가 가는 날 아침에도 꼭 저렇게 울더니

그 애, 그 착한 딸이 죽은 지도 벌써 일 년
"나도 죽어서 비둘기가 되고 싶어
산으로 돌아다니며 울고 싶어" 하더니

— 『조광』, 1936. 5. ; 『춘원시가집』, 1940. 2.

또 하루

임 찾아 헤매는 길이
또 하루
머리에 센 터럭이
또 한 올

이럭저럭 타만 버리는
내 촛불!
내 생명의 초는 많기만 한데
임 못 찾는 또 하루여

—『여성(女性)』, 1937. 1.

나팔꽃

새벽 담에 피었던 나팔꽃
어느 새에 스러졌네
그래도 피어야만 하겠던가?
저 할 일 다 했는지 몰라도

너무도 빨리 스러졌어라

—『여성』, 1937. 1.

귀뚜라미

뜰 가에 우는 버러지
그 작은 가슴에도
기쁨도 있고
슬픔도 있고

밤 깊은 거리
전차 소리도 끊인 제
뜰 가 담장이
끊이락 이으락 벌레 소리

가을비 부슬부슬
찬 기운조차 도는 날
벌레와 나와
잠 못 일고 생각하는 밤

― 『여성』, 1937. 1.

사랑해 주신 이

나를 사랑해 주신 이도 계셨습니다
나는 고마웠습니다
내게 있는 모든 것을 아낌없이 드리었습니다

나를 사랑하다가
버리고 가신 이도 있었습니다
나는 슬펐습니다
그러나 원망은 아니 하였습니다
그러다가 슬픔도 가시고
정다운 옛 기억으로만 남았습니다

나를 사랑해 주신 분들이
내게서 무엇을 얻어 가지고 가셨나?
그것만이 켕깁니다
다시 그분들이 오시면
무엇을 드리나?

— 『백광(白光)』, 1937. 2. ; 『춘원시가집』, 1940. 2.

나는

나는 길가에 앉았습니다
짐이라고야 할 수 있으리까마는
엇가가 하나를 치고

오가는 행인들 뉘시나 들어와
쉬셔도 좋습니다.
비좁고 누추하나마
곧 가셔도 좋고
얼마를 묵으셔도 좋습니다
나는 이야기를 하오리다
그리고 노래를 부르오리다. 있는 대로 다
그러나 듣고 싶은 분은 들으시고
듣기 싫은 분은
안 들으셔도 좋습니다.

나는 사는 날까지
이 길가에 앉아 있으렵니다
그리고 이야기를 하고
노래를 하렵니다

누구시나 행인은
들어오서도 좋습니다
가고 싶으면 아무 때에 가서도 좋습니다

정축 1. 9.

—「백광」, 1937. 2.;「춘원시가집」, 1940. 2.

럼비니송(頌)

내 마음에 한 생각이 있으니

영겁에 풀어 오던 바로소이다

고이고 또 고이고

익고 또 익었사오매

그 향기 고운 성호(醒醐)를 노래의 호로(葫蘆)에 써

삼계중생에게 뿌리나이다

모두 받아 청량(淸凉)을 얻어지이다

법열(法悅)을 안온(安穩)을 얻어지이다

내 붓이 그리는 글자마다

내 입이 부르는 가락가락이

영겁에 마르지 않는 감로(甘露)를 이루어

육취(六趣)에 허덕이는 중생의

목을 축이소서 비나이다

― 「럼비니」, 1937. 5. 7.

애인

임에게는 아까운 것이 없이
무엇이나 바치고 싶은 이 마음
거기서 나는 보시(布施)를 배웠노라

임께 보이자고 애써
깨끗이 단장하는 이 마음
거기서 나는 지계(持戒)를 배웠노라

임이 주시는 것이면
때림이나 꾸지람이나 기쁘게 받는 이 마음
거기서 나는 인욕(忍辱)을 배웠노라

천하 하고많은 사람에, 오직
임만을 사모하는 이 마음
거기서 나는 선정(禪定)을 배웠노라

자나 깨나 쉬일 새 없이
임을 그리워하고 임 곁으로만 도는 이 마음
거기서 나는 정진(精進)을 배웠노라

내가 임의 품에 안길 때에
기쁨도 슬픔도 임과 나와의 존재도
잊을 때에 나는 살자군(薩埵君)을 배웠노라

인제 알았노라 임은
이 몸께 바라밀(波羅蜜)을 가르치려고
짐짓 애인의 몸을 나툰 부처시라고

―『조선문학(朝鮮文學)』, 1937. 6.;『춘원시가집』, 1940. 2.

무소구(無所求)

나는 그대를 사랑하노라
하고 싶어 하는 사랑이매
그대에게 구하는 바 없노라

나는 내 모두를 그대에게 주노라
주고 싶어 주는 것이매
그대에게 바라는 바 없노라

그대 만일 나를 사랑하면
기쁘게 받겠노라. 그러나
나는 그대에게 진실로 구하는 바 없노라

— 「조선문학」, 1937. 8. ; 「춘원시가집」, 1940. 2.

배

배 오르니 밀물인가
무엇 싣고 어디 가는 밴고?
탄 사람은 누구?
무슨 생각 하며 가누?
바다 있는 동안, 사람 사는 동안
밀물이면 배 올라라

―『삼천리문학(三千里文學)』, 1938. 1.;『춘원시가집』, 1940. 2.

밀물에

아이들이 바닷가에서 모래를 파네
모래에서 물이 솟네
호수가 되고 강이 되네

물이 더 많고 지고
아이들은 운하를 파네
한없이 큰 밀물까지

운하의 공사가 끝나기도 전에
벌써 큰물이 운하로 쏠려 드네
호수가 넘치고 강이 넘치네

홍수가 났다 해일이로구나
모래성이 모두 터져 나가는데
아이들은 작은 손으로 막기에 바쁘구나

아이들은 마침내 소리를 지르고
이 자리를 포기하였네
밀물이 들었다 나간 후

그 자리의 자취는 아직도 촉촉이 젖었어라

아이들은 어디서 또
새 호수와 새 강과 새 운하를 파는고?
밀물은 저 곬에서 영원의 노래를
중얼거리고 있는데

— 「삼천리문학」, 1938. 1. ; 「춘원시가집」, 1940. 2.

임의 언약

○

이곳이 어디오? 내 어디서 여기 온고?
무슨 일을 보러 어디로 가는 걸고?
앞뒤로 끝없는 길을 보고 섰는 나여라

○

날 떠나보내신 이 임이신 줄 알건마는
그 임이 누구신지 심부름도 다 잊고서
어디로 두루 쏘다녀 예 왔는가 하노라

○

흐린 옛 기억을 더듬더듬 더듬어서
이 길 저 길 찾아가다 오다 헤매어도
임의 길 아닌 길 있으리 가고 갈까 하노라

○

낮에는 햇빛 되사 밤이면은 별빛 되사
길가 바위 되사, 물이 되사, 뭍이 되사
때로는 행인 되사와 나를 끌어 주셔라

○
낙이 있삽기로 괴로움이 있삽기로
노상에 만났으니 있다 없을 풍경이라
다 가서 임 집에 들 때 영원 볼까 하노라

○
얼굴도 잊은 임을 이름조차 잊은 임을
모를 길 더듬어서 찾아 찾아 가는 뜻은
고우신 임의 언약 안 잊혀서입니다.

— 『삼천리』, 1938. 12.

술회(述懷)

흘러가는 냇물이 갈수록 흐려짐과 같이
봄날 맑은 날씨가 낮 기울어 궂힘과 같이
슬퍼라 내 생활도 나이 먹을수록 흐려라

세상에 오던 날보다 더러운 몸이 되어
떠나서야 쓰겠나? 더는 못해도
오던 날의 깨끗만은 찾아 가지고 가고 싶어라

저 소나무를 보았는가 갈수록 더욱
늙을수록 더욱 아름다워지는 것을
다 말라 삭정이 될 때 아름다움의 마루터기에 오르는 것을
흐르는 냇물은 남을 먹이고 씻기에 흐렸네
봄철 날씨는 움 돋치고 꽃 피우고 궂히고
부끄러워라 내 생명의 빛과 흐름은 오직 탐욕과 번뇌로 더럽힘이 되었어라

하늘나라에 오르려거든 다시 나라 하심
못 알아들은 이 니고데모만이 어떤가?
나도 물과 불로 다시 나야만 할 날이 되었어라

구고(舊稿)에서

―『조선문학』, 1939. 1.

아침의 노래

아침은 늘 새로워라, 젊어라
잠이 깨어 눈을 뜨면 늘 새로운 세계로소이다
동편 하늘에 붉은빛이여, 솟는 해여
그것은 새로움이로소이다 젊음이로소이다 기쁨이요 아름다움이요 힘이로소이다
아아 영원한 창조의 행진이여!

잠이 깨어 폭풍우 침을 볼 때 그도 새로움이어라 기쁨이어라
내 가슴도 우렁찬 힘으로 뛰나이다

함박눈이 소리 없이 내리거나 가루눈이 된바람에 창에 뿌려질 때
그도 새로움입니다 아름다움입니다 부쩍부쩍 기운이 나는 힘 있는 알레그로로소이다
밤비 개인 뒤 깨끗이 씻긴 하늘과
흠씬 물먹은 땅이며 나무 가지가지에 이슬 방울방울이 늘어질 때에
그 어떠한 풍족입니까, 배부름입니까

해 오르기도 잊어버린 듯한 흐뭇한 고요한 하늘이여
마치 흠씬 뉘우치는 눈물로 흘리고 나서 합장하고 은혜를 느끼는 때와

도 같소이다

    만일 밤눈이 내려 온 세계를 푹 싸고
    파란 하늘에 붉은 해가 솟아오르는 아침이나
    아직 맑을까 흐릴까 몽롱한 그러한 새벽이어나
    아아 이 얼마나 깊숙하고도 고요하고도 깨끗한 세계오리까
    내 가슴의 피도 어제 것이 아니로소이다
    비록 내 머리에 센 터럭이 날리고 낯에 주름이 잡히더라도
    그것이 다 새로움이로소이다 영원한 젊음이로소이다
    뉘라서 늙음이라 하고 낡음이라 하나이까

    내 생명은 아침마다 새로움을 얻나이다 젊음을 얻나이다
    높이높이 오르고 오르는 크게크게 자라고 자라는 으쓱하는 기쁨을 얻나이다
    이 땅 위에 아침이 오는 동안 나는 영원히 시들함이 없으리라
    늘 새롭고 늘 젊고 늘 아름다움에 가슴이 울렁거리고
    이 법계의 끊임없는 창조의 행진곡에 맞추어
    덩실덩실 춤을 추며 우쭐우쭐 앞으로 나아가고 너울너울 위로위로 오르오리이다

    죽음! 그것은 가장 볼 것 많고 가장 새롭고 가장 아름다운 큰 아침이리다
    죽음의 뒤에 기다리는 풍광을 마음에 그리고 기다릴 때에
    마치 신방을 그리고 거울 앞에서 단장하고 있는 새아가의 마음과도 같

으나이다

아침은 늘 새로워라 젊어라 아름다워라
아침 뒤에 아침이 있어 아침의 끝이 없음이여
이 생명의 젊음과 새로움과 기쁨이 끝이 없나이다

구고(舊稿)에서

—『조광』, 1939. 1.

조(弔) 박용철(朴龍喆) 군

그대 죽었다네
죽어서 어디로 갔나
아무 때 가더라도 갈 길이언마는
서른셋? 한창 살 나이가 아닌가
아까워라 좀 더 살아 보아야 할 나이가 아닌가

그대 무엇을 보고 갔나
무엇을 찾아서 얻고 갔나
그대 진리를 보았는가
인생이란 수수께끼를 풀고 갔나
그대 아름다운 것을 보았는가
참 이것이야말로 할 그런 아름다운 것을 보고 갔는가
그대 행복 맛을 보았는가
참 이것이야말로 할 그런 행복 맛을 보고 갔는가

올 듯 올 듯한 행복을
내일이나 내일이나 하고 기다리다가
기다리다가는 헛다방 치고
헛다방 치고는 또 기다리고

이러다가 간 것은 아닌가
행복이라고 붙들고 보니 아니오
사랑이라고 안고 보니 아니오
이러다가 간 것이 아닌가

그대 어디로 가는지 알고 떠났는가
알려다가 알려다가 모르고 떠났는가
그대 임종 시의 생각이 무엇이던가
옳다 이거다 하는 광명이던가
이걸까 저걸까 하는 회의던가
도무지 모르겠네 하는 답답함이던가

이 사람아— 그대 숨이 질 때
화—ㄴ하던가 캄캄하던가
희미한 회색이던가
그대 무엇 하러 어디서 왔다가
무엇 하고 어디로 갔는가
아아— 이 사람아— 아프다가 아프다가 죽은
그대 무엇을 보고 갔는가

그대 생전에 마음이 고왔으니
다음 생(生)에는 필시 좋은 곳에 태어나리
무변법계(無邊法界)에는 좋은 고장도 많다 하니
그대 부디 아름다운 나라를 찾아가서

만일에 이 세상에 다시 오거들랑
튼튼한 몸을 타 가지고 오소

―『박문(博文)』, 1939. 1.

봄과 님

어느 땐들 님 생각 없으리마는
시내 얼음 풀리고 버들강아지 싹틀 때
이름도 모를 조그마한 꽃이 방긋 핀 것
볼 때처럼 님 그리운 적 없어라

머리카락 희끗희끗 세었기로 이마와 두 볼에
주름 잡혔기로 님 그려 할 젊음 없사오리
하물며 영겁에 사랑하기로 굳게 언약한 님이시니
봄바람 불어올 때마다 새 정인 듯 그리워라

—『신세기(新世紀)』, 1939. 3.

불쌍한 아이

"에그 불쌍해!
에그 불쌍해!
나갈 때에는 입만 비쭉거리더니
대문 밖에 나서서는 전신대를 붙들고 엉엉 우는구려
에그 불쌍해라!
나가 볼까요?
벌써 갔을까요?
데리고 들어올 것을
불쌍해!"
아내는 이렇게 말하고 울었다.

— 『춘원시가집』, 1940. 2.

맘

텅 비었어!
아무것도 없어!
그중에서 문득 일어나는 구름장 하나
우레, 번개 되고
바람, 비 되고
그러고는 이윽고, 또
텅 비었어
아무것도 없어!

—『춘원시가집』, 1940. 2.

쇠북

첫닭 울 무렵
쇠북을 치네.
듣는 이도 없는
쇠북을 치네

간밤의 번뇌에
가위눌린 중생의
꿈을 깨라고
새벽 북을 치네

해가 기울 때
쇠북을 치네
듣는 이도 없는
쇠북을 치네

온종일 번뇌에
시달린 중생의
마음을 쉬라고
저녁 북을 치네

끝없는 중생의
다함 없는 번뇌여!
내 치는 북소리
끊일 줄 없어라

— 『춘원시가집』, 1940. 2.

어린 아들

얼음 가루 묻은 스케이트 메고
아비 병실 찾아온 어린 아들

꽁꽁 언 두 손, 손거스러미 인 손을
열로 끓는 내 가슴에 묻어 주다

1938. 1. 10.

— 『춘원시가집』, 1940. 2.

모르는 이의 편지

모르는 이의 편지
내 가슴을 설레네

읽고 또 읽어도
단지 심상(尋常)한 문안
그런데 왜 이럴까?

아마도 다 쓰지 못한
말이 있나 보다
글 밖에 숨은 뜻을
가슴이 먼저 앎인가 보다

— 『춘원시가집』, 1940. 2.

아내여

아내여!
귀여운 아내여!
귀엽고도 불쌍한 아내여!
힘없는 내 여윈 팔에
매달려 좋아하는 불쌍한 아내여!

바늘 잡은 손에도
단장하는 거울에도
작은 가슴이 노염으로 뒤집힐 때에도
두 눈에 야속하다는 눈물이 고일 때에도
내 생각에 매달리는 아내여!

무엇을 주랴?
아아 불쌍한 네게 무엇을 주랴?
황금도, 노적(露積)도, 귀인의 영화도
못 가진 궁인(窮人)이라, 무엇을 주랴?
아아 근심에 여윈 이 가슴을 받아라

—『춘원시가집』, 1940. 2.

내 죄

내 가만히 자리에 누워
세상 사람들의 죄를 생각하다가
내 죄에 눈이 떠
소스라쳐 놀랐나이다

내 입으로 지은 죄는 바다와 같사옵고
몸으로 지은 죄는 산과 같사옵고
마음으로 지은 죄는 허공과 같이 끝 간 데를 모르나이다

이러한 제 죄를 두고, 남의 죄를 세어 보던
나의 어리석음이여! 부끄러움이여!
나를 살펴보옵지 마옵소서
일월성신도, 산천초목도, 날아다니는 새들과 작은 벌레들도
나를 보지 말지어다
더럽고 부끄러워하는 나를 어디다 감추며 어디다 숨기오리까?

입으로 지은 죄는 바다와 같사옵고
몸으로 지은 죄는 산과 같사옵고
마음으로 지은 죄는 허공과 같이 끝 간 데를 모르나이다

조그마한 혓바닥이 어떻게 그리도 많은 죄를 지었던가?
남을 헐고, 남의 가슴을 아프게 하고, 남의 마음을 더럽게 하고
이 모든 죄를 지은 나의 혀를 불로 살라 버리오리까?
만일 내 혀를 살라 버려 바다와 같은
이 죄를 소멸할 수 있을진대, 기쁘게 사르오리다

내 몸이 지은 산과 같은 죄를
몸을 불로 사르면 사라지오리까?
몸은 비록 천 번 태우고, 만 번 사르더라도
산과 같은 그 죄가 사라질 길이 없음을 압니다

허공과 같이 끝 간 데를 모르는 마음의 죄는
무엇으로 소멸할 수 있사오리까?
작은 내 뼘으로 끝없는 허공을 두루 다 재더라도
억천만겁에 다 잴 수 없음과 같이
내 맘의 죄도 다 소멸할 길이 없나이다

불로 살라도 다 사를 수 없고
물로 씻어도 다 씻을 수 없고
바람에 날려도 다 날릴 수 없는
내 죄의 더미여
내 입으로 지은 죄는 바다와 같사옵고
내 몸으로 지은 죄는 산과 같사옵고
내 마음으로 지은 죄는 허공과 같이 끝 간 데를 모르나이다

아무러한 불로도 사를 수 없고

아무러한 물로도 씻을 수 없고

아무러한 바람으로도 날릴 수 없사오매

오직 땅에 엎드려 뉘우치는 눈물을 쏟을 뿐이로소이다

무인(戊寅) 3. 1.

―『춘원시가집』, 1940. 2.

버들강아지

북한산 골짜기에 살더라던 버들강아지
얼음도 풀리기 전에 털외투에 싸서 내세운 봄의 첫아기
조롱조롱 달린 뽀유스름한 버들강아지들
내 병실에 온 지 벌써 십여 일

어젯밤 봄비 내렸으니, 봄빈들 아니 맞고 싶으리?
골짜기 얼음도 풀렸으려니, 물소린들 아니 듣고 싶으리?
기운찬 뿌리에 붙었을 양이면 살얼음 집히는
새벽 찬바람도 그리울 것이다

십 리나 걸어와서 꺾어다 준 벗의 뜻은 고마워도
제풀로 자라던 것을 뿌리에서 끊어 온 것이 뉘우쳐진다
내가 이 노래를 부를 때에도 말없이
조롱조롱 달린 버들강아지들

무인(戊寅) 3. 3.

─「춘원시가집」, 1940. 2.

첫 나비

내 뜰에 찾아온 첫 나비
핀 꽃도 없는데 어느새
뒤 시냇가에나 가 보소
재바른 냉이꽃 피었나

며칠만 기다려 들르게
뒤란에 살구며 복숭아
간밤에 비 맞아 불그레
봉오리도 통통 불었네

내 책상머리에 울금향
한창 향기도 높건만
너른 천지에 놀던 손
비좁은 방에야 드시리

4. 24.

—『춘원시가집』, 1940. 2.

무제(無題)

어린것이 또 앓는다고
열이 높다고
그것이 아파하는 양
생각하니 뼈가 저리다

오늘 이 시각에
열나고 아파하는 어린것
세계에 얼마나 있나?
가슴 아프다

가여운 고것들
다시는 아프게 하고 싶지 않다
앓지도 늙지도 죽지도 말고
영원히 기쁘게 하고 지고

내 몸이 아파
더할 수 없이 아파
죽도록 아파, 죽고 죽고 또 죽어
고것들을 대신코 지고

아픔 없는 세계
저기 있다 하시니
부처님 말씀 아니 믿고 어이리
하라시는 대로 하련다

그러나
나 혼자 가는 데라면
나는 싫소! 나는 비록
영겁의 지옥고를 받아도

고것만
가여운, 귀여운 고것들만
다시는 앓지 말게, 죽지 말게
극락정토에 태어나게 합소

고 어린것이 앓는다는 날
당신 언약 믿고 비옵니다—
이 몸 갖은 아픔, 괴로움, 다 겪사와
고것 다시 아프지 말게 하옵는 값이 되어지이다고

1938. 5. 20. 정란 앓는단 날

—「춘원시가집」, 1940. 2.

첫 소리

조용히들 하시오 바람들도 사람들도
우리 아기 첫소리를 다들 기다리시오

어느 하늘 어느 별서 오시는 줄 몰라라만
이 세상에 첨 오시는 손님 맞이하시지요

자실 양식 입으실 옷 거처하실 집과 방과
금줄 고추 솜과 삼신 맞이 향불 촛불

모든 차비 되었으니 다들 조용하시지요
지금 진통 재우치니 다들 기다리시지요

1938. 5. 28.

―「춘원시가집」, 1940. 2.

아버지 돌아가신 날

오늘은 아버지 돌아가신 날—
팔월 열나흗날
달빛은 마당에 차고
바람은 문창호를 흔드는데

그것이 벌써 서른여섯 해 전
오늘은 아버지 돌아가신 날—
팔월 열나흗날
아주 가윗날 낮 기울어서였다

술 한잔 따라 놓고
배 한 개 벗겨 놓고
눈 감고 아버지 생각하는
오늘은 아버지 돌아가신 날

1938. 추석 야반(夜半), 홍지거(弘智居)

—『춘원시가집』, 1940. 2.

멧새

내가 혼자 병상에 누었노라면
창밖 잎 떨리는 나뭇가지에
와서 우는 조그마한 멧새들을
그저 멧새들로만 여기고 있었어라

아아 어리석은 나였어라
그도 임이셨던 것을— 멧새들도
그 언약을 잊으려는 이 마음 깨우치려고
멧새 되셔서 내 창 앞에 오셔서 우신 것을

국추(菊秋), 홍지거(弘智居)

—『춘원시가집』, 1940. 2.

흐린 샘

내 샘은 오늘 아침에도 흐렸습니다
또 밤 동안에 미꾸라지나 개구리나, 그런
흉하고 더러운 것들이 온통
휘저어 놓은 모양입니다.

어젯밤에는 내 샘에
별들이 또렷또렷이 비취었길래
오늘 아침쯤은 맑으리라고 믿고
맑아지이다, 고 합장하고 빌고 잤건마는
새벽 눈 뜨는 길로 나가 보니
오늘 아침도 흐렸습니다.

무인(戊寅) 국추(菊秋), 홍지거(弘智居)

—『춘원시가집』, 1940. 2.

사랑의 낙인

어릴 적에 조금 손톱으로 긁힌 자국도
일생에 아니 가시거든, 하물며 하물며
이 혼의 이마에 손수 찍으신
사랑의 언약의 낙인일까 봅니까?

그 자국이, 임의 찍으신 그 자국이
씻은들 씻기리까? 지옥의 불로
태운들 타리까? 억만 겁 억천만 생에
아니 가실 임의 자국이셔라.

—『춘원시가집』, 1940. 2.

할미꽃

보리밭 가에
찌그러진 무덤—
그는 저 찌그러진 집에
살던 이의 무덤인가

할미꽃 한 송이
고개를 숙였구나

아아 그가 갈던 밭에
아아 그가 사랑하던 보리
푸르고 누르고
끝없는 봄이 다녀갔구나

이 봄에도
보리는 푸르고 할미꽃이 피니
그의 손자 손녀의 손에
나물 캐는 흙 묻은 식칼이 들렸구나

변함없는 농촌의 봄이여

끝없는 흐르는 인생이여

— 『춘원시가집』, 1940. 2.

역사가(歷史家)

역사가여
그대의 역사는 온통 거짓말!
그와 나와의 사랑을 안 적은
그 역사는 온통 거짓말!
그와 나와의 파탄을 안 적은
그 역사는 온통 거짓말!

역사가여 그대는 무엇 하러 붓대를 들고
거짓의 외교 터와 피 흐르는 전장으로만 달리는고?
진정한 인생은 밭둑과
저 목장의 '사랑'에만 있는 것을
그런데도 그대의 역사는 온통 거짓말!

역사가여
우리 아기 첫 말 배움을 적었는가
걸음마하고 짝짜꿍하는 걸 적었는가
소꿉장난하다가 쓰러져 자는 걸 적었는가
그대의 거짓된 역사를 쉬이고
우리 아기의 뒤를 따르라

― 『춘원시가집』, 1940. 2.

세계의 노래

세계도 넓고 넓고
인종도 많고 많다
흰 사람, 누른 사람
검은 이, 붉은 이들

사는 데 나라 각각
말 각각 빛도 각각
그래도 네나 내나
하나님 아들과 딸

—『춘원시가집』, 1940. 2.

산으로 바다로

산에 산으로 가세
골짜기에 물소리
수풀 길에 새소리
구름 밭에 다람쥐
여름 산으로 가세

바다 바다로 가세
푸른 물결, 흰 물결
갈매기 떼, 고기 떼
떠오르는 달맞이
여름 바다로 가세

― 『춘원시가집』, 1940. 2.

나비

나비 나비 난다
난다 나비 나비
흰 꽃에는 흰 나비
노랑 꽃에 노랑 나비
흰 꽃에 노랑 나비
나비 나비 난다
잘도 잘도 난다

—『춘원시가집』, 1940. 2.

영산홍(映山紅)

영산홍이 피었다
영산홍이 피었다
푸른 산에 점 점 점
붉은 것은 영산홍
두견새 피를 뱉어
피어나니 영산홍
나비는 춤을 추고
경풍(輕風)은 스쳐 간다
아침 햇볕을 받아
영산홍이 피었다

―『춘원시가집』, 1940. 2.

지원병 장행가(壯行歌)

一

만세 불러 그대를 보내는 이날
임금님의 군사로 떠나가는 길
우리나라 일본을 지키라시는
황송하신 뜻 받아 가는 지원병

二

씩씩할사 깨끗한 그대의 모양
미덥고 튼튼키 태산 같고나
내 고장이 낳아 준 황군의 용사
임금님께 바치는 크나큰 영광

三

총후봉공(銃後奉公) 뒷일은 우리 차지니
간 데마다 충성과 용기 있으라
갈지어다 개선 날 다시 만나자
둘러 둘러 일장기 불러라 만세

— 『삼천리』, 1940. 12.

어버이

1
어버이 없으시면 내 몸 없으리
어버이 계시오면 내 몸 있도다
나라의 어버이신 임금이시오
내 집의 어버이신 부모시로다

2
나라의 어버이께 충성 바치고
내 집의 어버이께 효도 다 하니
충성과 효도의 길 둘이면서
근본은 하나일세 이 나라의 길

3
내 몸을 잊었어라 우리 임금의
나라를 위해서 선조 대대의
조상님 세워 주신 우리 가문을
만대에 빛냄이 내 일생일세

— 『신시대(新時代)』, 1941. 1.

애국일 노래

一

달마다 초하룻날 아침 일찍이
왼 동네 백성들이 가득히 모여
동천에 솟는 햇발 몸에 받아서
임금님 계시온 데 요배(遙拜) 드리네

二

엄숙히 머리 숙여 올리는 묵도
성전(聖戰)에 몸 바치는 호국의 영령
수륙에 싸우시는 황군 장병의
수고와 크신 공적 감사하는 날

三

우리는 대일본의 신민이외다
영원히 내선일체 믿고 사랑해
황도의 대정신을 선양하자고
만 입을 함께 모아 맹세하는 날

四

동네는 한집이요 모도 한 식구

기쁜 일 슬픈 일에 서로 도와서

총력의 국방 국가 기초가 되어

직분도 큼도 클사 우리 정(町,동리)회여

―『삼천리』, 1941. 9.

희망의 아침

밤이 새었다 희망의 아침
동편 하늘에 솟는 햇발을
다들 받으라 듬뿍 받아서
소리 높여서 만세 불러라.

일어나거라 우리 임금님의
분부 받자와 일억 일심이
넓은 천지에 팔굉일우(八紘一宇)의
새로운 세계를 이룩하라고.

대륙 이만 리 대양 십만 리
대아세아의 대공영국의
우리 일장기 날리는 곳이
자자손손 만대의 복 누릴 국토

— 『삼천리』, 1941. 9.

선전대조(宣戰大詔)

"미국과 영국을 쳐라"
하옵신 대조를 나리시다
십이월 팔일 해 뜰 때
빛나는 소화 십육년

하와이 진주만에
적악을 다스리는 황군의 첫 벽력
웨스트 버지니아 오클라호마
태평양 미 함대 부서지다

이어서 치는 남양의 해공육
푸런스·업·에일즈 영 함대 기함
앵글의 죄악과 운명을 안고
구안탄 바다 깊이 쓰러져 버리다

아세아의 성역은 원래
천손 민족이 번영할 기업
앵글의 발에 더럽힌 지 이백 년
우리 임금 이제 광복을 선언하시다

—「신시대」, 1942. 1.

시로가와 레이코 훈도(訓導) 순직

제자가 물에 빠지니
옷 벗을 새도 없어
입은 채로 뛰어드시다
제자의 뒤를 따라

간신히 얕은 곳으로
제자는 밀어 올렸으나
선생님은 그만 잠기시다
기운이 다하시어

떠나가는 제자 뒤따라
깊고 빠른 물 헤치실 제
제 목숨 돌아보시리
제자 대신 죽으시니라

열여덟 살 처녀시로라
빠진 제자 건지시고
당신 빠지시던 때
선생님은 열여덟 살 처녀

높으서라 스승의 정신이여
시로가와 레이코를 낳으신 조국이여
잠깐 다녀가셨을망정
□□의 귀감이 되셨어라

— 『매일신보』, 1943. 7. 3.

정지(停止)

징병 유예 정지. 대학 문과 계통 정지
젊은 사람은 하나라도 더 나서라
결전기는 각각으로 박두하였다
전선 전투원을 증가하여라
군수 생산원을 증가하여라
금일부터, 이 시각부터
유예는 없다
"一刻の遷延も許ちず(일각의 지체도 허락지 않는다)"

정지, 정지, 정지!
폐하는 것은 아니다, 정지다
결전이 끝나고 승전하기까지 정지다
전력 증강에 관계없는 일은 모두 정지다
저택 성조(成造), 분묘 장엄(莊嚴), 회갑, 회혼, 생신,
새 의복, 장신, 주연(酒宴), 모두 정지다
모든 개인적인 것, 사적인 것
불긴 불급의 것은 모두 정지다
자진 정지다. 일제 정지다. 즉각 정지다
그리하여서 남는 노력 재력 심력을

모두 바쳐라— 결전의 전력에!

"靑年學徒よ祖國の守り出でよ (청년 학도여 조국을 지키러 나가라)"
의(醫), 이공(理工), 농(農) 이외의 학도야
공부를 정지하고 다 나서라
항공병으로, 증산 전사로
일억 국민 남녀노소는 다 나서라
증산 전선에, 방공 전선에
유예는 없다, 예외도 없다
"일각의 지체도 허락지 않는다"
동조(東條) 수상은 어젯밤, 일억 국민에 명하였다

— 『매일신보』, 1943. 9. 24.

조선의 학도여

그대는 벌써 지원하였는가
―특별 지원병을―
내일 지원하려는가
―특별 지원병을―

공부야 언제나 못 하리
다른 일이야 있다가도 하지마는
전쟁은 당장이로세
만사는 승리를 얻은 다음날 일

승패의 결정은 즉금(卽今)으로부터
시각이 바쁜지라 학교도 쉬네
한 사람도 아쉬운지라 그대도 부르시네
일억이 모조리 전투 배치에 서랍시는 오늘

그대는 벌써 뜻이 정하였으리
―나가리다, 나가 싸우리다―
―싸워서 이기리다―
―미영(米英)을 격멸하고 돌아오리다―

조국의 흥망이 달린 이 결전
민족의 운명이 결정되는 마루판
단판일세, 다시 해 볼 수 없는 끝판
그대가 나가서 막을 마루판 싸움

아세아 십억—
칠 같은 머리
흑요석 같은 눈
황금색 살빛

자비와 인(仁)과 맑은 마음과
충과 효와 정렬(貞烈)과
예의와 겸손과
근면과 화평과
이러한 정신
이러한 문화
온유하고 순후한

십억의 운명이 달린 결전
거룩한 우리 향토
아세아의 성역을
지르밟아 더럽히던
적을 쫓으라—하옵신 결전

이 싸움 이기고 나서
아세아 사람의 아세아로
천년의 태평이 있을 때
그 어떤 문화가 될 것인가
아세아는 세계의 성전(聖殿)
세계의 낙원, 이상향
신앙과 윤리와 예술의 원천
그러한 아세아를 세우려고
맹수 독충을 몰아내는 성전(聖戰)
일본 남아의 끓는 피로
아세아의 해(海)와 육(陸)을
깨끗이 씻어 내는 성전(聖戰)

이 성전의 용사로
부름받은 그대—조선의 학도여
지원하였는가, 하였는가
—특별 지원병을—
그래, 무엇으로 주저하는가
부모 때문인가
충 없는 효 어디 서리
나라 없이 부모 어디 있으리

그래, 처자를 돌아보는가
자손의 영광이, 번창이

이 싸움 안 이기고 어디 있으리
부모길래, 처자길래, 가라, 그대여
병역의 의무 없이도
가는 그대의 의기―
그러므로 나라에서
특별 지원병이라 부르시도다
의무의 유무를 논하리
이 사정(私情) 저 형편 궁리하리
제만사(除萬事) 제잡담(除雜談) 하고
나서라 조선의 학도여

그대들의 나섬은
그대들의 충의(忠義) 가문의 영화(榮華)
삼천만 조선인의 생광(生光)이요 생로(生路)
일억 국민의 기쁨과 감사

남아 한번 세상에 나
이런 호기(好機) 또 있던가
일생일사(一生一死)는 저마다 다 있는 것
위국충절(爲國忠節)은 그대네만의 행운
가라 조선의 육천 학도여
삼천만 동향인의 앞잡이 되라
총후(銃後)의 국민의 큰 기탁과
누이들의 만인침(萬人針)을 받아 띠고 가라

11월 2일 새벽 네 시

―『매일신보』, 1943. 11. 5.

새해

새해가 왔네

지구가 처음 보는 위대한 새해, 탐욕의 지옥인 구세계가 무너지고, 인의와 예의 새 세계의 터를 닦는 새해

태평양의 물결에 잔잔함이 돌아오고, 아세아의 천지에 부흥의 만세 소리가 우렁차게 일어날 새해

기뻐라. 나는 이 새해를 보았어라, 개벽 이래에 처음 오는 위대한 새해를 노래하는 나의 행운이여

그러나, 일억의 동포여

이해 새해는 또 땀을 많이 흘려야 할 해

농부는 논밭을 갈기에, 가꾸기에, 일구기에, 광부는 땅속에서 파기에, 깨트리기에, 져 내이기에

공부는 공장에서 갈기에, 두들기기에, 어부는 바다에서 그물 치기에, 낚기에, 끌기에, 남, 여, 노, 소, 일억 일심, 쉬일 새 없이 흘리는 땀이 일본의 국토를 흠씬 적실 때에—오직 그때에만이

영광의 승리는 오는 것이다. 이를 일러 일억 전투 배치, 전력 증강

빛나는 새해 위대한 새해

씩씩한 우리 아들들은 총을 메고 전장으로 나가고

시 223

어여쁜 우리 딸들은 몸뻬를 입고 공장으로 농장으로 나서네
말 모르는 마소까지도 나랏일 위해 나서는 오늘이 아닌가
천년 화평 도의 세계를 세우라시는
우리 임금님의 명을 받자와
"예", "예" 하고 집에서 뛰어나오는 무리
이날 설날에 반도 삼천만도 기쁨의 일장기 바다
무한한 영광과 희망의 위대한 새해여

— 『매일신보』, 1944. 1. 1.

새해의 기원

성수무강(聖壽無疆)하옵시고
황실이 안태하시옵소서
문무백관이 심신 청정하여
멸사봉공의 충성을 효하고
출정 장병이 백전백승하여
금년에 적을 격멸할지이다
전몰 영령이
이고득락(離苦得樂) 구경고제 하소서
일억 국민이 무병식재(無病息災)하고
직역봉공(職域奉公)이 힘차고 즐거워지이다
우순풍조하여 오곡이 풍등(豐登)하여
금년 곡식이 넉넉하고
가축, 비금주수(飛禽走獸)까지 배부를지이다
농가가 모두 안온하고
아들딸 많이 낳을지이다
광산에서도 광산이 풍족히 날지이다
석탄과 철과 알루미늄과
전력 증강의 자재가
작년의 삼 배나 사 배가 날지이다

광부들의 몸이 건강하고
마음이 늘 즐거울지이다
바다에 풍랑이 일지 마라
어선이 안전하게 하소서
모든 어물, 해물이 다 풍족하여
일억 국민이 원기 넘치게 하소서
공장, 철도, 항해 다 무고할지이다
학교가 특히 빛나소서
선생들이 모두 심신 청정하여
놀라운 감화력을 발할지이다
선생, 생도, 아동이
모두 씩씩하고 참될지이다
병 없이 힘차게 자랄지이다
출진한 학도들이 모두
황군의 정예로운 간부가 될지이다
일억 국민에
화기가 차소서
모든 장애가 다 소멸하고
집과 나라가 일심 일단이 될지이다
나의 지도자들이 아욕을 깨트리고
청정혜와 대신력을 얻으소서
모두 국사가 되고 현인이 되소서
금년 일 년 대어릉위(大御稜威)를 힘입어
일억 국민이 모두 청명 직심을 중하소서

대도에 입하는 자와
대도를 오하는 자 많으소서
대동아 십억이 일제히
조선의 정신에 깨어
몽매와 미영의 이욕의 때를 벗을지이다
상부호조의 대정신이
전 아세아에 미만할지이다
동아의 천지에서
요운(妖雲)이 일소되고
황도의 대광명을 받아
신천신지(新天新地)를 이루어지이다
동아 맹방들이
새 복, 새 운을 받으소서
완적(頑敵) 미영(米英)이
구악을 뉘우칠지이다
천운이 돌아왔나이다
유물의 이욕 세계를 괴멸하고
유신의 도의 세계를 건설할
천명이 역력히 들리나이다
악마의 반공이
바야흐로 격렬함이여
그의 최후의 날이
마침내 절박함이로다
황군의 열혈이

북육남양(北陸南洋)에 흐름이여
새로 이를 세계의
성역을 맑힘이로다
이해에 대결전이 오리니
그 승리는 황군에 있나이다
천도로부터 수마트라까지
의주로부터 솔로몬까지의
황국 일본의 생령들이여
순충의 단심(丹心)과
봉공의성한(聖汗)으로
이날을 예비할지어다
보소서 천신지기여
보소서 제불보살이여
보소서 인유의 모든 의인의 영이여
도의의 세계―자비의 세계
인의 세계―사랑의 세계
예의 세계의 새 기원의 날을
이날을 가져오는 새해를

―「신시대」, 1944. 2.

승리의 날

전원 전사는 장하고도 원통한 일
일본 남아만이 할 수 있는 일
항복과 후퇴를 모르는 그에게
있을 것이 오직 승리 아니면 그것

있는 탄환을 다 쏘고
있는 생명을 다 쓰고
맡은 자리를 지키다가 지키다가
싸우고 싸우다가 지는 것이 그것

장교나 병졸이나 비전투원이나
노무원이나 간호부나 원주민이나
직무와 계급은 높고 낮고 달라도
임금께 바치는 마음은 하나 뜻은 하나

칠생멸적(七生滅賊)의 한을 품고
충혼이 바야흐로 몸을 떠날 제
피와 함께 뿜는 마지막 그의 소리
"우리 임금 만세, 우리 임금 만만세"

원수는 반드시 갚으리다
당신의 흘린 피, 열 배로 받으리다
일억이 이날에 지은 맹세가
그대로 될 날이 백 날 안에 오게 하리다

일승일패는 싸움에 상사
최후의 승리는 천명 있는 이의 것
성탕(成湯)이 하(夏)를, 주무(周武)가 상(商)을 이기니라
나의 정함이 어찌 적의 사를 아니 이기랴

여섯 섬의 충렬한 영령이여
가까워져 오는 그날을 기다릴지어다
그 섬에 일장기 다시 날리고
묘 앞에 전승 보고 제문을 외울 날을

적으로 하여금 잠깐 교오케 하라
일보 일보 그의 절명일과 묘혈을 찾게 할지어다
충신의 피 방울방울 천부(天部)에 오르나니
승패의 결함은 최후의 일각에 있느니라

—『매일신보』, 1944. 7. 20.

신병(新兵)
신병 마쓰이 오장(伍長)을 노래함

내 비행기야 이제 떠나자
프로펠라도 잘 돌아간다
목숨 하나와 어뢰 하나를 안고
길을 떠나자 적의 배 찾아

"동방 해상에 적의 배 뜨다"
이 배를 찾아서 나는 난다
동으로 동으로 혜성과 같이
가고 못 오는 혜성과 같이

바다도 푸르고 하늘도 푸르다
구름도 없고 물결도 안 일어
섣달 아침의 금 같은 햇발에
나는 난다 무변한 허공으로

세상에 온 지 겨우 이십 안팎에
아는 것은 부모님 사랑
임금님 은혜와 신자의 도리
처자의 정리를 나는 모른다

옳다 저기 있다, 검은 점 하나
보라, 또 하나—
내 찾는 적의 배— 아메리카의 배
가슴이 격동한다, 기체도 함께

부지중 싱긋 웃고 키를 누른다
"적 함대 찾았노라, 지금 돌입하노라"
부모님 모양, 고국의 산천, 번개 지나듯
눈에 오직 겨누는 검은 점 하나

—「신시대」, 1944. 12.

모든 것을 바치리

　황은 지극하옵시니
　피로써 나라를 지키라고 말씀하옵신 지 얼마 안 되어 이제 또 정치력으로 황운(皇運)을 익찬(翊贊)하여 받들라고 하옵신다.
　조선의 아들들이 총을 들고 전선에서 싸우는 것과 같이 충성스러운 경륜을 앉고 의정 단상에 나서리.
　병역이 엄숙한 의무이며 존귀한 황민의 특권이었듯이 국정 참여는 공민의 특권인 동시에 극히 엄숙한 의무이니라.
　황국은 앞서 삼천만의 폐하의 고굉(股肱)을 더하였음과 같이 황국은 이제 또 삼천만의 보필을 더하였다.
　일억 일체로 황국을 지키자. 일억 일체로 황모를 익찬하자. 이제 피와 차가 업다. 오직 하나니라. 아아, 오직 하나니라.

　자, 조선의 동포들아
　우리들이 있음으로써 이 큰 싸움을 이기게 하자
　우리들이 있음으로써 대아세아 건설을 완수시키자
　이럼으로써 비로소 큰 은혜에 보답하여 받든 이 되리라.
　아아, 조선의 동포들아
　우리 모든 물건을 바치자
　우리 모든 땀을 바치자

우리 모든 피를 바치자
우리 충성에 불타는 머릿속을, 심장을 바치자
동포야 우리들, 무엇을 아끼랴
내 생명에서 나온 것이라고 말하지 말지어다
내 생명 그것조차 받쳐 올리자
우리 임금님께 우리 임금님께

—『매일신보』, 1945. 1. 18.

경성 급(及) 의주 공동묘지에서 밤에 원혼만세(怨魂萬歲)와 곡소리가 들리다

오는 것 핏비냐 부는 것은 비린 바람
늦은 몸 하현달이 북망산에 그 무른 제
어이 한 떼 울음소리 끊고 잇고 하더라
왜 칼에 흐르는 피 황천까지 흘러들어
천고에 잠든 넋을 다 불러낸단 말인가
혼령아 울 대로 울어라 갈 데 어이 있더냐
을지공 나오소서 충무공도 나오소서
한토(韓土)에 자던 영령들아 다 일어나 나오소서
다 같이 이 우로(雨露) 받으니 유(幽)요 명(明)이 다르랴

— 「문장독본」, 1948. 4.

『돌베개』 서시(序詩)

농사하고 사릉(思陵)에 와 사니
벗 하나와 소 하나더라
창을 열어 산을 바라보고
귀 기울여 시내를 듣더라

동네 나서 봇도랑을 치다가
석양에 막걸리를 마시니라
종달새 새벽안개에 울고
해오라기 비에 젖어 졸더라

오이랑 따 먹고
냉수랑 마시고
잠시 돌베개를 베고
창 밑에서 낮잠을 자니라

1948. 2. 3. 서울 백악산 밑에서

―「돌베개」, 1948. 6.

독자와 저자

내 쓰자 임 읽으시고
내 부르자 들으시네

임 안 계시면 내 노래 없을 것이
임 계시니 내 노래 늘 있어라

사십 년 부른 노래 어디 어디 가던고
삼천리 고붓고붓 임 찾아 가더이다

― 「돌베개」, 1948. 6.

나는 독립국 자유민이다

내가 나기는 대청광서(大淸光緒) 몇 년
남한산성이 욕을 씻으려던
효종대왕의 뜻이 못 이루어
이백 년 남아 대청(大淸) 연호(年號)를 썼다
해마다 동지사(冬至使)가 부끄러운 국서(國書)와 공물(貢物)을 지고
연경(燕京)길 삼천리에 찬바람을 거슬렀다

갑오년에 일병(日兵)과 청병(淸兵)이 제멋대로 들어와
아산(牙山)에서 싸우고 평양에서 싸웠다
제 나라를 남의 싸움터로 내맡긴 우리 정부는
콧등에 손길을 세우고 바라보았다
이긴 편에 붙으려는 못난 무리는
두 패로 갈려서 세력 다툼 할 때에
부모들은 어린 우리를 업고 안고
집도 세간도 다 버리고 피난을 갔다

러시아가 용바위에 터를 닦으니
일병이 서낭대에 기어올랐다
인천에 대포와 정주(定州)의 총소리에

이 나라는 다시 남의 싸움터가 되었다
러시아는 우리 딸과 소를 빼앗아 가고
동맹국이라던 일본은 외교권을 빼앗아 갔다

충신은 목을 찔러 죽고
의병은 총을 맞아 쓰러졌다
지사들은 감옥으로, 타국으로 가고
뭇 백성은 의붓아비 거상(居喪)을 입었다

"문전옥토는 동척(東拓)의 이민
쓸 만한 자식은 감옥살이"

이용구(李容九)는 합방을 걸고
이완용(李完用)은 합병을 걸고
싸구려, 싸구려로 다투어
나라는 팔렸다―

하루 살별이 오던 경술년 팔월 이십구일
이천만 민족은 망국민이 되었다

"한 치 벌레도 만일 밟으면
죽기 전 한 번은 욱직거리고
조그마한 벌도 네가 다치면
네 몸을 반드시 쏘고야 죽는다"

기미년 삼월 일일 삼천리강산에
대한 독립 만세를 높이 부르고
늙은이 젊은이 어른과 아이
피를 흘리고, 옥으로 가고—

대한민국임시정부는
상해(上海)에 중경(重慶)에 스물여덟 해
이리 쫓기고 저리 구르며
거룩한 국맥(國脈)을 지키어 왔다

만주를 먹고 중국을 물고
일본은 세계와 싸우러 들었다
영국은 다 무엇이냐 미국도 우습다
무서운 교만으로 일본은 미쳤다
싱가포르 구암섬 삼키는 맛에
워싱턴 런던도 제 것인가 싶었다

과달카날에서 정세가 변하여
마른 잎 몰리듯이 '전진(轉進)' 또 '전진'
부겐빌 레이테에 전멸한 해군을
'대승리'라고 축하하였다
B·29가 대가리를 두들겨도, 군벌은
일본이 이긴다고 제 국민을 속였다

우리 아들딸들은 징용으로
땀을, 피를 흘렸다— 나라 없는 설움
밥그릇, 숟가락, 가마솥, 요강, 대야
쇠붙이란 쇠붙이는 다 몰아갔다

한 달에도 몇 번씩 남의 사당에
끌려가 절하였다. 손바닥을 쳤다.

이러고야 살았다— 나라 없는 백성은
이러고도 못 살았다— 나라 잃은 백성은

을유(乙酉) 팔월 십오일! 일본은 항복했다
원자탄 두 방에 정신이 들었다
연합국의 발밑에 엎더진 일본은
훔쳐 먹고 빼앗아 먹은 영토들을 뱉었다

이것을 일컬어 해방이라 불렀다
해방은 기쁘다 남의 덕이 슬프다
곧 될 줄 안 독립은
삼 년을 끌었다
일본 쫓은 미국이 온 것은 몰라도
난데없는 개평꾼 러시아는 웬일고?
원수의 삼팔선은 무엇 때문에 생긴 것?
태극기를 내린 것이 그 뉘 아들인고?

피도 하나 마음도 하나 삼천만 겨레를
기복이요 좌요 우요 가른 자는 그 누구?

삼상(三相) 협정 절대 지지, 알다가도 모를 일
미소공위, 남북협상 붉은 요술이었다
요술의 놀림감이 된 줄을 깨달아서
국제연합위원단이 이 땅에 들어왔다
자유로운 총선거로 국회가 조직되고
칠월에도 십칠일 헌법이 나왔다
이 의장의 서명이 끝나는 순간에
우리는 독립국의 국민이 되었다!
우리는 민주국의 자유민이 되었다!

독립! 독립! 독립! 독립!
어떻게나 그립던 독립인고!
어떻게나 없어서 섧던 독립인고!
얼마나 많은 동포가, 지사가, 이 독립이 독립이 보고 싶어 보고 싶어 못 보고 죽었던고!
칠월 십칠일. 일곱째 달 열이렛날!
한글로 쓴 대한민국 헌법이 난 날!
자자손손이 억천만 대에 지켜 갈 헌법의 날!
이날을 본 내 눈은 복되어라
다시 이 독립 잃을세라!
다시 망국민 될세라!

이제야말로 삼천만 한마음 한뜻으로
피로써 이 독립 아니 놓치도록
영원히 이 독립 지키기를
맹세할 때라, 하늘 불러 땅을 불러
피눈물 부어서 맹세할 때다
대통령이 누가 되든지
내각에 각원이 누가 나든지
잘났어도 우리 지도자
못났어도 우리의 일꾼
설사 남만 못한 정부일지라도
내 나라의 내 정부 아니냐
내 투표로 뽑은 내 사람들이 아니냐
노예로의 행복보다도
자유의 고통을 달라던 우리 아니냐

나는 그들을 존경하고 사랑하련다—
우리 대통령을, 우리 정부를

언론의 자유는 민주 국민의 기본 권리다
그러나 언론의 근신은 자유인의 기본 윤리다
하물며, 초창기야 자리 못 잡힌 정부를
실력은 적고 사업과 곤란은 큰 새 정부를
강하게 하는 것은 국민의 지지와 협력
약하게 하는 것은 국민의 구설임에랴

학생들아, 인제는 학창으로 돌아가자
독립의 벅찬 짐을 지고 갈 너희들이다
큰 힘을 기르자, 큰 힘을 큰 공부에서

노동자야, 일터로 돌아가자
우리 살림은 우리 것으로 해야 한다
생산 아니고 독립이 어디 있느냐

농민아, 풀 더 많이 베고 김 더 잘 매자
남의 채찍 밑에서 하던 갑절은 하자
네 게으르면 우리 모두 굶는다

탐관오리야, 악질 모리배야, 사기야, 절도야
인제 그 짓 고만두자. 독립이 아니냐
너희도 국민. 다들 거듭나서 새사람 되자

언론인아, 인제 깎는 말, 비꼬는 소리, 싸움도 다 고만두자
진실로 임금답게 하늘과 사람의 대변인이 되자

사람아, 시기, 질투, 훼방, 이간, 중상
그리고 나라 망치는 무기인 거짓말, 편당심
다 고만 버리고 서로 화합하자, 협력하자

나는 죄인. 비록 대청광서(大淸光緖)에 나고

명치(明治), 대정(大正)의 거상(居喪) 입고
천조(天照), 소화(昭和)에 절한 더러운 몸이언마는
건국 선거에 투표하는 날
조국은 나를 용납하여 불렀다
칠월 십칠일 헌법 공포식 중계방송 듣고
홀린 감격의 눈물로 먹을 갈아
사는 날까지 조국 찬양의 노래를 쓰련다
그리고 독립국 자유민으로 눈 감으련다

— 「삼천리」, 1948. 8.

구더기와 개미

소만(小滿) 바람은 차도
오월 볕은 따습다
내 집 좁은 뜰의
볕 잘 드는 한구석
백여 일이나 앓는 몸이
볕을 쪼일 때 일어난 일

작은 일이라 하면 작다마는
크게 보면 우주와 같이 크다
알 수 없는 생명의 신비
야속히도 살려는 종내 욕심
그러면서도 안타까워라
무명(無明)에 가리어진 마음의 힘

어디로서 왔는가 구더기 한 마리
누르스름하고 번질번질한 몸
열두 마디 꿈틀거려 움질거려
구르며 자빠지며 바쁘게 가는 길
땅바닥을 찍어 당기는 주둥이

그의 오직 하나인 무기다

그는 어디로 가나 무엇 하러
해는 벌써 낮이 기울었는데
낙수 층계 밑을 거의 다
와서는 굴고 와서는 또 굴고
이 방향으로 저 방향으로
그는 무엇을 찾아가는 길인가

나는 알았다 그의 목적을
열두 마디 움질움질 바쁜 까닭을
집을 찾는 것이다 따뜻하고 포근하고
남의 눈에 안 띄게 숨을 집
마음 놓고 한동안 수렁이 되어
날개 치고 나오기까지 몸담을 곳

그는 구린 시궁창을 뛰어나왔다
먹고 마시기도 전폐하였다
가벼운 두 날개 활짝 펴고
무변 허공에 훨훨 날 때까지
다시는 안 돌아온다고
수챗구멍을 박차고 나온 그다

가다가는 머물러 쑤셔 본다

다져진 마당 흙은 그렇게도 돌과 같다
열 번 스무 번 주둥이로 파다가는
또 땅을 찍어 당기며 기어간다
해는 자꾸만 기울어지는데
얼마 안 되는 정력은 자꾸만 닳는데

발발 기어가는 개미 한 마리
움직여야 눈에 띄는 잔 개미
멈칫 서는 듯 픽 방향을 돌려
구더기에 뭉툭한 꽁무니에
물고 매달려 발을 버둥거린다
깜짝 놀라 꿈틀거리는 구더기

아마도 평생의 처음 만나는 적
처음 당하는 물리는 아픔
뿌리쳐 다시 기어오르는 개미
등을 물고 목덜미를 물고
가렵고 아프고 침을 쏘고
다시 못 얻을 진액을 빨고

물고는 안 놓으려는 개미
떨어졌다가는 또 매달리는 개미
열 스물 서른 마흔
백 군데는 더 물렸다

데굴데굴 굴고 꼼틀거리는
구더기 몸에 흙이 묻기 시작한다

인제 배가 불렀는가 개미 저도
물고 빨기에 진력이 났는가
배고픈 동무들한테
먹을 것 왔다고 알리러 감인가
죽겠다고 괴로워하는 구더기를
버리고 부지런히 달려갔다

한바탕의 격전은 지나고
천지는 고요하였다
적이 물러간 줄을 알 때에
구더기는 옛 정신을 다시 차렸다
다시는 그런 일 없고저
그는 다시 목적지로 기기를 시작한다

물린 몸은 가렵고 아프고
악전고투에 기운은 빠졌어도
가던 길은 가야 하는 게다
몸 숨길 구멍을 찾아야 한다
그 걸음은 아까보다 느리다
그래도 쉬지 않고 움질거리는 그

반반한 마당이건마는 그에게는
떨어지면 나오기 어려운 우묵거리도
자칫하면 굴러 나는 경사지도 많다
천신만고로 층계 밑에 다다라
대해의 청귀(靑龜)가 부목(浮木)을 만난 듯이 찾아
온 것이 포근포근한 앞뜰을 가진 개미구멍

그는 찾을 데를 찾았다고 기운차게
그 구멍으로 들어가고 말았다
"아 인제 되었다"고 얼마 동안이나
몸과 마음을 쉬었는가, 말았는가
다시 기어 나올 때는 그의 온몸에
까맣게 잔 개미들이 붙어 있었다

그는 수없이 몸을 꾸부렸다 폈다
몇 번이고 이리 뒤치고 저리 뒤쳤다
물고 뜯고 쏘는 적을 떨어 버리려 했다
모든 분노와 고충과 원한으로 뒤집혔다
배고픈 개미들은 그 사정을 몰랐다
싫도록 먹기까지 떨어지지 않았다

한 놈 떨어지고 두 놈 떨어지고
잔치 파한 손님들 모양으로
슬몃슬몃 개미들은 갔다

구더기는 다시 자유 몸이 되었다
살아가기 어려운 세상
앞일 못 내다보는 설움

그의 몸은 가늘어졌다
기름과 진액을 다 빨린 것이다
그의 걸음은 느렸다
그는 분명 몸 가누기가 어려워졌다
그래도 가야만 한다 몸 둘 데를 찾아야만 한다
그러기에 가야 한다 못 움직이기 전에

한 시간은 지났다
해는 더욱 기울었다
어디를 어찌 돌아왔는고
구더기는 개미집 앞에 있었다
그렇게도 죽을 곡경(曲境)을 치른
아까 그 구멍으로 그는 들어갔다

그는 한 번 다시 세상을 보았다
그러나 그가 찾던 몸 둘 곳은
그는 마침내 못 찾고 말았다
두 번째 나온 그는 기운이 없었다
그는 몇 번이나 들고 나던 우무거리에
굴러떨어져서 다시 나오지 못하였다

다 저녁때에 나는 그의 몸이
개미들에 끌려 옴을 보았다
가늘어진 그의 몸은 아직도 움직였으나
덤벼드는 적을 뿌리칠 힘은 없었다
그는 아픈지 가려운지 움지럭거리면서
개미들이 끄는 대로 천천히 끌려갔다

두어 번이나 제 뜻으로 들어가던 구멍에
이번에는 개미들에게 끌려서 들어갔다
처음 떠날 때에 구하던 보금자리
하늘에 날아오르려던 그의 큰 뜻은
어느 제 어느 생에 이루어지려는고
아 개미구멍으로 끌려 들어간 그여

1949. 4. 18.

—「희망」, 1950. 2.; 시집 「사랑」, 1955. 10.

주몽(朱蒙)과 예랑

동명성왕님 민족의 큰 영웅
고구려 나라를 세우신 큰 어른
그 이름 활 잘 쏘아, 주몽 또는 추모
얼굴 잘나시고 마음 어지시면서 용기 많으시고
아비 없는 이 아들이라고 어려서 설움도 받으셨거라

아비야 왜 없으신가, 북부여왕 개모수 또는 해모수
버들꽃이라 쓰는 유화부인이 그 어머니
웅심산 밑에서 처녀 총각, 서로 만나 맺힌 사랑의 씨가 주몽이
이야기의 주인공

개모수 가서 소식 없더니
금와왕이 주몽 밴 유화를 데려다가
동부여 궁중에 자라기 스무 살
인물도 재주도 이름 높아
일곱 왕자의 시기도 컸거니와
한 예랑의 사랑 더 깊었거라

어머니 유화부인께 달밤에 하직하고

사랑하는 예랑과 버들 숲에 안다
"나라 세우거든 서로 만나자"
말 타고 세 신하 데리고 동으로 남으로 달리며 치며 새 나라 터를 찾다

싸우는 고생이 많으면
이기는 기쁨도 많아
꽃 같은 졸본 공주 그 이름 조시누 만나니 스물두 살 싸운 지도 이태
서울 세우고 나라 세우니 그 이름 고구려

동부여에 두고 온 사랑하는 예랑을
그리워하면서 십구 년, 네 나라나 합하여
새 나라 기초도 단단해질 무렵
예랑은 아들 유리를 앞세우고
그리운 주몽을 찾아왔다
천신만고 끝에 만난 부처와 부자

주몽은 임금, 예랑은 왕후
아비 없다 놀림 받던 유리는 당당한 고구려 나라의 태자
이십 년 긴 겨울이 가고
낙 있는 새봄이 오나 함도 한 꿈
주몽은 떠났다, 이 세상을 버리고

영웅 주몽, 큰 임금 동명성왕
고생하던 이야기 사랑하던 이야기

싸우고 정복하고 세우고 다스리던 이야기
반갑게 다시 만나고 슬프게 또 영결하던 이야기
이천 년 앞이나 뒤나 마음은 하나

1950. 1. 서울서 춘원

―『문예(文藝)』, 1950. 5.

사랑

내 너고 사랑하면
네 나고 사랑하네
날 사랑 아니 해도
난 사랑하니 좋아

사랑 사랑하며
한길 걸어 보소
오고 가는 사람들
임도 내 사랑일세

어화 이 한세상
사랑하며 가세
사랑하여 가다가
사랑하며 떠나세

— 「문예」, 1950. 5.

지구

보라, 원추형 검은 꼬리를 끌고
뱅글뱅글 굴면서 달음박질치는
저 작은 쪽 방울 하나
그 이름이 지구다

그는 왜 저렇게, 어지럽게 도나
흉업고 무서운 제 그림자를
떼어나 버릴까 하고
맴을 도는 것일까

아무리 돌기로 떨어질 리 있나
날 때에 같이 난 운명의 그림자거든
그래도 무섭다고
한없이 맴돌고 달리는 그

운명의 그림자를 피하여 몇 천만년을
그는 달렸다 무변한 허공을
그러나 그는 아아
해를 싸고 쳇바퀴를 돌았다

슬픈 사람이 멀리멀리 달아나고 싶듯
무서운 그림자 없는 데를 찾아
지구도 떠난 길이언마는
아무리 달려도 인력권(引力圈)을 못 벗는 그

뉘라 지구더러 마음이 없다 하던고?
지구에 마음 없으면 내게 마음 있으리
나의 괴로움은
지구의 괴로움이다

그가 구는 것도 달리는 것도
난 날이 있으니 끝날 날도 있다
그의 업장(業障)이 다할 때
그의 대원(大願)이 이룰 때

나의 업과 원은 지구의 업과 원
지구의 업과 원은 태양의 업과 원
그리고 태양의 운명은
곧 우주의 운명이다

아아 무시(無始)의 한 생명 한 원의 마음
쉬움 없이 움직이고 변화하는 그 애씀
그 원이 무엇이런가
더욱 큰 사랑의 조화

지구여, 돌라 달리라 힘 다할 때까지
한 땀의 에네르기도 멸함이 없다
꺼먼 그대의 그림자
환하게 빛나기까지

내 몸이 만 번 죽어 썩어도 내 뜻이
아니 죽듯이, 못 죽듯이, 늘 살 듯이
우주의 원도 그래

— 「문예」, 1950. 6. ; 시집 「사랑」, 1955. 10.

스무 살 고개

스무 살 고개는 젊은이 고개
된 안개 붉은 노을 머무는 고개
사랑의 성공의 슬픔의 기쁨의
봉우리 봉우리 넘보는 고개

―「새벽」, 1954. 9. ; 시집 「사랑」, 1955. 10.

사랑

감방에 모인 죄수들
사랑도 극진하다
적은 것도 나눠 먹고
서로 두호하네

거 왜 그럴까?
훔치고 속이고 죽이던 자들이
거 왜 그럴까?
그 사랑이 어디서 날까?

욕심을 떠났음일세
욕심 떠난 마음에는
사랑밖에 없어라
욕심 떠난 중생은 신이어라

1949. 2. 10. 서대문형무소에서

―「새벽」, 1954. 9. ; 시집 「사랑」, 1955. 10.

간수

정복 입고 무서운 얼굴로
소리 지르는 간수
그는 무서운 것이 직업이다

인자한 것은
소장이나 간수장의 일
간수는 무섭게 구는 직업이다

잠든 감방 앞으로
말소리 없이 오락가락
큰 소리로 노래를 부르는 그

창에 부딪히는 설한풍 소리
죄인들의 고달픈 잠꼬대
그는 때로 귀를 기울인다

1949. 2. 서대문형무소에서

—「새벽」, 1954. 9.; 시집 「사랑」, 1955. 10.

부처 나라

부처 나라 있다 하네
미움도 싸움도 없는 나라
그 나라 있다는
말만 해도 고마워라

저마다 부처 된다 하네
욕심도 근심도 없는 살림
그런 살림 있다는
말만 해도 기꺼워라

있다가 썩을 몸인 줄
알진대 무엇을 아끼리
부처 나라 세우기에 바치리라
속더라도 밑질 바 없어라

〔부기(附記)〕 인류는 평화를 구하나 세계는 그것이 없다. 평화의 세계는 부처의 나라에만 있고, 그것은 부처가 된 사람들이 모임으로써만 된다. 갑갑해도 무가내하거니와 원하는 마음은 반드시 이룬다니 희망이 있다. 그것이 천 년 뒤에 와도 안 좋은가. 영영 뒤에 와도 좋다. 평화의 세계가 오게 하려고 힘쓰는 것만도 좋지 아니한가, 그만해도 세상은 지금보다 살기 좋을 것이다. 1949. 7. 25.

—「새벽」, 1954. 9.; 시집「사랑」, 1955. 10.

과년(過年)

복숭아꽃 피고
혼인 말 있을 때
과년한 처녀는
괜히 부끄러워
괜히 웃음이 나와

일감 손에 안 잡혀
들었다 놓았다
괜히 귀 기울이고
괜히 들락날락

천지에 봄이 오면은
과년한 처녀의
마음에도 봄이 와
괜히 몸을 비비 꼬고
괜히 팔을 내둘러

무자(戊子) 춘(春)

— 시집 『사랑』, 1955. 10.

절구질

아항! 에췌
아항! 에췌
두 여인의 절구질
한 여인은 아항—
또 한 이는 에췌

하늘을 가리키던
돌절구 공이
아항— 쿵
하늘을 가리키면
돌절구 공이
에췌! 쿵!

젖가슴이 나와도 아항!
허리가 나와도 에!
확 속에서 용솟음치는
쿵 쓰르륵 쿵 쓰르륵
하얗게 하얗게 벗는다

앞마당에 볕 들어
뒤꼍으로 구르는 절구
뒤꼍에 볕 들어
앞으로 굴러와 쿵쿵
아항— 에췌! 쿵 쓰르륵

두 가마 벼를
두 여인이 다 찌어
말짱히 까불러
불룩이 담아 놓고
왈괄괄 두 여인이 목물을 한다

무자(戊子) 5. 21.

— 시집 「사랑」, 1955. 10.

종다리

종다리 소리 들리자
창을 열었어라
소리야 보이랴만
하늘 높이 솟은 몸인들 보이랴만
종다리 소리 들리자 창을 열었노라

지지 지지자 지지 지리지리지
없는 소리 없다는 우리 글로도
다 그릴 수 없는 그 가락
지리 지로리 지로로리
오리 아리 오리 미이

땅에서 뿜는 불과 같이
수직선으로 솟아오르는 그
그는 땅의 복받치는 열정
여름의 찬송가
사랑의 세레나데

무자(戊子) 5.

— 시집 「사랑」, 1955. 10.

새끼 뺏긴 어미 닭

앞집에서 우리 암탉을 빌어다가 알을 안기더니 병아리 깐 지 며칠 후에는 밤이면은 어미 닭을 붙들어다가 우리 닭장 속에 옮긴다. 새끼를 떠난 어미 닭은 이튿날 아침에 닭장 문을 열기가 바쁘게 모이도 물도 아니 먹고 앞집으로 달린다. 어린 병아리들을 주룽주룽 달고 울안으로 돌아다니는 어미 닭은 잠시도 마음 놓을 새 없이 꼬꼬 꽌꽌 하고 어린 자식들에게 주의를 주고 마음을 쓴다.

앞집에서는 어서 어미를 떼고 병아리만을 따로 기를 생각이다. 어미 닭 세로 하루 한 개씩의 알을 내기가 싫은 것이다.

일주일이나 되어서 앞집에서 병아리를 감추고 아주 모자의 대면을 허락지 아니하였다. 우리 암탉은 미친 듯이 꽌꽌 하고 병아리를 부르고 헤매었다. 안을 때로부터 지금까지 한 달 동안에 어미 닭은 몸이 반쪽이 되도록 마르고 볏이 다 탔다.

사흘이나 새끼를 찾더니 인제는 단념한 모양이어서, 수탉이 곁에 와도 털을 일으켜 세우고 신경질을 부리는 것도 없어졌다. 나도 마음을 놓았다. 이제는 잊은 것이다.

무자(戊子) 6. 12.

— 시집 「사랑」, 1955. 10.

모내기

모내기 가세 모내러 가
길 아래 큰 배미 물이 닿았네

곁두리 오네 곁두리 와
놈아 엄마가 이고 나오네

곤장이 부침개 구수하이
막걸리 한 사발 쭉 들이키네

장수연 한 대 맛이 좋다
여봐라 농부가 불러나 보세

무자(戊子) 6월, 사릉(思陵)서

— 시집 『사랑』, 1955. 10.

임 이름

임 이름 부르고 나면
훈훈하오라
괴로워 꼬이던 몸이
누긋하오라

그러나 임은 멀으셔라
내 소리 들리나이까
합장하고 눈물에 젖은
내 모양 보시나이까
種種諸惡趣 無刹不現身(종종제악취 무찰불현신)
부르면 오시마 한 약속만 믿고
임 이름 부르나이다

기축(己丑) 3. 17.

— 시집 『사랑』, 1955. 10.

임

돌아보니 수미산 같은 내 죄
천만 겁에도 갚을 길 없으니
땅에 엎드려 임 이름 부릅니다
나무관세음보살마하살

공덕을 쌓을 맘 있사와도
죄에 시들은 몸 힘이 없사와
하늘 우러러 임 이름 부릅니다
나무관세음보살마하살

임 이름 한 번 부르면 천겁의 죄
스러진다고 세존이 가르치시니
목을 놓아서 임 이름 부릅니다
나무관세음보살마하살

기축(己丑) 3. 17.

— 시집 『사랑』, 1955. 10.

나

나는 이슬 한 방울
풀잎 끝에 앉은 이슬 한 방울
그러면서도
해 뜨면 햇빛 받고 달 뜨면
달빛 받고 모든 별의 빛도
다 받아 비추는
여리고도 작은 이슬 한 방울
스러질 때 스러지더라도
있는 동안은 있어
둥그렇게 뭉친 제 모양
안 잃으려고 바들바들
풀잎 끝에서 떠는
천지간에 이슬 한 방울
그것이 나외다

기축(己丑) 3. 27.

— 시집 「사랑」, 1955. 10.

인과응보(因果應報)

진 빚은 갚아야 한다
갚을 날짜는 못 물린다
하루도 못 물린다

나를 따르는 두 기록자—
녹음 영화반과 장부 기입자
꿈속까지도 따르는 두 그림자

지워 버릴 수 없는 영원한 기록
줄 것 받을 것의 정확한 기록
아 인과응보— 이것이 운명이란 것이다

기축(己丑) 3. 17.

— 시집 「사랑」, 1955. 10.

늙은이

늙은이께 절하라
그는 일 많이 한 이

늙은이를 도우라
그는 기력이 쇠한 이

늙은이를 공경하라
그는 경험이 많은 이

늙은이를 위하라
그는 걱정이 많은 이

늙은이를 아끼라
그는 얼마 아녀서 가실 이

내 집 늙은이 남의 집 늙은이
모두 민족의 늙은이

1949. 3. 23.

— 시집 「사랑」, 1955. 10.

그 나무 왜 꺾나

아기네들
그 나무 왜 꺾나
나뭇가지 왜 꺾는 거야
꺾지들 말고 보기만 하소

아기네들
그 나무 왜 꺾나
아기네 손가락 발가락
똑똑 꺾으면 안 아프겠나

아기네들
그 나무 꺾지 마
잎 피고 꽃 피는 양 두고 보아
제멋대로 자라는 양 두고 보아

1949. 4. 21.

— 시집 『사랑』, 1955. 10.

진달래

진달래 어린애 같아
모양 없는 나무때기 끝에
멋없이 된 한 송이 두 송이
양지짝에 소도록이
모여 앉은 발가숭이—
진달래는 어린애 같아

그러길래 어린애들이
보기만 하면 막 달려들어
막 꺾어서 아름으로 안아
반가워 죽겠다는 거야
흥이 나 못 견디는 거야
진달래는 어린애 어른

1949. 4. 12.

— 시집 「사랑」, 1955. 10.

괴로워라

꽃 피는 봄인데
몸으로 마음으로 앓는 나는
괴로워라 괴로워라

머리는 욱신거려
목은 잠기고 말은 더듬어
괴로워라 괴로워라

들리는 소리
온 세계가 모두 앓는지고
괴로워라 괴로워라

한바탕 꿈일까
언제나 깨쳐 버릴 꿈인지 몰라도
괴로워라 괴로워라

1949. 4. 20.

— 시집 『사랑』, 1955. 10.

절지(折枝)

꺾인 나뭇가지
병에 꽂혀서
꽃 피고 잎 피네

뿌리 끊인 줄을
잊음 아니나
맺힌 맘 못 풀어서라

맺힌 봉오리는
피고야 마네
꺾은 맘이길래

1949. 4. 21.

— 시집 『사랑』, 1955. 10.

묵은 꽃씨

작은딸년이 사 온 꽃씨
그것은 적어도 사 년은 묵은 것
"이것도 날까?"
"뿌려 보려무나"

"어디다 뿌려요?"
좁은 터에 꽃씨 뿌릴 데가 있나
"여기 여기를 이렇게 파"
딸은 삽으로 뜰 한복판을 팠다

땅은 굳고
삽은 무겁고
팔 힘은 약하고
딸은 이마에 땀을 흘렸다

길이가 넉 자
너비가 두 자
네모난 화단이 뜰 복판에 생겼다
오랑캐 풀 떠다가 선을 둘렀다

딸과 재숙이와 둘이서
바깥 흙을 파다가 보호를 하고
조그마한 스무 손가락이 주물러
돌을 골라 반듯하게 하였다

씨를 뿌렸다
세 가지 씨를 뿌렸다
"이거 날까?" 딸은 또 물었다
"두고 보자" 아비는 말하였다

딸과 재숙이와 아침저녁에
꽃밭에 물을 뿌렸다
"솔솔 뿌려야 해
막 주면 땅이 굳어져서 안 난대"

한 이레도 지냈다
"이거 왜 안 날까?"
이틀이나 비가 오고 개였다
"요고 머요 뾰족뾰족 나왔네"

보일락 말락 한
가냘픈 싹들이
가만히 들여다보면
여남은이나 나왔다

"이게 꽃나무일까?"
"두고 보아야지"
"여기 그득이 꽃이 피면
얼마나 좋을까, 이게 꽃일까?"

다음 이야기는 다음에 쓰자
묵은 씨가 싹이 나서
이 화단에 새 꽃이 피거든
꽃 노래는 그때에 쓰자

1949. 5. 16.

— 시집 『사랑』, 1955. 10.

사랑

"도련님 당신은, 왜 나를 사랑하시오?"
"이뻐서요, 귀여워서요."
"무엇이? 어디가?"
"무엇인지 몰라도 눈도 코도 귀도 그중에서 입모습이."
"그것만? 또 없어요?"
"어깨도 몸매도 손도 머리 모양도 입으신 옷도 아가씨 것이면 모두 다 이쁘고 귀여워요. 말소리, 걸음걸이, 웃는 것, 찡그리는 것, 아가씨 하시는 것이면 무엇이나 다."
"무얼, 거짓말이지?"
"아니요. 거짓말일 리가 있어요? 무슨 맹세라도 하지요. 나는 아가씨를 사랑합니다. 세상에 그 이상 더 사랑할 수 없는 사랑으로."
"정말이지요? 아이 고마워라. 기뻐라. 도련님 말씀을 고대로 믿어도 좋아요?"
"그럼요. 꼭 믿어 주셔요. 그런데 아가씨는 왜 나를 사랑하셔요?"
"나도 도련님이 씩씩하시고 믿음직하시고— 마음에 꼭 들어서요."
"내가 어디 가요?"
"눈이랑 코랑 입이랑 뚫어진 바지도 때 묻은 저고리도 너털거리는 구두까지도 도련님의 것이면 무엇이나 다 정답고 마음에 들고."
"아가씨 그게 정말이오?"

"그럼요. 어떤 맹세라도 하겠어요. 제 말을 꼭 믿어 주서요. 네, 도련님?"

"아가씨 고마워라, 기뻐라. 아가씨와 이렇게 함께 있으면 세상이 환하고 훈훈하고, 어디선지 모르게 향기가 돌아오는 것 같아요. 이것이 행복이란 것이겠지요?"

"나도, 도련님 나도 그래요. 도련님이 곁에 계시면 어머님 품에 안긴 어린아이같이 편안하고 도무지 무서운 것이 없고 그저 그저 기쁘기만 해요. 이것이 사랑이란 것이지요?"

"그래요. 늘 아가씨 곁에 있고 싶고, 아가씨를 바라보고 싶고, 아가씨를 만져 보고 싶고, 언제까지나 아가씨를 떠나지 말고 싶고, 그러면 아가씨는 자꾸만 내게서 떠나서 달아나는 것만 같고, 하루만 못 보면 영영 아가씨를 잃어버린 것 같고. 아가씨 어떠서요?"

"나도 꼭 그래요, 도련님. 눈만 감았다 떠도 그동안에 당신께서는 꼭 스러져 버리는 것만 같아요. 그저 왜 그럴까요. 당신님이 너무나 아까워서 소중해서 그렇지요. 일순간이라도 떠날 수 없는 소중하고도 소중한 어른이시니까."

"그렇게도 날 소중하게 아서요, 아가씨?"

"그럼요. 도련님은 제게는 이 세상에 제일 소중하신 어른, 아무 데도 비길 수 없는 소중한 어른이지요. 저는 이렇게 생각했어요. 도련님!"

"나도 그렇게 생각하지요. 아가씨는 하늘에도 땅에도 아무 데도 비길 수 없는 소중하디 소중한 양반이죠. 그러나 아가씨 이 사랑이 얼마나 오래 갈까? 아가씨, 당신의 사랑은 얼마나 오래 가리라고 생각하서요?"

"아이 도련님, 그게 무슨 말씀이에요? 제 사랑이야 한생전(限生前) 가죠. 죽을 때까지. 죽은 뒤에 일은 모르지만. 도련님의 사랑은 안 그래요?

얼마 안 가서 변할 것 같아요? 아이 그러면 나는 어찌하나?"

"아가씨 울기는 왜 우서요!"

"도련님 사랑이 변한다면 어떻게 해요? 그러면 나는 죽을 테에요."

"내 사랑이 변하고 싶을 데야 있겠어요? 영원히 영원히 안 변하고 싶지요."

"그러면 왜 흉한 소리를 하세요?"

"세상을 보니깐 안 죽는 사람 없듯이 안 변하는 사랑도 없더군요. 더웠던 것은 식을 때가 있고 젊었던 것은 늙을 때가 있고, 그러니깐 아가씨의 젊고 뜨거운 사랑도 늙고 식을 날이 있을 것 같단 말이에요. 청춘이 인생의 봄인 듯이 사랑은 청춘의 꽃이 아니겠어요? 꽃이라면 향기나 빛이나 활짝 피기는 잠깐이지, 이윽고 질 날이 있을 것 아니에요? 그러니까 걱정이란 말이에요."

"아니에요, 아니에요, 아니에요. 남이야 어떻든지 내 사랑만은 영원이에요. 내 사랑이 꽃이라면 이울지도 않고 지지도 않는 꽃이에요. 도련님 당신의 사랑도 그렇다고 하서요, 네? 그렇다고 말씀하서요."

"내가 사랑하는 아가씨에게 어떻게 거짓말을 하겠어요. 그러하지만 사랑이 이울기도 지기도 하길래 도리어 귀한 것이 아닐까요. 꽃이 만일 언제까지나 꽃대로 있다면 그것은 괴물이겠지요. 돌로 깎아서 만든 죽은 꽃이거나. 빛도 잠깐 향기도 잠깐이니깐 귀한 것이지요."

"난 싫어요 난 싫어요. 그런 사랑은 난 싫어요. 내가 원하는 사랑은 언제까지나 언제까지나 영영 변치 않는 사랑이에요. 이울지도 지지도 않는 사랑이에요. 도련님 안 그래요?"

"꽃이 이울고 져야 열매가 맺지 않아요? 아들도 낳고 딸도 낳고. 그때는 아가씨와 도련님과의 불타는 사랑의 꽃은 지고 아내와 남편의 사랑,

어머니와 아버지의 사랑의 잎이 피거든요. 잎은 가을에 서리가 와서 열매들이 다 익을 때까지 이울지도 않고 지지도 않거든요. 아가씨와 도련님의 사랑이 언제까지 계속된다면 그런 청승이 어디 있어요? 그런 흉물은 어디 있어요?"

"그럴까? 지금 내 가슴에 타오르는 이 사랑은 고대 이울고 질 꽃일까? 그러면 왜 이렇게도 안타까울까?"

"아가씨의 안타까움은 나를 찾노라고, 내 안타까움은 아가씨를 찾노라고."

"네가 엄마 될 때가 되었다 하는 자연의 명령일까요?"

"네가 아빠 될 때가 되었다 하는 하나님의 명령이지요."

"짝을 찾는 안타까움 짝을 만난 부끄러움이고요?"

"사랑이 나를 속이는 때도 있지요?"

"어떻게?"

"사랑해서는 안 될 사람을 사랑하는 수도 있지 않아요? 그래서 많은 비극이 일어나지 않아요? 그러니까 사랑은 소경이라고 그러지요?"

"그러니깐 급히 하지 말아야지요. 이리 살피고 저리 살펴서 고르고 골라야지요. 사랑을 속이는 사내도 있으니까요. 사랑의 연극배우가 되는 사내도 있으니까요. 아마 여자 중에도 그런 이가 있을 거예요. 그러니까 사랑으로 속이지도 말고 사랑에 속지도 말아야지요. 문을 두드린다고 방문을 곧 열어서는 안 되지요. 누구냐, 어디서 왔으며 무슨 일로 왔느냐, 잘 물어보고 그 음성으로다 악의가 있나 없나 판단하고 문구멍으로라도 내다보아서 어떤 생김생김 어떤 차림차림인가, 손에 무엇을 들었나 자세자세 알아본 후에야 문을 열어 줄 것 아니에요? 나한테 무엇을 구하러 왔느냐고 물어서 돈을 보고 왔다면 은행으로 가라고 이르고, 어여쁜 인물을 탐해서 왔다고 하면 인형 가게로 가라고 이르고, 글재주를 탐해서 왔노라고 하면 문사를 찾아가고, 노래 잘하는 것을 탐해서 왔노라고 하면 레코드 가게로 가라고 이르고, 가문이 좋아서 왔노라고 하면 귀족 집으로 보내고……."

"그럼 무엇을 탐해서 왔느냐고 하면 문을 열어 줄까요? 내 덕을 사모해서 왔노라고 하면 문을 열어 줄까요?"

"아니요. 덕을 사모해서 왔노라고 하면 절이나 예배당으로 가라고 그러서요."

"그러면 아가씨의 행복을 위하여 내 몸을 바치려고 왔습니다. 이렇게 말하면 문을 열어 주어요?"

"아니에요. 그렇게 자선심이 있거든 나같이 멀쩡한 사람에게 오지 말고 양로원이나 고아원이나 병신 거지한테 가 보라고 그러시지요."

"그럼 내가 아가씨가 그리워서 죽겠어서 왔노라고 하면?"

"에끼, 못난 자식! 하고 그 상판대기에 가래침을 탁 뱉어 보셔요. 그래도 추근추근 조르거든 집에 불러들여 마당이나 쓸리고 빨래나 시키고, 그리고 아가씨 자시다 남은 식은밥이나 한 덩어리 주어서 먹여 보내서요. 만일 빨아 입지도 못하게 된 여자의 옷이 있거든 한 벌 주어 보내서도 좋고요."

"호호호호 하하하하, 그럼 도련님께 제가 한번 그렇게 해 보아요?"

"그러시지요. 못난 사내는 사랑을 아니 하는 것이 좋습니다. 그런 사내는 혼자 늙어 죽어야 하거든요. 세상에 못난이 씨를 아니 남기도록."

"그럼 아가씨들은 어떤 도련님을 사랑해야 되어요? 어떤 사내가 문을 두드릴 때 열어 주어야 해요?"

"아가씨는 이런 사내를 사랑하시오. '아가씨, 내 보니 아가씨가 내 마음에 드오. 아가씨 같으면 좋은 아들과 딸을 낳아 기르고 가르치고 또 세상 물을 흐리지는 아니할 것 같소. 만일 아가씨 보시기에 내가 좋은 아들딸의 아비가 될 만하거든 나와 부부가 됩시다' 이렇게 오는 사내를 사랑하시오."

"그럼 아들딸 낳는 것이 사랑의 목적이오?"

"그럼 무엇이 목적이오?"

"사랑 자체가 가치가 있지 않아요? 사랑의 품속에 행복의 푸른 새가 살지 않아요. 남편과 아내의 사랑 그 얼마나 행복한 것이에요?"

"도련님, 아가씨의 사랑, 남편과 아내의 사랑, 행복이지요. 인생의 꽃이지요. 그러나 꽃은 열매 맺으려고 피는 것, 열매 못 맺는 꽃은 무엇에 씁니까? 저마다 저보다 더 좋은 아들딸을 낳아서 영원한 이상, 고작 높은 이상을 실현하는 것이 사랑의 목적이 아닙니까? 내 일생에 못 맛보는 하늘나라 역사를 아들딸에게 넘겨 맡기고 가는 것이 우리 인생이 아닙니까? 사랑의 기쁨은 이 역사를 위해서 선금을 받은 보수가 아닙니까? 삯만 받고 일은 아니 하는 계집이나 사내는 큰 죄인이 아닙니까? 좋은 아들딸 낳을 수 있는 튼튼한 몸과 굳은 뜻과 밝은 슬기를 가진 자만에게 사랑의 잔을 마실 권리가 있지 않습니까?"

'내 비록 미거하나 님의 짝이 되리다
두 몸이 한 몸 되어 삽시다
어미 아비 아들딸 잘 길러 놓고 저 나라로 갑시다'

'님은 잊으셨는가 생각하면 아시리라
세상에 님과 나와 짝을 지어

성현을 낳자는 굳게 맺은 맹세'

　　'매양 이 마음속에 그리는 이 있더이다
　　뉘신고 몰랐더니 님이 바로 그이셨다
　　오늘에 찾아 만나니 옛 모습을 알겠구나'

　　'줄 위에 앉은 제비 지아비요 지어미라
　　집도 다 지었으니 알 낳은들 어떠하리
　　앞에 올 비와 바람을 두려할 줄이 있으랴'

1949. 5. 28. 백악산하(白岳山下).

— 시집 『사랑』, 1955. 10.

싹

씨 뿌려 놓고 기다리는 마음
쭈그리고 앉아서 들여다보는 눈
벌써 닷새도 더 넘었는데
아직도 뾰족뾰족 나오는 것이 없어

통은 불었는가 아귀나 텄는가
실 백리 솔솔 나리는가
연한 머리로 흙 껍질 떠받고 있는가
와 보고 또 와 보고 궁금해 허는 나

야아 솟았다 꽃이 상할세라
고개 푹 숙이고 어깨로 흙 뚫고
털보다는 굵고 실보다는 가는
하얀 싹이 나 보아라 하고 솟아올랐다

1949. 5. 31.

— 시집 『사랑』, 1955. 10.

수리

오월 수리 오월 단옷날
예로부터 젊은이의 명절날
그네 높이 매고 아가씨네 아씨네
머리 꿈틀꿈틀 치마 펄럭펄럭
에라 뜨그니아 바람 차고 그네 뛰는 날
씨름판 벌이고 서방님네 도령님네
떴다 떴다 봐라 씨름하는 날
바람 비 맞은 사람아 신(神) 노시는 날

그넷줄 갈라 쥐고 하얀 진솔 보선
외씨 같은 발 들어 오르는 저 아씨
가락지는 끼더라도 노리갤랑 떼소
위여 나뭇가지 찰 때 노리개 떨어져
얽기도 하리 부서지기도 하리
언제 고만 내리소 숙모시 적삼 등이
촉촉이 땀에 젖었네 살이 비쳤네
볕에 익고 상기한 앞이마에 구슬땀 맺혔소

세 개 어우름 세 모래판에

사람이 백차일 쳤네
애녀석들 웅그려 총각들 상투 큰 서방님
샅바 바싹 쥐고 꽁무니 쑥 빼고
네 눈 네 발 스무 손가락이 모두
힘으로 들먹이고 꾀로 번뜩이네
황소 한 마리 상목 한 필
마루판 막음은 뉘가 하나
약쑥 비워라 볕 잘 드는 남향판에
키 자그마하고 꼬리 금빛같이 노란 놈
타래를 지어서 북창 밖에 걸어라
할아버지 뜸질 약 젊은이 땀 내는 약
아이들 배앓이 약 모깃불 피울 것
누룩도 약쑥 깃에야 노란 꽃이 피어
쑥은 묵을수록 좋고
수릿날 오정에 빈 것이라야 좋아

산으로 가자 취 뜯으러 가자
쌈 싸 먹고 곰취 부싯깃 할 수리취
떡에 넣은 존디기 아기 낳는 부처손이
뻐꾹대를 꺾어 먹고 상애는 벗겨 먹고
병풍바위 솔개집 건드릴라
솔포기 밑에 꿩의 알 깨뜨릴라
새소리는 마음대로 들어도
자갈땅에 풀피리 불지 말아 뱀 나올라

그네뛰기에 팔도 아팠다
씨름하고 산타기에 다리도 아팠다
쑥떡 송기떡 산미나리김치
보리새우 된장찌개 생치쌈도 좋았다
남겨 둔 창포물에 머리 한 번 더 감고
목물이나 하고 이제는 편안히 자자
내일은 앞 두렁에 모내는 날
돌모루 밭에 콩 심는 날

1949. 6. 2.

― 시집 「사랑」, 1955. 10.

졸업식

육 년이 긴 세월이 아니냐
오늘이 이 중학 졸업식 날
우등상은 못 타고 손님들 앞에서
피아노 독주한다고 벼르던 날

그동안에 대전이 끝나고 일본이 가고
미군정이었다가 가고 대한민국이 생기고
그동안에 네 키는 클 대로 다 크고
턱에는 제법 수염발이 잡혔다

중학교 입학시험 중도에 병이 발하여
삼십팔 도의 열을 가지고 철봉에 매달려
턱걸이하던 애처로운 모양이 어제 같은데
어느덧 육 년이 지나 오늘이 네 졸업식 날

1949. 6. 15.

— 시집 『사랑』, 1955. 10.

도라지

도라지 언제 피었노
깨어 보니 피었네
피는 양 보랴 별렀더니
나 모르는 새에 피었구나

언제 핀 지 모르거니
어떻겐들 알리
우주 간에 이는 일
나 몰래 되는 일 많아라

도라지 피게 하는 이
그 바로 나 있게 한 이
그가 하는 일 나는
말은 못코 보기만 하네

기축(己丑) 7. 23.

— 시집 「사랑」, 1955. 10.

나비

내 이제 도 일러 나비 되었네
나면 자유로 허공에 날고
들면 곱고 향기로운 꽃 보금자리
꽃가루 묻은 발로 땅 밟으랴

내 어려 징그러운 벌레인 적에
순이나 잎이나 가림 없이 먹었네
대 모양 부끄러워 고치 짓고 숨어
욕심 다 끊고 수령이 되었었네

움직임도 없이 식음도 전폐하고
무념무상의 길고 긴 세월이 흘러
나는 모르는 동안에 날개도 돋아
번쩍 깨니 꽃에 앉아 꿀 먹는 몸이었다

기축(己丑) 7. 25.

— 시집 『사랑』, 1955. 10.

젊은이

젊은이 보면 바른말 어려워
고움과 힘 믿고 즐거움 꿈꾸는 그
어리고 귀엽고 가여워 차마 어이
그 꿈 깨우리

젊은 눈앞에 나타난 한 세계
사랑의 꽃밭과 희망의
그것이 메마른 사막에 사람 속이는
신기루라고 애어 젊은이더러 말을 마소

한참 꿈꾸라 하소 깨기 전 잘 놀라
꿈은 꿈이언만 그것도 일생에 한 번
신기루도 스러진 사막 누르는 뙤약볕에
땀 흘리고 가는 그 아닌가 한참 가만두소

기축(己丑) 7. 25.

— 시집 「사랑」, 1955. 10.

이야기

쌀값도 오르고 세상도 소란한데
이 땅 사람을 무엇으로 위로하나
심심찮은 이야기나 하나 지어
읽어 드릴까나 들려 드릴까나

우는 아기도 자장노래에 잠들고
성난 바다도 저 한 가락에 잔다는데
서투르나마 정성 들인 내 이야기
듣고 웃으시라 잠시 마음 펴시라

내 평생에 지은 이야기 스물 서른
어느 분 읽으시는가 어느 분 들으시는가
그 얼굴들 눈앞에 그려 놓으면
모두 반가우셔라 살 닿는 듯하여라

1949. 12. 「사랑의 동명왕(東明王)」을 쓰고

— 시집 『사랑』, 1955. 10.

하나님

하나님 당신은 우주를 지으시고
다스리시는 어른이십니다
당신의 손에 지어진 나는 당신의 마음을
다 알지는 못할 것입니다
조가비로 바닷물을 되어 보는 것과 같고
내 뼘으로 하늘의 둘레를 재어 보는 것과 같겠습니다
당신의 지혜와 내 지혜를 비기는 것은 마치
해에 반딧불을 비기는 것과 같겠습니다
크나큰 당신의 힘에 대어 보면 내 작은 힘은
멀디먼 바다에 헤엄치는 잔 새우만이나 하겠습니다
그런 줄은 압니다 그러나 이 몸을 꾸리기에야
내 힘밖에 믿을 것이 어디 또 있습니까
그야 내가 발붙인 땅이나 마시는 공기나 물이나 먹을 것이나
다 당신이 마련해 놓은 것이지요
내 반짝이는 꾀나 아물거리는 힘이나
다 당신께서 한 것이지요
그런 줄은 압니다 잘 압니다마는
그것이 매양 부족합니다그려
조금만 더 알았으면

조금만 더 힘이 있었으면
당신께서 정해 주신 세상을 살아가기가
수월할 것도 같습니다마는
알 듯 알 듯하면서 막히고
될 듯 될 듯하면서 아니 되니
혼자 광야에 기어다니는 젖먹이 모양으로
엎더지고 자빠지고 긁히고 찔리고
실수투성이 생채기투성이가 되고 말았습니다

가만히 세상을 둘러보니
사람 사는 데치고 편안한 구석이
아니 보입니다
가뭄이 들거나 큰물이 나거나
화산이 터지고 바다가 넘거나
이래서 못 사는 것은 사람의 탓도
아니겠습니다마는
같은 사람끼리 서로 미워하고 속이고
죽이고 비웃고 얕보고
이렇게 서로 못살게 구는 것은
웬일입니까
지금 아시아나 유럽이나 아프리카나
저 꿈 같은 인도양 태평양에 뜬
섬들까지에도
전쟁이 일었고 일고 일려고 있습니다

천 명 만 명 젊으나 젊은 목숨이
총알에 대포알에 폭탄에
맞아 죽고 으스러져 죽고 타 죽고 있습니다
이것이 대체 무슨 까닭이오니까
누가 시킨 것입니까 사람들이 미친 것입니까
하나님 당신의 뜻이오니까
마귀의 장난이오니까
사람 중에 어떤 나쁜 놈이 있어서
그런 것이오니까
지구상에서 인류가 망할 때가 되어서
그런 것이오니까
그렇지 아니하면—
당신의 뜻은 따로 있어서
모두 생각이 있어서 하시는 일을
내가 괜스레 참견을 하는 것이오니까
세상이 되어 가는 양을 잠자코
두고 보기만 하오리까
그렇지 않고 만일 사람들의 죄로
이렇게 세상이 소란하다면
내라도 나서서 떠들어야 하겠습니다
돌아서라 사람들아 곧 돌아서라
너희가 가는 길은 멸망의 길—
이렇게 외쳐야 하겠습니까
힘없는 내 소리를 뉘 있어 들으려고요

힘없는 내 소리를 들을 이가 없더라도
허공을 향하여 바람결에 붙여서
불러야 하오리까 외쳐야 하오리까

— 시집 『사랑』, 1955. 10.

이온(ion)

한 컵 소금물 속에도 수없이 있는
한 이온이 가진 전기로 지구를 깨뜨릴 힘이 있다
한 사람의 맘이 욕심을 벗을 때
온 우주를 깨뜨릴 힘이 되는 것이다

한 사람의 마음에 일어나는 생각
미움 고움 하겠다는 뜻
이것이 나라를 짓고 헐고
헤일 수 없는 세계를 세우고 묻는다

사람아 네 마음에 일어나는 한 생각
그것이 곧 네 운명이다

— 시집 『사랑』, 1955. 10.

별

밤에 뜰에 내려
하늘 바라보면
큰 별 작은 별 오다
나를 바라본다

이 별 저 별 골라
하나 두울 센다
세다 끝이 없어
가만 바라본다

별도 하도 할세
때도 기도 길세
긴 때 긴 줄 잊고
한번 짓고 헐다

      주(註)
      • 여기 '할'은 '많은'의 뜻.

— 시집 『사랑』, 1955. 10.

이때

잔뜩 찌푸린 하늘
날름거리는 푸른 번개
웅숭깊은 먼 우렛소리
이따금 뚝뚝거리는 굵은 빗방울
큰 바람 모진 비 동이 덩이 같은
벼락불까지

금시에 몰아오고 쏟아져 내려와서
땅 위에 모든 것을 사람을 집을 나라를
두들기고 바수고 태우고 씻어 버릴 듯한 서품
아비와 아들이 한 지붕 밑에서 서로 으르고
서방과 계집이 같은 이불 속에서
딴 궁리를 한다
이웃은 입을 다물고 서로 눈치만 본다
거리에 놀던 아이들도
가끔 장난의 손을 멈추고
어디서 무슨 소리가 안 나나
무엇이 보이지나 않나
소래기 소리 들은 병아리와도 같이

화약내 맡은 사슴의 새끼와도 같이
조바심친다
어디서 일어났대 어디로 쳐들어온대
행주치마 여인네는 속삭이고
어디로 피하나 누구를 따라가나 하고
젖먹이 안은 젊은 어머니는 졸인다

이 세상은 이러라고 마련된 것은
아니었다
평균 이백 년에 한 번밖에는 난리를
모르던 이 나라인데
사람들은 총칼 쓰기를 잊고
집들은 밤에도 문을 열어 놓고 잤다
문전에 지나가던 길손이 오거든
의심 없이 반가이 맞아 묵여 보냈다
앓거나 죽거나 외에 슬픈 일도 없어
막걸리에나 취하기 전에는 큰 소리가 안 났다

언제나 저런 수선한 날이 가고
언제나 이런 편안한 날이 돌아오나
잔뜩 찌푸린 하늘
날름거리는 푸른 번개
큰 바람 모진 비 동이 덩이 같은
벼락까지

떨어지겠거든 떨어지더라도
소나비 뒤에 활짝 개이어 명랑하듯이
어서 좋은 날이 맞이이다—
편안한 날이

— 시집 「사랑」, 1955. 10.

왜

사람이 왜 사람을 죽일까
먹지도 못하는 것을
가만두어도 죽을 것을
왜 쏘고 찌르고 목매어 죽일까

개끼리도 안 죽이는데

사람이 왜 남 싫은 소리를 할까
욕하고 흉보고 이간 붙일까
같은 값이면 듣기 좋은 말로
얼마 못 살 세상을 기쁘게 왜 못 할까
말 못 하는 짐승이 부러워라

사람이 왜 서로 미워할까
미워하는 사람은 못 자고
미움받는 사람은 자는 것을
미워하는 자는 미움을 받을 것을

젖먹이들은 안 그러던데

사람이 왜 욕심을 부릴까
욕심으로 잘 산다면
세상에 못 사는 이 없을 것을
욕심내면 배탈 나고 욕먹는 것을

남 주는 자가 부자라던데

― 시집 『사랑』, 1955. 10.

시골 풍경

김이 무럭무럭 나는 오양 두엄
지게에 한 짐 잔뜩 짊어지고
두 팔에 작대기 힘껏 곁에 끼고
높은 재 올라가는 젊은이의 불룩거리는 장딴지

오줌동이 바가지 띄워 머리에 이고
불은 젖통 팔 깍지 껴 꽉 누르고
개울 건너 밭으로 나아가는 젊은 아낙네 뒤에
발가숭이 아이 녀석 하나 꼬리치는 강아지 하나

젖먹이 하나 팔다리 너들너들 업고
웃통 벗은 계집애 하나 앞을 세우고
논두렁길로 비척비척 가는 꼬부랑 할머니
젖 얻어 먹이러 밭에 간 며느리
찾아가는 길이라

사릉(思陵)에서

— 시집 『사랑』, 1955. 10.

오디

뒤껼에 오디
한 알이 먼저 익었다
따 먹으니 달다

오디를 보면
옛 생각 나
어머니 생각 나

어머니는 뽕 따시고
나는 오디 먹고
손이랑 입이랑 오디 빛

꺼먼 오디는 익은 오디
뻘건 건 덜 익은 거
꺼먼 것 달고 뻘건 것 시지

오디를 보면
옛 생각 나
어린 뽕나무 밑에 섰는 늙은이

— 시집 『사랑』, 1955. 10.

병아리

노랑 병아리 하나
까만 두 눈 되록되록
안는 어미 머리맡에 섰다
오늘이 안긴 지 삼칠 일

노랑 병아리 고 까만 눈
소리 없이 서서 나를 본다
세상에 와서 처음 보는 사람
그는 말끄러미 말없이 나를 본다

— 시집 『사랑』, 1955. 10.

기침

기침은 왜 나나
잠들만 하면 나는 기침
겨울 깊은 밤에
야속히도 괴롭히는 기침

이불을 두르고 앉아도
추위는 스며드는데
새벽 고요한 어둠 속에
혼자 기침을 짖고 앉은 나

가슴은 답답하고
몸은 고달프고
기침으로 밤을 새우는 나
기침은 왜 나나

― 시집 「사랑」, 1955. 10.

옛 벗

눈이 어두우면
정신도 흐려서
옛 벗 생각도
나날이 흐린다

마치 여름 산길에
지나온 곳이
안개에 가리듯
인생길도 그래

그립기만 더해
세월의 안개에
희미할
옛 벗이 그리워

더러는 떠나고
더러는 모르고
가까이 사는 벗도
만날 길이 멀다

— 시집 「사랑」, 1955. 10.

초옹(草翁)

개울가 풀 언덕에
소 끌고 풀 뜯기던
그날이 그리워라

지나는 소나기에
소 젖고 나도 젖어
무지개 바라보다

풀판에 내 그림자
석양에 길었는데
종다리 지저귀다

흐르는 개울물을
절벅절벅 건너는
단둘이 소와 나

— 시집 「사랑」, 1955. 10.

두 마음

웬일고 맞지 않는 두 마음
네 말 내 귀에 거슬리고
내 말 네 귀에 거슬려
끊임없는 옥신각신이다

웬일고 하나에서 생긴 마음
둘에 갈려 서로 다툼이여
한 몸에 두 머리 돋은 뱀
서로 흘기고 무는 것 같다

이 다툼 언제나 끝나리
멀리 떠나면 끝날까
하나 죽으면 막음 될까
그리도 야속한 다툼이여

— 시집 『사랑』, 1955. 10.

의지

의지할 곳 없네
이 몸은 물거품
집은 몸보다
땅은 집보다 오래가도
땅도 타버릴 것이거든
의지할 곳 없어라

태양은 끄물거리는 숯
별들은 있다 없는 아지랑이
무엇이 굳은 것인고
금, 금강석 그것도 재
오직 '나'는 마음 혼자
짓고 붓고 붓고는 짓노라

— 시집 「사랑」, 1955. 10.

소원

조용한 구석이 그리워라
입들 꼭 닫힌 세상
아첨도 거짓도 선전도 없이
제 숨소리나 듣고 앉은 세상
아— 그러한 구석이 그리워라
아— 시끄러워라 귀찮은지고

— 시집 『사랑』, 1955. 10.

완전

별이나 꽃이나 갓난아기야
그중에도 고운 것은
날짐승 길버러지 돌멩이까지도
아니 고운 것 있던가 있는 것은
다 곱지마는
어느 하나도 완전히 고운 것 없으매
무궁한 동안 무궁한 자리에
나는 스러지는 것 모두 모아서
완전한 고움이러라
그러므로 어디를 가도
오래 살아도 심심치 않은 생명이더라

— 시집 「사랑」, 1955. 10.

이런 사람

나는 권세도 무섭지 않소
주먹다짐으로 싸움을 하자면
좋다고 벗어부치고 나설 내오마는
눈물에만은 딱 질색이오

나는 때려 부수기도 겁 안 나오
찔러 죽이기도 못 할 나는 아니오
원체가 망나닌지라 못 할 것이 없어도
한번 맺은 의리의 줄은 끊을 힘이 없소

— 시집 「사랑」, 1955. 10.

추운 날

추운 날 팔짱 끼고 먼 길 가노라면
이애야 들어와 몸 녹여 가거라
하고 불러들여서 아랫목 뜨뜻한 데
내 언 손발 녹여 주던 그날 그리워

방은 더러웠다 이불은 누더기
영감님 옷은 까맣게 때 묻었어도
새 과학도 문명도 안 들어왔어도
그 맘이 좋았다 그날이 그리워

모르는 마나님 나를 불러들여
머리 빗겨 주고 더운밥 먹여 주고
성이 무에야 집이 어디야
물어 주던 그이는 돌아갔을 것이다

— 시집 『사랑』, 1955. 10.

향 피우고

향 피우고 합장할 제 임이 바로 고대로러니
절하고 물러나니 임이 벌써 안 계셔라
언제나 자나 깨나에 매양 임을 모시리

홍서원(弘誓願) 네 마디를 소리 높여 부를 제면
내 고대 보살이요 이 몸 바로 부철러니
그 소리 끊이듯 말듯 도로 범천(凡天)일러라

— 시집 「사랑」, 1955. 10.

우리 서로

내 한길에 서서
오고 가는 사람 붙들고 하는 말
"형제여 자매여 우리 미워하지 맙시다
서로 사랑합시다 우리 속이지 맙시다
서로 믿고 삽시다"

내 방방곡곡으로 두루 돌매
집집이 찾아서 하는 말
"형제여 자매여 우리 서로 사랑합시다
미워하지 맙시다 우리 서로 믿고 삽시다
속이지 맙시다"

내 허공에 둥실 떠서
시방세계를 불러서 하는 말
"삼계 중생이여 우리 미워하지 말고
서로 사랑합시다 우리 속이지 말고
서로 믿고 삽시다"

— 시집 「사랑」, 1955. 10.

사랑하세

어화 사랑하세
모두들 사랑하세
부모 형제자매 부부 자녀
혈속이니 사랑하세

가까이 사는 이는
이웃이니 사랑하고
먼 데 모르는 이
손님이니 사랑하세

나보다 잘난 사람
공경해서 사랑하고
나보다 못난 이는
가여워서 사랑하세

사랑하는 사람
미워할 이 없었으니
꿈자리도 편하고
평생에 늘 즐거워라

— 시집 『사랑』, 1955. 10.

정 도령

오백 년 내리 기다린 정 도령
지금 몇 살이나 되신고
타고 오실 말은 살이 올랐나
들고 오실 칼은 누가 버렸소

계룡산 상봉에 미마돌도
허옇게 때를 벗었다는데
곰나루 물이 아직도
풋개로 아니 돌았다 하네

풋개에 배가 뜨면은
정 도령 나오신다네
남녘 바다 섬에서
천년 태평 가지고 온다네

우리 마음에 맺힌 악이
터지는 날에야 터진다네
풋개의 쌓인 검은 흙이
그러고야 정 도령 타신 배가 들어온다네

— 시집 「사랑」, 1955. 10.

안락

아마도 해가 어찌 되었나 봐
그 빛에 무슨 독이 품겼나 봐
그러길래 햇빛 가는 데마다
모두 볶이는 것 아닌가

아마도 땅이 어찌 되었는가 봐
솟는 물에 무슨 독이 들었나 봐
그러길래 물 먹고 사는 짐승들이
모두 으르렁거리는 것 아닌가

사람들이 제 꾀를 믿던 날에
평화의 에덴은 깨어졌단다
그들이 자비에 돌아가는 날
아 오직 그날에야 안락이 다시 올 게다

— 시집 『사랑』, 1955. 10.

불에 타는 벌레

하루 살다 죽는다는 하루살이도
그 하루 무사히 살기 어려워
무엇이 애타노 무엇을 구하노
쉴 새 없이 헤매다 거미줄에 걸려

불빛에 모여드는 여름밤 나비들
광명이 그리워선가 따뜻한 곳 찾아선가
기뻐선가 괴로워선가 싸고 싸고 돌다가
불 속에 몸 던져 타 버리는 그들

— 시집 『사랑』, 1955. 10.

인생

사랑하는 동안은 짧고 미움은 길어
기쁜 날이 적고 괴로운 날이 많다
어디서 와서 어디로 가는지도 모르며
웃다가 울다가 앓다가 죽는 신세여

알기로 얼마나 알며 하기는 그 얼마나 하리
부귀는 쇠똥구리의 똥 덩이
공명은 모래에 쓴 글씨
뒤에 남긴들 무엇 하며
남긴들 그 무엇 하는 게뇨
오거나 가거나 간에 순순히 맞고 보낼 것이

— 시집 「사랑」, 1955. 10.

오늘과 내일

있는 괴롬 있는 걱정도 벅차거든
있을 것까지 미리 근심 왜 하리
간 일은 갔으니 없고 올 일은 안 왔으니 있지 않네
당한 일은 비킬 길 없으니 웃어서 보내세

잠 깨면 살았나 보다 내일 일을 뉘라 알리
"내일 염려 내일 하라 오늘 고생 족하다"
먹고 남거든 굶는 사람 빌려주소
내일 목숨 주시는 이 내일 양식 안 주시리

온 길 돌아보니 내 뜻이 어디 있나?
본래 있는 길을 따라온 내였어라
새 길 낸다 해도 지형 따라 물을 따라
평생 어느 큰 손에 끌려가는 데였다

— 시집 「사랑」, 1955. 10.

박덕복(薄德福) 상복상(相福相)

길 가다가 손 들어
나뭇가지 똑 꺾는 이
박복도 해라 장래성도 없어라
그것이 어린이일 때
더욱 가슴 아프다

덕 있는 마음에 복이 온다
복상은 덕상이다
궁상으로 복 있는 자 있던가
복상으로 궁한 자 있던가
얼굴은 마음의 거울

마음이 흐리면 얼굴도 흐려
향을 품으면 향내가 난다
궁상도 마음 닦으면 복상
복상도 생각을 따라서 궁상
숨길 수 없는 건 술 먹은 입김

박덕한 사람 사는 집도 동네도

박덕한 빛과 냄새가 난다
강산의 얼굴은 민족의 얼굴
후덕한 나라에 윤이 흐르고
박덕한 강토는 메마른 사막

기름진 땅이 포근하듯이
복 있는 마음도 포근하다
생기 있는 나무는 누굿해도
마르는 가지는 휠 수도 없어
단단한 듯이 만만한 게다

마음은 사랑의 김에 훈훈하고
성미는 용서의 눈물에 누굿해
사랑과 용서로 화평한 마음
봄바람 비 되어 이루어 내니
덕상과 복상의 의젓한 얼굴

— 시집 「사랑」, 1955. 10.

기쁨

꽃이 피었다 오늘
작은 뜰에 두어 송이
어찌 알고 왔누—
나비 두엇 벌이 두엇

석죽 위에 나비
날개 모으고 얌전히 앉아
요리 빨고 조리 빨고
옮아 앉아 돌아앉아 빨고

채송화 위에 벌
펄럭거리고 앉아 허겁지겁
앞발로 꽃술 당기어 빨고 핥고
무수히 비비대기 치고 가다 또 오고

붉은 단장 노랑 단장
별러 별러서 핀 하루의 기쁨
그 뜻 알아 찾아온 벌과 나비
비비고 빨고 이날의 기쁨

벌도 나비도 간 뒤
꿀도 꽃가루도 거의 다 떨어진 때
늦게 찾는 벌 나비도 다녀가면
채송화는 스르르 문을 닫는다

꽃은 제 기쁨으로 피고
나비 벌은 제 기쁨으로 꽃에 온다
저마다 제 기쁨에 살면서
오다 서로 어울려 큰 통일의 기쁨

싸우는 양을 못 보느냐고?
서로 먹고 모두 죽은 양을 보라고?
먹히는 아픔은 실로 일순간
죽음은 눈에 안 띄게 삽시간에 처리된다

순간의 괴롬으로 긴 때의 기쁨
이 얼마나 싼 값이냐
끝없는 사는 기쁨을 헤아릴진댄
죽는 일순의 아픔쯤 그 무엇이냐

오늘 핀 꽃은 졌거니와
내일 필 봉오리가 기다리고 있다
여름도 가고 서리 눈 치더라도
오는 봄 싹틀 씨는 자방에서 익고 있다

— 시집 「사랑」, 1955. 10.

복

빼앗아 복 있는 사람 없듯이
미워해 낙 보는 사람 있던가
주는 자야말로 부자 받는 자는 거지라네
사랑하는 자를 일러 만왕의 왕이랬다

한세상 복락을 그대 구하나
만인의 환영을 그대 원하나
주고 살아 보소 그대 한평생 늘 기쁘리
사랑하여 보소 그대 보는 이 다 반기리

— 시집 『사랑』, 1955. 10.

기뻐하세 사랑하세

여보시오 벗님네야
얼마 없는 한세상 기뻐하며 사세
웃세 노래하세 춤추세
기뻐하는 마음 극락

여보시오 벗님네야
얼마 없는 길동무 사랑하며 가세
돕세 용서하세 반기세
사랑하는 사람 기뻐

— 시집 『사랑』, 1955. 10.

사철

봄의 꽃만 좋은가
여름의 무성함이 더 좋아
가을의 익음이 얼마나 풍성할까
단풍과 낙엽은 한 해의 큰 잔치

찬 바람 불고 눈보라 쳐
꽁꽁 얼음 얼어붙은 땅 밑은
새봄 장만하는 만물의 희망 세계
겨울도 좋아— 씩씩하고 기운찬 위엄

— 시집 『사랑』, 1955. 10.

지옥

같은 온도에도
피 찬 이 덥다 하고
더운 이 춥다 하네

눈먼 이껜 빛 없듯
귀머거리 소리 없듯
사랑 없는 이껜 간 데마다 지옥이어라

— 시집 「사랑」, 1955. 10.

의심

인생길 걸어오는 어느 날 불현듯
내 속에 졸던 의심이 눈을 떴다
"이게 무에야, 어디로 가는 게냐"고
대라고 보채는 등쌀에 잠을 잃었다

산에 가 물어도 물에 가 물어도
대답은 한 가지 "난들 아오?"
지구도 모르고 달리고 태양도 그래
알고 간다는 이 하나도 없고나

의심아 도로 잠들어라 잠들어
다 모른다는 것을 어디다 물으리
내 몰라도 피는 돌지 않나
나 알로 내 고동 잡은 이 따로 있나 보다

— 시집 「사랑」, 1955. 10.

서로

피차에 길 가는 나그네
오다가다 만난 이
피차에 인생 바다 건너는
한 나룻배에 손님

어디서 떠난 지도 잊고 어디로
가는 줄도 모르는
피차에 가슴에 서러움 품고
눈에 눈물 고인 우리

서로 호소할까나 서로 껴안고
서로 눈물 씻기고
손길 마주 잡고 풍파 사나운
이 바다 건널까나

― 시집「사랑」, 1955. 10.

엿장수

딱딱딱딱 엿가위 소리
엿가락도 더워서 축 늘어졌겠다
엽전 한 푼이면 엿이 한 가락
사 먹을 수 있던 내 어리던 날

딱딱딱딱 엿가위 소리
밤 엿장수 영감의 하얀 수염이
고추엿 잣엿 맛보기 잘 주던
그이가 살았으면 백 살도 더 됐겠다

딱딱딱딱 엿가위 소리
지금도 들으면 뛰어나가고 싶어
부러진 숟가락이랑 들고 횡하니
엿장수 영감께 달려가고 싶어

딱딱딱딱 엿가위 소리
인제는 지나가서 사라져 버렸다
어느 골목에 어느 나무 그늘에서
코 흘리는 아이녀석들이 엿 모판을 보고 섰노

— 시집 『사랑』, 1955. 10.

내 뜰

내 뜰에 작은 화원
이 풀 저 풀 여러 가지 풀
산에서 들에서 제멋대로
나고 자라던 우리의 모임

꽈리꽃은 다섯 잎
고추꽃은 여덟 잎
클로버는 여러 꽃이 한 송이
빛깔만은 같아서 하얗다

방싯 빨간 솔 보이는 것
내일이면 필까 그 이름 백일홍
석죽에 뾰족한 봉오리
푸른 이로 싼 아마 빨간 꽃일 것이다

인왕산에서 파다 옮긴 도라지
지난 보름 동안에 실뿌리 내렸는가
두어 치나 더 자란 꼭대기에
잎으로 겹겹이 싼 것이 꽃봉오린가

흰지 보랏빛인지는 피어야 알지마는
승모(僧帽) 같은 봉오리 눈앞에 보이는 듯
소나기 지난 뒤 저녁노을 사라질 때
방긋이 피는 양을 생각해도 기뻐

피어 가지고 자라는 한련 한 송이
노랑이 주홍 얼버무린 복잡한 간색
어리디어린 줄기와 잎에 비겨
늙수그레 큰 꽃의 어리석음이

채송화 정수리에 볼록한 혹 하나
아마 고것이 피어날 꽃 바탕인가
간난이 팔다리와 같은 토실토실한 잎사귀
산호와 호박으로 새긴 듯한 꽃이 귀여워

— 시집 『사랑』, 1955. 10.

꽈리 · 1

아드득 빠드득 꽈리 울리는 소리
뉘 집 아가씨인고
소나기 지내고 개인 저녁 하늘에
노을은 붉은데
서울로 통한 신작로 포플라 나무에
홀로 기대어
아드득 빠드득 꽈리 울리는 아가씨

— 시집 『사랑』, 1955. 10.

꽈리 · 2

꽈리 열린 꽃은 수줍디수줍어
푸른 잎 그늘에 하얀 한 송이
고부슴히 숙이고 땅만 들여다보는
꽈리 열린 꽃은 수줍은 숫처녀

젊어선 비취옥 익으면 산호주
야멸치게 둥글어도 정답게 연하다오
아가씨 입술과 뉘 더 붉나 대 볼까
씨랑은 부대 부대 좋은 땅에 버려 주

이에 몰려 아드득 입술에서 빠드득
혀끝으로 돌려 주 입김으로 불어 주
아프다고 무는 건가 미워서 뱉는 건가
무는 듯 살짝 놓고 뱉는 듯 물어 주

담 밑에 꽈리 오롱조롱 꽈리
빨갛게 익었소 떫은 맛은 가셨소
단물을랑 빨아 먹고 씨는 땅에 심그고
보드라운 껍질만 아득바득 물어 주

— 시집 「사랑」, 1955. 10.

오랑캐꽃

뜰에 핀 오랑캐꽃
들여다보노라면
향기가 풍겨 온다
청명절 봄바람에

오랑캐꽃이 피면
메주 말려 장 말아
살랑살랑 차건만
벌도 두셋 날아와

메마른 땅인지라
잎 잘고 꽃도 잘아
그래도 아니 잃은
제빛과 제 향기여

— 시집 『사랑』, 1955. 10.

도라지

나들이 갔던 길에
도라지 캐어 왔네
들 가에 심어 놨네
보라 꽃이 되려나
흰 꽃이 되려나

유월이라 장마 끝에
승관(僧冠)봉을 맺거든
비 갠 저녁놀에
흰 꽃이 되려나
보라 꽃이 되려나

꽃 지고 열매 맺고
씨가 익어 떨어져
내년 후년 되면은
보라 꽃이 흰 꽃이
한 아름은 피겠네

— 시집 『사랑』, 1955. 10.

채송화와 한련

"채송화 모 나 좀 줘
한련 줄 테니"
"그래 한련 한 포기 줘
채송화 줄게"

깡통에 담긴 채송화
종이로 싸서
고이고이 옮겨다
분에 심었소

"이 한련 무슨 빛?"
"노랑이 자주 점박이"
잎은 한들한들
꽃송이 뾰족뾰족

옮겨 온 한련은
옛집이 그리워
물을 주어도
안 먹으려 든다

그 집에 간 채송화
물 잘 먹는지
있는 듯 마는 듯
어린 채송화

채송화는 도련님
한련은 아가씨
한련은 찬찬
채송화는 뺨뺨

— 시집 『사랑』, 1955. 10.

병꽃나무

높은 데 바위틈에
났던 나무를
캐어다 내 뜰에
심어 놓았네

뜰이 좁다고
노하지 말고
앓은 뿌리나
어서 나으소

금년에는 못 해도
명년엘랑은
백 송이 천 송이
꽃 피어 주오

붉은 쇠북
붉은 초롱
내 눈엔 그런데
병꽃이라오

— 시집 『사랑』, 1955. 10.

분꽃

분꽃이 피었다
저녁때가 되었다
며늘아가 어디 갔니
어서 나와 밥 지어라

저녁밥 다 지어 놓고
나물도 무쳐 놓고
며늘아기 동이 들고
물 길어 갑디다

— 시집 『사랑』, 1955. 10.

담쟁이

담쟁이 캐어다가
담 밑에 심었네
굴뚝 밑에 심었네

끊인 뿌리 아물아물
어서나 자라소
벋어벋어 오르소

가로세로 덩글덩글
붉은 잎 나불나불
보라 열매 오롱조롱

내년 가을 좋겠네
후년에는 더 좋아
담을 덮은 담쟁이

— 시집 『사랑』, 1955. 10.

엄나무

엄나무 덤나무
가시 돋은 엄나무
가시는 무서워도
몸과 마음은 고와요

엄나무 덤나무
가시 돋은 엄나무
대문간에 달아라
잡귀를 물려라

엄나두 덤나무
가시 돋은 엄나무
찌르자는 가신가
오지 말란 가시지

— 시집 『사랑』, 1955. 10.

아이들 나라

아이들이 부러워
그의 솔직이 부러워
오줌 마려우면 싸고
싫은 건 싫다는 것 부러워

아이들이 부러워
그 상상력이 부러워
막대기 하나로 말도 되고
칼도 되는 것이 부러워

아이들이 부러워
욕심 적은 것이 부러워
하나를 주면 다른 것을 버려
둘 다 안 가지려는 마음이 부러워

아이들이 부러워
그에겐들 걱정 근심이 없으리마는
앞날을 위해 계획하고
뒷날을 추억 않는 것이 부러워

아이들이 부러워
그의 세계는 장난의 세계
하고 싶은 일 아니면 안 하는 세계
저 멋대로의 세계

굴레도 있어야 하리
자갈은 물리지 마소
채찍도 없지는 못하리
보이기만 하소 때리지는 마소

— 시집 「사랑」, 1955. 10.

참새

지붕에 참새
그 작은 몸도
늘 배가 골아서
무엇을 찼네

지붕에 참새
제 배는 고파도
무엇을 물어다
새끼를 먹이네

풍년이 들어야
참새도 배불러
사람이 굶으면
참새도 굶는다

— 시집 「사랑」, 1955. 10.

꽃

꽃이 한 송이 피기에 얼마나 힘이 들었나
해의 힘 바람의 힘 물의 힘 땅의 힘
그리고 시작한 때를 모르는 알 수 없는 생명의 힘
꽃이 한 송이 피기에 알 수 없는 힘이 다 들었다

되어서 반나절도 못 가는 어리디어린 채송화 한 송이
일각도 쉬임이 없이 쌓이고 쌓인 우주에
정력의 날아남
그 많은 정력을 장시간 이루 대일 수
없다는 듯이
꽃이 이울어 져버린 자리에는
보라 불어 오르는 그 자방을
한 꽃은 져도 꽃의 목숨은 끝이 없다

영원한 역사를 씨에 담아 또 피고 또 피어
한없이 같은 꽃이 피어도 다 새 꽃이다
무궁한 윤회에 그의 바라는
목적은 무엇인고?

— 시집 『사랑』, 1955. 10.

주막

피곤한 몸이 주막에 들다
쓸고 훔친 깨끗한 방바닥
하얗게 빨래한 홑이불
이게 다 뉘 손으로 된 것인고?

목욕을 하고 자리에 들다
어젯밤엔 뉘가 잤노?
내일 밤에 뉘가 자겠노?
오늘 밤엔 내가 자는 자리

"지난밤 내 편안히 자듯이
오늘 밤 자는 이도 편안하소"
짐 들고 떠나는 나
한 번 더 방을 돌아보다

— 시집 『사랑』, 1955. 10.

우주는 정의다

나는 정의를 믿는다
정의의 심장을 믿는다
중간의 우여곡절이
하나도 헛된 것이 없다
방울에서 꽃에 이르기까지
꽃 아닌 여러 계급을 밟듯이
그러나 그것이 다 필요하듯이
정의도 아닌 듯한 여러 계급을 밟는다

어리석은 듯하면서도 지혜롭고
악한 듯하면서도 필경 선한 것
이해만 따지는 듯하되 필경은 정의다
죄는 지은 데로 가고
공은 닦는 데로 간다!
인과는 불멸이다 불변이다!
우주는 필경 정의요 자비다

— 시집 『사랑』, 1955. 10.

직심인(直心人)

지금 민족이 구하는 사람이 누군가?

마음 곧은 사람이다. 불경에는 "진심시불(眞心是佛)"이라 하였으니, 마음 곧은 사람이 흔할 리 없다. 그래 벼슬하는 사람들만이라도 마음이 곧아야 일이 되지 아니하겠는가.

경복궁 대궐 앞에는 해태라는 짐승 둘을 돌로 새겨 놓았었다. 그것이 지금은 중앙청 정문 앞에 놓여 있다.

해태라는 짐승은 마음 꼬부라진 사람, 즉 거짓말하고 속이는 사람을 보면 곧 덤벼들어서 물어 찢어 먹어 버리고야 만다고 한다. 그러므로 해태 앞을 무심히 지나가는 사람은 마음이 곧은 사람이었다. 그러나 해태까지도 속이는 재주가 있는 사람이면 해태도 할 수 없을 것이다. 경복궁 해태는 고만 하도 속아서 정신을 잃어버리고 말았다. 그래서 마음 꼬부라진 사람들이 횡행활보하여도 해태는 멀거니 관악산 머리에 뜬 구름만 바라보고 있었다.

옛날 임금님이 쓰시던 감투는 익선관(翼善冠)이라고 하였다. 그것은 매미 주둥이를 본받았고 뒤에는 매미 날개 한 쌍을 꽂은 것이었다. 매미는 목이 곧아 돌리지를 못하고 이슬만 먹고 산다고, 옛사람들은 믿었다. 이것은 청렴한 것을 상징한 것이었다.

사실 매미를 잡아 보면 살도 없고 피도 없고 비비면 가루가 될 듯이 바싹 말랐다. 그는 생전 (보름 동안) 소리만 하는 것이다. 재물에 대한 탐욕이 없다는 것이다. 임금은 이러한 마음을 가지라는 것이니, 오늘날 우리나라로 말하면 국회의원과 대통령과 법관들이 다 매미가 되라는 것이다. 제 욕심은 없이 세상을 위하여서만 부르짖으라는 것이다. 벼슬아치가 쓰는 감투라는 것도 임금의 익선관을 모방한 것이다.

임금의 것은 날갯죽지를 세우는데 신하의 것은 좌우로 뻗치게 하였을 뿐이다. 그러므로 모든 벼슬아치는 매미의 마음을 가지고 해태 앞으로 당당히 지나갈 사람이라야 한다는 말이었다.

옛날 태평 시대에는 벼슬은 구하는 자에게 주는 것이 아니요, 싫다는 이에게 억지로 맡기는 것이었다. 허유(許由)는 요제(堯帝)가 자기에게 임금 자리를 물려주려 하자 자기 귀가 더럽혀졌다고 영천(潁川)에서 귀를 씻었으며, 소부(巢父)는 소를 몰고 가다 이 말을 듣고 허유가 귀를 씻은 영천의 물이 더럽혀졌다 하여 소를 영천의 상류로 끌고 올라가 물을 먹였다 한다.

내가 임금 같은 천한 일을 할 사람이냐 하는 것이었다. "진구비동유장도주요순(塵垢粃穅猶將陶鑄堯舜)"이라고, 임금이란 하잘것없는 사람이 하는 노릇이라고 뽐낸 것이었다. 하물며 임금의 신하가 되는 벼슬이야 말할 것도 없었다.

옛날 인도에서도 임금이나 문무관이라는 것은 둘째 계급이었다. 첫 계급인 브라만은 도를 닦는 사람들이었다. 우리나라에서도 임금이나 벼슬아치보다 높은 계급이 있었으니, 고구려의 조의선인(皂衣先人), 신라의 국선(國仙), 고려의 승려(僧侶), 이조의 사림(士林)들이었다. 그들은 임금과 벼슬아치의 스승이 될지언정, 몸소 임금이나 벼슬아치 되는 것을 값이 떨어지는 일로 알았다. 그들은 밭을 갈거나 고기를 낚거나 산에서 나무를 하거나 약을 캐거나 또는 거지 과객질을 하면서 세상을 가르쳤다. 내가 가르친다고 하는 마음마저 떼어 버리고 무위(無爲)의 지경에 들어가 즐기되 그것이 더욱 세상을 위하는 결과가 되었다. 실상은 저마다 저 맡은 일을 하는 것이 가장 잘 세상을 위하는 일이다. 명함에 여러 가지 직함을 박아 가지고 애국자라 지도자라 종교가라 하는 사람 중에는 좋은 사람이 많겠지마는 그렇지 아니한 사람 중에 좋은 사람이 더욱 많다.

매미 감투 말고 돼지털 감투를 쓴 벼슬아치가 많으면, 백성은 죽을 지경이다. 곧은 마음을 가진 착한 관리라도 백성에게는 짐이 되는 것이니, 첫째로 그들을 먹여야 하고 둘째로 그들의 간섭을 받아야 하기 때문이다. 아이들이 어머니 간섭도 싫어한다. 사람들의 제일 소원이 죽지 않는 것이겠지만, 살고 나니 제일 소원은 자유다. 그러므로 백성의 자유를 많이 간섭하는 국가일수록 좋지 못한 국가여서 그 정은 오래 가지 못하여 백성의 반대를 받아 거꾸러진다. 법을 어기지 않는 백성에게는 있는지 없는지 모를 정도의 국가야말로 좋은 국가다. 최소한도의 간섭―이것은 교육자나 위정자나 다 같이 지켜야 할 비결이다. 정치를 생선 삶듯 하라는 말은 참으로 맛이 있는 말이다. 너무 뒤지면 생선은 다 부서지고 말고, 그렇다고 그냥 내버려 두면 한옆으로 설고 한옆으로 눌어붙는다. 서투른 솜씨로 자꾸 제도를 고치고 새 법을 만들어 들쑤성거리면 백성들은 나라를 귀찮아할 것이다. 그런데 속상한 일은 서투른 벼슬아치일수록 귀찮게 구는 일이다. 제 권세를 한번 써 보자, 제 재주를 한번 부려 보자는 애기다. 그래서 제 이름을 한번 내어 보자는 욕심이다. 여기 곯는 것은 백성이다.

지금 새 나라가 서서 새 사람들을 많이 감투를 씌우고 있다. 고시원이라는 것이 벼슬할 자격을 심사한다고 한다. 아마 법률, 정치, 경제 등 여러 가지 학식을 시험할 것이니 그것도 다 필요할 것이다. 그러나 잊어서 안 되는 것은 "곧은 마음을 가진 사람"을 고르는 일이다. 거짓말 아니 하고 속이지 아니할 사람을 고르는 일이다. 꼬부라진 마음을 가진 사람은 재주가 있을수록 능력이 있을수록 걱정이다. 마음이 꼬부라지고 힘이 있으면 무서운 도적이 되기 쉽다. 무식해도 좋고 무능해도 좋으니 제발 곧은 마음 가진 자에게 감투를 씌우라. 탐관오리는 아니 될 것이다.

옛날 조선의 과거법에도 좋은 점이 있었다. 시를 잘 지어도 과거를 했던 것이다. 그것은 시에서 그 사람의 마음보를 알자는 본의였었다. 마음보만 비뚤어지지 아니하였으면 아주 바보만 아니면 괜찮게 나랏일을 할 수 있는 것이다. 이런 사람은 먹을 판을 찾아서 감투를 구하지는 아니할 것이다.

지금 세상에서 말이 돌아가기를, 권력 있는 사람의 요강 타구를 잘 부시어 드리거나 무엇을 바치는 것이 감투 쓰는 제일 좋은 길이라고 한다. 그럴 리야 없겠지마는 그런 소리가 돌아다니는 것만 해도 괴변이라고 아니 할 수 없다. 아첨하고 요공(要功)하고 뇌물 바치는 놈 중에 마음 곧은 놈이 있을 까닭이 없기 때문이다.

옛날 나라가 망할 도를 닦을 때는 소리를 잘하여서 옥관자(玉貫子)를 붙인 자도 있고, 얼굴이 이쁘장해서 한자리 얻은 파도 있고, 대감의 다리를 잘 쳐서 현감을 한 녀석도 있고, 홍릉 송충이를 잡아먹어서 육군 참위가 된 작자도 있었다. "아리랑 타령을 썩 잘하면 중전마마께 별입시(別入侍) 든다" 하는 동요도 있을 지경이었다.

돈을 받고 파는 것만이 파는 것이 아니라, 신세를 졌으니 한자리 주고, 좀 이용해야겠으니 한자리 주고, 청을 거절하기가 어려우니 한자리 주고, 이것이 다 파는 것이다. 이리하여서 꼬부라진 마음들이 감투를 쓰고 조정에 분경(奔競)하는 것이 옛날 나라 망하던 길이었다. 높은 권세를 잡은 자가 제 비위에 맞는 사람만을 쓰니 자연 사람 쓰는 범위가 좁아진다. 그러자니 자연 요강 타구 부시는 놈에게까지 정사를 맡기게 된다.

조정이 꼬부라진 마음으로 차매, 곧은 자들은 물러난다. 도저히 아첨과 협잡의 길에 들어서는 곧은 자가 굽은 자 당하지를 못하기 때문이다. 그래서 곧은 사람들은, "백구야 나지 말아 너를 잡을 내 아니다. 성상이 버리시매 너를 따라 예 왔노라" 이러한 노래를 부르고 강호에 숨게 되는 것이다.

무릇 윗사람 된 이는 가만히 앉아서 곧은 사람 하나만 들어서 쓰면 고만이다. 밑에 사람은 그 곧은 사람이 구하고, 또 밑에 사람은 밑에 곧은 사람이 구해서 조정이 곧은 사람으로 차게 되는 것이다. 꼭지 사람이 밑에 사람들까지를 다 참견해 고르자면 이것은 하나님으로도 하기 어려운 노릇이다. 이것을 일컬어서 공자는 "거직공제주(擧直拱諸枉)"라고 한 것이니, 임금의 일은 곧은 대신 하나를 고르는 데 있다.

그렇게만 하면 "수공평장(垂拱平章)"이 되는 것이다. 그런데 나라가 어지러워지려면 "서하(書下)"라는 것이 향하게 되어서 임금이 미관말직까지도 제 비위에 맞는 사람을 쓰려 들면 밑에 사람도 그것을 본받게 되어 구실 맡은 자들이 제 책임을 잃게 된다. 이리되면 "친현계원소인(親賢溪遠小人)"이 거꾸로 가서 "친소인원현계(親小人遠賢溪)"가 되고 마는 것이다.

"마음 곧은 사람이 그리워라" 하고 그때 사람들은 부르짖었다.

— 시집「사랑」, 1955. 10.

기러기

친구가 앓는 나를 위하여 기러기 한 마리를 보내 왔다.
"고아 잡수시라고요."
심부름 온 학생이 이렇게 말하더란다. 헌 넥타이로 다리를 매었고 오른 날갯죽지에 피가 묻고 털이 꾸겨졌다. 총알을 맞은 자린가 보다.
그는 고개를 기웃기웃하고 눈을 껌벅껌벅하고 있다. 무엇을 생각하는가? 날던 하늘인가? 헤엄치던 물인가? 사랑하던 동무인가?
그는 필연코 제 운명에 관한 명상을 하고 있을 것이다. 죽음의 무서움을 앞에 보면서 '시심마(是是麼)'를 노릴 것이다.
내가 그의 머리를 쓸어 주니 가만히 있었다. 등을 쓸어도 가만히 있었다. 여전히 눈만 껌벅거리고 있었다.
힘없는 나, 나는 너를 살려 줄 힘이 없다. 놓아 주어서 네가 살 수만 있다면 그리하겠다마는 총 맞고 떨어진 네게는 이미 달아날 힘이 없다. 아이들은 너를 치료하여서 날려 보내자고 하였다. 그러나 나는 그리할 용기도 없어서 마침내 너를 잡아먹고 말았다.

― 시집 「사랑」, 1955. 10.

호랑이

　호랑이는 제가 먹을 것밖에는 죽이지 아니합니다. 쌓아 두거나 장사하려고 남을 죽이지는 아니합니다. 만일 까닭 없이 누구를 죽이는 일이 있다면 그는 곧 천벌을 받을 것입니다.

　죽이는 것이 호랑이의 본의가 아니라 살기에 필요한 최소한도의 것을 얻는 것이 본의입니다.

　부득이해서 죽이는 것이매, 될 수만 있으면 아니 죽일 마음입니다. 필요 이상으로 죽이는 버릇을 가지게 된 것은 사람의 큰 죄이거니와, 그는 벌써 그의 죗값을 받고 있는 것입니다.

　호랑이는 장난삼아 소일거리로 사람을 죽이는 일은 없다는데 사람은 취미로 직업으로 죽이는 일을 합니다.

　호랑이가 호랑이를 죽였단 말은 못 들었건마는 사람은 저희끼리 곧잘 죽입니다. 살도 피도 먹지도 못할 것을 폭탄으로 기관총으로 막 죽입니다. 아마 사람의 머리가 어떻게 돌았나 봅니다.

　사람이 사람을 죽이는 것만 그만두어도 세상이 살 만하게 편안할 것입니다.

― 시집 『사랑』, 1955. 10.

보고 싶어라

　내가 기운만 있으면 백두산서부터 한라산 밑까지 동네마다 집집마다 찾아가서 사람들을 모두 만나고 싶습니다. 늙은이께 절하며 젊은이와 손을 잡으며 어린이를 안아 주며 모두 한번 만나보고 싶습니다.
　그러면서 좋은 일 있는 이와 같이 기뻐하고 슬픈 일 있는 이와 함께 울고 싶습니다.
　심심한 이에게는 이야기 동무가 되어 드리고 바쁜 이에게는 거들어 드리는 사람이 되고 싶습니다. 동무 없는 아이들과 같이 장난도 하고 여러 아이들 모인 데면 이야기도 하여 주고 싶습니다.
　앓는 이에게는 병구완도 하여 드리고 돌아가신 이에게 염습도 하여 드리고 싶습니다. 내가 기운만 있다면 꼭 이렇게 하고 싶습니다.
　깊은 산골까지도 조그마한 섬까지도 멀고 먼 다른 나라까지도 우리 삼천만 식구가 사는 데라면 모조리 모조리 찾아가서 난 한번 만나보고 싶습니다.
　무엇 때문이오? 아무 때문도 아닙니다. 그저 그러고 싶습니다. 그러나 복 없는 나는 병들고 기운 없어 이 뜻을 못 이루고 있습니다.
　이 편지만이라도 여러분의 집에 가기를 빕니다.

─ 시집 「사랑」, 1955. 10.

윤회무진(輪廻無盡)

나는 죽어서 다시 태어난다는 것을 믿습니다. 극히 사랑하는 곳에나 극히 미워하는 곳에 태어난다고 합니다. 악을 한 자는 악한 곳에 선을 한 자는 선한 곳에 태어난다고 부처님이 가르쳤거니와, 나는 그 말씀에는 흥미가 없습니다. 오직 내가 믿고 싶은 것은 극히 사랑하는 곳에 태어난다는 것입니다.

나는 선을 행한 일도 없거니와, 극락에 태어나기를 원치도 아니합니다. 내가 다시 태어나고 싶은 곳은 오직 이 나라입니다. 백 번이고 천 번이고 죽어서는 또 나고 죽어서는 또 나서 이 나라가 가장 좋은 나라가 되고 이 나라 사람들이 모조리 착하고 지혜롭고 복 있는 사람들이 되는 것을 보고야 말겠다는 것이 오직 내 원입니다.

원컨대 한 번 왔다가 갈 때마다 조금씩 때를 벗어서 다음번에는 이번보다 좀 더 이 나라와 이 백성에 도움이 되는 사람이 되고 싶습니다. 이 나라의 어느 한 동네 어느 한 사람에게라도 내가 힘이 되고 기쁨이 된다면 나는 세상에 났던 보람이 있는 것입니다.

나는 밭 한 뙈기를 일궈 놓거나 나무 몇 개를 붉은 산에 심어 놓고 가더라도 왔던 보람이 된 것입니다.

동포들이 지어 준 집에 동포들이 땀 흘려 지어 준 밥을 먹고 옷을 입어 태산같이 동포들의 은혜를 지고서 이 세상을 살아왔습니다. 그런데 내가 그들에게 갚을 것이 무엇입니까? 그러나 여러분, 나는 죽었다가 다시 옵니다. 좀 더 힘 있는 몸과 마음을 가지고 꼭 또 옵니다. 그래서 여러분께 받은 헤아릴 수 없는 은혜를 여러분 자손들에게 갚을 것을 약속합니다.

앞으로 몇 해를 더 살지는 모르는 이 몸이올시다. 병들고 어리석은 이 몸입니다. 이 몸이 무슨 좋은 일을 할 수 있겠습니까마는 죽는 날까지 밥값을 하려고는 애는 쓰겠습니다. 서투른 내 노래도 부르고 싱거운 내 이야기도 들려 드려서 못난 어릿광대 모양으로 여러분 앞에 섰을 것입니다. 그러다가 미진한 내 정성을 내생에 또 바치겠습니다.

나는 또 인과응보를 믿습니다. 힘의 불멸을 믿습니다. 내가 몸으로 입으로 마음으로 지은 일은 하나도 소멸됨이 없고 반드시 그만한 결과로 갚아진다는 이치를 부처님께서 배워서 믿습니다. 또 물리학과 화학에서 배워서 믿습니다.

내가 하는 일은 말할 것도 없고, 말 한마디 생각 하나도 불멸입니다. 그러므로 내가 이 나라 이 백성이 가장 좋은 나라, 가장 좋은 백성이 되리라는 내 원력(願力)도 불멸입니다. 그러므로 비록 머리카락 한 알만 한 힘밖에 못 되는 내 원력이라도 백생 천생에 쌓이고 쌓이면 반드시 그대로 실현될 것을 나는 굳게 굳게 진실로 진실로 믿습니다.

그것을 믿기에 나는 희망을 잃지 아니합니다. 나는 이 나라 이 백성이 반드시 가장 좋은 백성이 될 것을 믿습니다. 왜 그런고 하니, 나 혼자만이라도 나고 죽고를 수없이 거듭하면서 쉬지 않고 원한다면 될 일이거든, 하물며 삼천만이 원하는 일이 아니 될 수가 있습니까.

나는 윤회무진과 인과응보를 믿습니다.

1
이생에 못다 한 일 내생에 또 하오리다

미진한 원을 두고 스러질 줄 있으리까
맹세코 현세 극락이 이뤄짐을 보리라

2
한 사람 맺힌 뜻이 삼천대천 흔들거든
삼천만 발한 대원 안 이룰 줄 있으리까
큰 희망 담은 수레를 밀고 갈까 하노라

3
멀리만도 보지 말고 발밑만도 보지 마라
발밑 잘 보면서 멀리 앞을 바랐으리
한 걸음 한 걸음 모여 만 리 길이 되리라

— 시집 「사랑」, 1955. 10.

문(門)

산하대지와 사생고락이
내 마음의 조작이라
콩 심어 콩이 되고
팥 심어 팥 거두니
업보의 끄는 힘이
황소보다 더 세어라
눈 깜박하는 결에
마음에 이는 생각
아뿔싸 천만겁의
고락의 씨가 되니
어허 두려운지고
제 마음 고삐를 단단히 잡았어라
석가불 아니시면
이 이치 어이 알리
영겁의 난행고행
우리네 위하심이
고공무상(苦空無常) 가여운 몸
상락아정(常樂我淨)하는 법을
정녕히 설하시니

팔만사천 법문이라

이 문 따라 들어가면

백무일실(百無一失) 도피안(到彼岸)을

어허 고마운지고

불보살의 넓고 크신 은혜로다

하물며 아미타불

무량한 대원력은

삼계 모든 중생

하나도 아니 빼고

극락정토에

왕생케 하심이니

나무아미타불

육자명호(六字名號) 부르는 이

현세안온(現世安穩) 후세극락(後世極樂)

정녕코 의심 없네

이 문이 무슨 문인고

염불정토 문이로다

팔만대장경이

모두 다 불법이라

어느 경 하나라도

수교독송하는 중생

반드시 악취(惡趣) 떠나

불지(佛地)에 들어가네

일념수희(一念隨喜)하는 공덕

만겁적악 깨뜨리고

사구게(四句偈)를 믿는 신력(信力)

그만으로 대법사라

경권 있는 곳이

부처님 계신데요

경을 읽는 중생

제불(諸佛)의 사자로다

열이 없을진댄

불법 어디 머무르며

남승여승 아니런들

누구 있어 법전(法傳)하리

그러므로 절을 짓고

성중공양(聖衆供養) 하였으라

이웃에 가난한 이

지나가는 불쌍한 이

헐벗고 배고픈 이

옷과 밥을 주었으라

앓는 이 구완하고

약한 이 도와주고

남을 위해 하는 일이

모다 보시행(布施行)이니라

재물이 없을진댄

몸조차 없을것안가

이 몸 타고난 것

도 닦자는 본원이니

도 위해 쓰고 버림

진정 소원이 아닌가

국성처자(國城妻子) 없을진댄

두목신체(頭目身體) 보시하라

신명(身命)을 줄진댄

더 큰 보시 있을소냐

물살도음(勿殺盜淫)하는 일을

교계(敎戒)라 일러 있고

남 미워 아니 함은

인욕(忍辱)이라 불렀으며

정업정명(正業正命) 근행함을

정진(精進)이라 하옵시고

이 마음 굳게 잡아

잡념 망상 다 떼이고

추천일벽정무운(秋天一碧靜無雲)

무애삼매(無礙三昧) 닦는 길을

선정(禪定)이라 하거니와

모두가 마하반야(摩訶般若)

바라밀(波羅蜜)의 길이로다

만행(萬行) 어느 것이

육도(六度) 아님 있으리만

제 힘 믿는 행(行)을

힘 다하여 하였으라

팔만사천 법문
어느 문은 문 아니리
신심 굳게 가는 중생
구경성불(究竟成佛) 하오리라

— 미발표 시첩(詩帖) 『내 노래』

청정행(淸淨行)

어버이 크신 은혜
모르는 이 있으리만
스승의 높은 은혜
아는 이 그 누구인가
부처님이 본사(本師)시오
보살님네 대사(大師)시라
한 가지를 배웠어도
스승은 스승이라
나라님 아니시면
불법인들 어이 서리
그러므로 군사부(君師父)는
일체라 일렀도다
임금께 충성할 제
목숨인들 아낄쏘냐
어버이께 효도할 제
수도(修道)밖에 또 있는가
아들딸이 쌓은 공덕
다생부모(多生父母) 제도(濟度)하네
먹고 입고 쓸 것이

모두 중생 수고로다
입에 드는 밥 한 알을
절하고 먹었으라
사중은(四重恩) 못 갚으면
극락을 바랄쏘냐
군사부중생은(君師父衆生恩)을
수유(須臾)나 잊을세라
한 숨 두 숨 쉬는 숨이
보은감사(報恩感謝) 맹서(盟誓)로다

성인은 그 누구며
범부는 그 누구냐
유정 무정이
개유불성(皆有佛性)이라
한 마음을 나툰 중생
불(佛) 아닌 이 어디 있나
미(迷)할 제 범부러니
깨달으면 성인이라
지옥 천당이
내 마음의 지은 바라
삼독오욕(三毒五慾) 벗어나서
무상보리(無上菩提) 닦을진댄
사생윤회(死生輪廻) 끊었거니
악도(惡途)를 두릴쏘냐

세상에 박복한 이
누구 두고 이름인가
불법을 못 듣는 이
그를 두고 이름이라
다생악업장(多生惡業障)이 되니
이목을 가리우니
불법 속에 살면서도
못 보고 못 듣는다
업장을 더는 법이
예불참회(禮佛懺悔) 고작이라
율의선법(律儀善法) 춘풍 되어
업장 얼음 녹이더라
칠통(柒桶) 같은 묵은 업장
일단(一旦)에 터지는 날
광명일월 너른 법계
자유자재 내로구나

불도를 닦는 사람
무엇으로 알 것인고
그 얼굴에 빛이 나고
몸에서는 향내 나네
마디마디 기쁨 주고
걸음걸음 꽃이 피네
자비심을 품었으니

노염 미움 있을쏘냐
청정행을 닦았으니
거짓을 끊었어라
오욕번뇌 멸한 사람
제천(諸天)도 공경하거든
요마한 악귀 무리
거들떠볼 것인가
송경염불(誦經念佛)하는 중생
선신(善神)이 옹호하니
물에 들어 안 빠지고
불에도 아니 탄다
한 중생의 초발심(初發心)에
법계가 진동하고
은밀한 작은 행도
천지에 적히도다

불법을 닦는 집이
그 모양이 어떠한고
지아비는 지아비 길
지어미는 지어미 길
아들딸은 각각 제 길
저끔 닦고 서로 닦아
화락(和樂)도 한저이고
천신지신 도우시고

제불보살 지키시니
자손창성하고
만사형통하리라

불법을 닦는 나라
그 모양이 어떠한고
백성은 다 충신이요
아들딸은 효자로다
악귀가 물러가고
선신(善神)이 모여드니
우순풍조(雨順風調)하고
국태평민안락(國泰平民安樂)에
동업(同業)을 흡인하여
선을 닦은 중생들이
이 나라에 원생(願生)하니
제상선인(諸上善人)이
구회일처(俱會一處)라
산하대지도
얼굴을 변하고
날짐승 길벌레
모두 악심 떼니
현세 즉 극락이라
이 아니 보국(報國)이냐

어허 기쁜지고
지화자 좋을시고
법고(法鼓) 둥둥 울려라
아니 좋고 어이리

— 미발표 시첩 『내 노래』

피아노 소리

이웃집 피아노 소리
누가 치나
무엇 하러 치나
사람은 아니 보이고
소리만 들려온다

들리다 뚝 끊기는 소리
왜 끊을까
일이 생겼나
흥이 깨어졌나
또 날까 하고 귀 기울이는 나

— 미발표 시첩 『내 노래』

기침

기침은 왜 나나
잠들 만하면 나는 기침
겨울 깊은 밤에
야속하게 괴롭히는 기침

이불을 두르고 앉아도
추위는 스며드는데
새벽 고요한 어둠 속에
혼자 기침을 하고 앉은 나

가슴은 답답하고
몸은 고달프고
기침으로 밤을 새우는 나
기침은 왜 나나

— 미발표 시첩 『내 노래』

세상

세상도 소란도 하다
신문만 떠들면 가슴 울렁
오늘은 또 몇이나 총을 맞았나
오늘은 또 몇이나 포승을 졌나

세상도 소란도 하구나
반가운 소리 들은 지도 오래고
기쁜 날 볼 날도 아득하다
새날은 하나씩 새 걱정을 날라 온다

입춘이 지나 추운 겨울이 가고
따뜻한 양춘이 돌아오듯이
미움과 아우성의 소란한 세상에
사랑과 화평의 좋은 날도 오려나

— 미발표 시첩 『내 노래』

한 아궁이

한 아궁이만 더 지피면 찬김은 가시리
한 아궁이만 더 지피면 얼지는 않을 것을
아아 춥기도 추운지고 이 나라여
사랑의 한 아궁이를 더 아니 지피려나

물 마른 데 고기들은 서로 축인단다
추운데 짐승들도 서로 녹인단다
차고 마른 이때, 이 나라의 겨레도
사랑의 입김으로 사랑의 눈물로써
서로 녹이고 서로 축이지 아니하려나

여보소들 사랑을 조금만 더 늘이소
여보소들 따지기를 조금만 더 줄이소
합해서 되는 것 있어도
따져서 나오는 것 없다오

가만히 호호 불면 따뜻한 입김도
왈카닥 훅훅 불면 찬 입김이요
같은 입 놀려 듣기 좋은 말 하지

힘들여 때리는 손은 힘 빼면 만지는 손 된다

사랑의 한 아궁이 불만 더 지핍시다
사랑의 한 보지락 비만 더 뿌립시다
더도 말고 한 아궁이만
더도 말고 한 보지락만

— 미발표 시첩 『내 노래』

따끔령

도적 보고 짖지 않는 개
쥐 보고 잡지 못하는 고양이
게다가 주전부리하면
먹여 둘 주인 있던가

나라 권세로 제 권세 삼고
나랏밥 먹고 제 일 잘하는 자
게다가 협잡까지 하면
먹여 둘 백성 있던가

개장수 올가미 가지고 와서
우리 도적개 도적고양이 옭아 가소
신명님 회초리 드셔서
우리 탐관님 오리님 따끔령 내려 줍소

— 미발표 시첩 『내 노래』

고려자기

실버들
냇가에 축축 늘어져
흐느적 나부끼는
실버들

두루미
붉은 이마 검정 치마
쌍쌍이 너울거리는
두루미

— 미발표 시첩 『내 노래』

개피떡

봄철이 되면 개피떡
반달 같은 개피떡
볼록한 개피떡
둘 붙여서 둘붙이
셋 붙여서 셋붙이
송기는 불그스름
쑥 빛은 푸르스름
기름 발라 개피떡

얼음 같은 어백미(御白米)
물 길어다 담가서
떡방아꾼이 찌어서
마나님이 김 올려
뒷방 큰아씨
건넌방 새아씨
열 손가락이 빚어서
두 입술이 불어서
기름 발라 개피떡

— 미발표 시첩 『내 노래』

무서운 날

과연 세계는 괴로움 바다
부글부글 끓는다
검푸른 불길이 춤춘다
사람들은 익어서 데어서
아우성치고 몸부림친다
차마 볼 수 없는 정경

배들은 총과 칼을 싣고
숨이 차서 헤엄을 친다
사람들은 목을 늘이고 손을 내밀어
한시바삐 총칼이 오기를 기다린다
어서 죽이고 싶은 것이다
미운 놈을 반대 당을

들으라 저 우르릉하는 소리
저 불화살같이 날아가는 무리
그것은 정찰기요 전투기요 폭격기다
배에 가득 죽음의 폭탄을 싣고
미운 나라를 부수러 가는 것이다

차별 없이 막 죽이러 떠난 길이다

수없는 젊은 사람들은
과년한 아가씨들까지
교실을 버리고 일터를 버리고
사랑도 시집 장가도 다 버리고
부셔라 막 부셔라
죽여라 막 죽여라 하고 달린다

— 미발표 시첩 『내 노래』

인과(因果)

　그러나 나는 믿었습니다—인과의 이법(理法)을, 힘의 불멸을
　내가 바치는 머리카락만 한 힘도 쌓이고 쌓이면 무엇이 되리라고
　내가 호호 부는 다스운 입김이 삼천리 삼천만의 어는 몸을 조금이라도 녹이리라고
　그런데 나는 민족 반역자의 죄명으로 법에 걸렸습니다
　법관은 나를 꾸짖고 신문은 나를 욕설합니다
　친지도 "왜 가만히 있지 않았느냐?" 합니다
　아마 잘하느라 한 것이 모두 잘못이었던 모양입니다
　모처럼 제 깐에는 한다는 것이 모두 꾸중 들을 일 저질렀던 모양입니다
　나는 깊이 반성해 보았습니다
　내게는 불순한 동기가 있었더냐고
　내 명리욕(名利慾)을 위한 것이 없었더냐고
　이욕(利慾)은 이미 떠났다 하더라도 명욕(名慾)은 없었더냐고
　나는 민족의—적어도 민족의 일부, 민족주의자, 청년, 학생의 수난을 완화하려고 내 애국자라는 명예를 버렸다
　그러나 그 명예를, 버렸다는 명예를 탐함은 아니었던가
　나는 진실로 맹수에게 물리려는 사람을 구하려고 내 몸을 내어 던졌던가—
　나는 이렇게 반성하였습니다

그러나 나는 이렇게 결론하였습니다—

내게도 명리욕은 있었다. 그러나 이 일에서 나는 명리욕을 발한 기억은 없다고

그러나 세상은 내 속을 잘 믿어 주지 아니할 것입니다

"네가 어찌 그렇게 갸륵한 사람이겠느냐. 위선자!" 하고 비웃을 것입니다

세상은 내가 "죽을죄로 잘못했습니다. 나는 내 명리를 위하여서 민족을 반역했습니다" 하는 참회만을 요구할 것입니다

그러나 나는 아무리 겸손을 꾸미더라도 그런 거짓말은 할 수 없습니다

나를 어리석었다 하면 그것은 수긍도 하겠습니다

대국(大局)을 볼 줄 몰랐다 하면 그럴 법도 하겠습니다

저를 모르는 과대망상이었다 하면 그럴 법도 하겠습니다

"네까짓 것이 하나 나서기로 무슨 민족 수난 완화의 효과가 있었겠느냐" 하면

거기 대하여서도 나는 묵묵하겠습니다

어리석은 과대망상—아마 그럴는지도 모릅니다

나는 '우자(愚者)의 효성'이라고도 저를 평해 보았습니다

그러나 나는 내가 할 일을 하여 버렸습니다

내게는 아무 불평도 회한도 없습니다

나는 '민족을 위하여 살고 민족을 위하다가 죽은 이광수'가 되기에 부끄럼이 없습니다

천지가 이를 알고 신만이 이를 알 것입니다

세상에도 이를 아는 동포도 있을 것입니다

아니, 아는 이가 한 분도 없어도 할 수 없거니와 그래도 좋습니다

나는 내가 할 일을 하였기 때문입니다

— 미발표 시첩 『내 노래』

자비를 잃은 마음

아이들의 손에는 선전 삐라가
어른의 바지 주머니에는 단총이 들었다
군인과 경관의 눈에는 피가 서고
백성들은 서로 의심하고 겁을 내어
이웃도 모두 적국이 되고
어제까지 친하던 친구도 오늘은 믿을 수가 없다

옛날 난시에는 피난처나 찾았다
사람과 사람이, 아비와 아들조차
서로 적이 되는 오늘의 난리에
피난처가 어딘고, 하늘 위? 땅속?
무섭다는 원자탄이 발하는 방사선보다도
더 무서운 건 자비를 잃은 사람의 마음

— 미발표 시첩 『내 노래』

화평

얼마나 화평이 그리운고,
'태평성대'가 그리워라
미워 말고 쌈 말고
흔들흔들 사는 세상이 그리워라

— 미발표 시첩 『내 노래』

셋째 싸움

기어이 싸우고야 만다네
초부득삼(初不得三)이라
셋째 싸움을 하고야 만다네

원자탄이 터지고야 말아
피로 아시아 유럽을
씻고야 말아—묵고 묵은 때를

이번이 마지막 싸움
아주 싸움 끝 막는 싸움이 되면야
작히나 좋으리만

— 미발표 시첩 『내 노래』

완전

별이나 꽃이나 갓난아기야
고운 중에도 고운 게거니와
날짐승 버러지 돌멩이까지도
안 고운 것 있던가 있는 것은 다 고와라마는
어느 하나도 완전히 고운 것 없으매
무궁한 동안에 자리에 나고 슬어지는 것 모두 모아서 완전한
고움이로라
그러니까 어디를 가도 아무리 오래 살아도 심심치 않은 생명이어라

— 미발표 시첩 『내 노래』

광경

누구는 반민법에 걸렸다
누구는 좌익으로 잡혔다
공산당은 경찰서를 부수고
경찰은 공산당을 두들겼다

삼팔선에는 장총이 울고
서울 골목에는 육혈포가 튄다
피를 뿜고 쓰러지는 자
복면하고 달아나는 자

아— 눈들은 욕심으로 붉고
입들은 모략으로 날름거려
내일이 어찌 될까 하면서
사람들은 믿음을 잃고 말았다

— 미발표 시첩 『내 노래』

소원

조용한 구석이 그리워라
입들 꼭 닫힌 세상
아첨도 거짓도 선전도 없이
제 숨소리나 듣고 앉은 세상
아아 그러한 구석이 그리워라
아아 시끄러워라 귀찮은지고

— 미발표 시첩 『내 노래』

나·1

내 무얼 구하리
구할 것 하나도 없네
목숨이 시들하거니
무엇을 내 구하리

내 여기 살아 있네
죽으려 죽을 길 없어
살아는 있네만
하나도 구할 것 없네

기쁠 것 무엇 있으리
슬픈 것조차 없네
오는 것 안 막을 나이니
가는 것 따를 줄 있으리

— 미발표 시첩 『내 노래』

나 · 2

평생에 자비의 길을 즐겨
남에게 주노라 했네만
내어민 내 손은 번번이
물렸네 채였네
어쭙잖았던 것일세
숫제 가만히나 있을 걸 그랬나

내 밭에 참외를 심어
길 가는 사람을 주니
본체만체는 좋아도
욕하고 때림을 받았네
내 참외 맛이 없었나
내 꼴이 흉해서 그랬나

— 미발표 시첩 『내 노래』

아내의 설교

당신은 착한 체하는 악인
나는 악한 줄 아는 악인
나는 어차피 악인이어니와
당신은 남의 대접 받는 사람 아뇨?

나는 당신을 위해 희생된 사람
당신은 남의 희생 받고도 모르는 사람
가만히 당신 속을 들여다보시오
얼마나 악한 당신인 줄 알 것이니

손톱이 젖혀지게 나는 당신을 위했소만
당신은 내게 무엇을 주었소?
아내에게 줄 것 없는 남편이거든
마음으로 아내를 알아주는 사람이나 되시오

1949. 4. 30.

— 미발표 시첩 『내 노래』

이야기

쌀값도 오르고 세상도 소란한데
이 땅 사람들 무엇으로 위로하나
심심찮은 이야기가 하나 지어
읽어 드릴까나, 들려 드릴까나

우는 아기도 자장노래에 잠들고
성난 바다도 저 한 가락에 잔다는데
섣부르나마 정성을 들인 내 이야기
듣고 웃으시라 잠시 마음 펴시라

내 평생에 지은 이야기 스물, 서른
어느 분 읽으신고 어느 분 들으신고
그 얼굴들 눈앞에 그려 놓으면
모두 반가우셔라, 살 닿는 듯하여라

― 미발표 시첩 『내 노래』

사랑과 미움

요새 웬 사람이 이렇게들 죽소?
오늘도 세 사람이 총을 맞아 죽었다고
가만히 두어도 앓아서들 죽는 것을
왜들 총을 쏘고 칼로 찔러서 미리 죽이오?

왜 그리 서로 미워들 할까요?
피차에 얼마 못 살고 죽을 인생이
서로 웃고들 삽시다
서로 좋은 말 하고들 삽시다그려

주고 살아도 한세상 빼앗고 살아도 한세상
빼앗아 잘사는 이 보았소? 주어 못사는 이 보았소?
미워하다가도 죽고 사랑하다가 죽는 인생이라면
같은 값에 주다가 사랑하다가 죽읍시다그려

— 미발표 시첩 『내 노래』

나라 타령

중국은 주공(周公) 공자의 나라
노자 장자의 나라
이백 두보의 나라
나는 중국을 사랑하노라

인도는 베다의 나라
석가여래의 나라
마명(馬鳴) 용수(龍樹) 달마(達磨)의 나라
나는 인도를 사랑한다

이스라엘은 모세의 나라
시편의 작자 다윗의 나라
예수 그리스도의 나라
나는 이스라엘을 사랑한다

영국은 셰익스피어의 나라
실락원의 밀턴의 나라
로크 밀의 자유주의의 나라
뉴턴 와트의 나라

독일은 칸트 헤겔의 나라
괴테 실러의 나라
의학 과학의 나라
그리고 바흐 슈베르트의 나라

이탈리아는 베르길리우스 단테의 나라
갈릴레오 미켈란젤로 라파엘의 나라
건축과 음악의 나라 또
마치니 가리발디의 나라

미국은 에이브러햄 링컨의 나라
프랭클린 에디슨의 나라
롱펠로 에머슨의 나라
그리고 ECA의 나라

프랑스는 아름다움의 나라
그 말과 미술과 농촌과 옷 모양과
시와 오페라와 좋은 포도주와
경쾌하고 멋들어진 스타일과

러시아는 톨스토이의 나라
투르게네프 도스토옙스키의 나라
또 메치니코프의 나라
북극곰같이 북슬북슬하고 인심 좋은 백성이 사는 나라

만주와 동남아시아는 피로 사촌 이웃으로 사촌
저 몽골족도 사돈이요 남은 아니다
안남 버마 태평양제도 남북아메리카에 사는 사람들도
촌수는 멀어도 모두 일가 아닌가

이리저리 세어 보니 누구는 남이런가
모두 해야 이십억의 많지 않은 식구로세
조그마한 지구 위에 한 해 한 달 바라보고
한 물 한 공기 마시고 살다 죽는 동족일세

— 미발표 시첩 『내 노래』

사랑

봄은 이 강산에 왔건마는
삼천리의 얼음은 아니 풀리네
삼천만 마음이 얼음을 뿜으니
오뉴월이 되어도 풀릴 듯 아니 하니

삼천만의 마음이 훈훈하게 풀리는 날
이 강산에 따스한 바람이 불어오리
사랑, 사랑, 그래, 오직 사랑일세
이 강산이 이 겨레의 얼음을 풀기는

미움의 칼과 속임의 창과
원망의 독한 화살이 윙윙
침침한 허공으로 울며 날아가네
가로세로 날아 눈을 가슴을 찌르네

봄이 왔으니 활짝 펴소
그대의 찌푸린 양미간을 웅숭그린 몸을
그리고 초목이 꽃과 잎을 확 펴듯이
다들 너그러운 사랑의 웃음을 웃으소

— 미발표 시첩 『내 노래』

마음

사람의 맘 물 같아서
그릇 따라 모양 달라
둥근 그릇 둥근 모양
모난 데는 모가 난다

물이 본래 빛 없건만
비추어서 빛이 나네
검은 물은 어디 있나
붉은 물도 저 아닐세

뱀 배우면 뱀이 되고
소 배우면 소가 된다
사람들이 어이 하여
해와 달을 안 배우나

— 미발표 시첩 『내 노래』

저 해를 바라보니

저 해를 바라보니
허공에 떠 있어서
평등하게 만물에게
빛을 주고 열을 주네

제 몸을 태워 태워
있는 것을 다 주건만
주노라 말 있던가
갚아라 말 있던가

모기와 파리 보니
물고 빨기 일이언만
그 몸이 못 크더라
그 목숨 못 길더라

어와 세상 사람들이
주는 몸이 될지어다
주는 이는 임금이요
바랄 때엔 거지로다

— 미발표 시첩 『내 노래』

왜 사나

나는 왜 사나? 무엇 하러?
자고 나면 먹고 움직이고 또 자고
사랑하고 미워하고 기쁘고 슬퍼하고
그러니 어떻단 말인가.

나는 왜 사나? 일하려고?
일해서는 무엇 하나? 먹으려고?
일해서는 무엇 하나? 살려고?
살아서는 무엇 하나?

나는 왜 사나? 기쁘려고?
기쁨이 좋기는 좋지마는
그것은 혓바닥에 떨어지는 눈송이
선뜩하고 곧 스러져

나는 왜 사나? 처자를 위해?
처자는 살아서 무엇 하는 것인가
그들도 또 그들의 처자를 위해?
끝없는 생명의 사슬이로다

나는 왜 사나? 나라를 위해?
나라는 무엇인가 사람들의 떼
이왕 사는 사람들이니 편안히나 살리자고
이래서 나는 산다

— 미발표 시첩 『내 노래』

해방

내 몸을 만든 자 누구냐 내 마음이다
선과 악을 짓는 자
어느 집을 지은 자가 누구냐 하면
그 집에 든 사람인 것과 같이

임금은 대궐을 짓고
가난뱅이는 오막살이를 짓는다
대장장이는 풀무를 놓고
주막쟁이는 목로를 차린다

제 손으로 지은 집에
한번 들어 살면
그 집을 떠날 때까지
사람은 집의 지배를 받는다

임금이 임금을 고만둘 때
그는 대궐을 버리고
주막쟁이가 술장수를 그쳐야
목로집을 떠난다

사람마다 저는 성하다고 생각한다
눈은 바로 보고 귀는 바로 들어
제 마음의 판단이 틀림없다고 우긴다
그러나 그렇던가 과연 틀림이 없던가

— 미발표 시첩 『내 노래』

왜들 싸우시오

당신네 왜들 싸우시오? 하면
살기 좋은 세상을 만들려고 그런다고
내 말 안 듣는 놈들은 다 치워 버리는 날
살기 좋은 세상이 이 땅에 온다고
당신만이 사람인가 당신만 잘났는가
머리 하나마다 사람 하나인 줄 잊었는가

달팽이는 달팽이 껍질이 좋고
게는 게딱지가 맞네
저마다에게 제 세상을 짓는 자유를 주라
감 놓아라 배 놓으라는 그대의 상에 그치라
굼벵이는 흙을 파게 두고
새는 공중을 날게 두라

— 미발표 시첩 『내 노래』

살기 좋은 세상

나는 내 멋대로 살 터이니
자네는 자네 멋대로 사소
내 자네를 안 건드릴 터이니
자네 왜 내게 개기려 드는가
서로 제멋대로 살고 남 참견 말 때
비로소 살기 좋은 세상이 올 것일세

우리 피차에 하루살이 같은 인생
가만두어도 얼마 아녀서 죽을 목숨
네게 오장육부와 이목구비 있으면
내게도 그만치 있네
네나 내나 크기로 얼마 더 크리
잘났기로 얼마나 더 잘났으리 한 치 아니면 두 치

— 미발표 시첩 『내 노래』

지배자

누가 자네를 뽑아 내 지배자를 삼았나
나는 자네더러 혁명가 되라 청한 일 없네
비켜나게 자네 집 문전에 눈이나 쓸게
남의 집 안방에 먼지 참견은 말게
나를 위할 마음 있걸랑 나도 모르게 하소
혁명가, 애국자라는 자네 자랑 귀 아프네

자네 밭에는 자네 좋아하는 씨를 심게
내 밭에 콩을 심건 팥을 뿌리건 왜 상관하나
우리 서로 제멋대로 제 농사 지어
밥이나 떡이나 남거든 서로 권하기나 하세
머릿살 아프고 피비린내 나는 혁명의 주의니
하고 싶거든 자네 혼자 자네 집구석에서나 하소

아— 끓는 바다와 같은 세상이여
이 바다를 끓이는 자가 누구인가
탐욕과 미움과 그리고 저 잘난 교만으로
혁명가 주의자 지도자라 뽐내는 무리
원컨댄 다들 제집으로 돌아가

밭뙈기들이나 매소 땔나무 짐이나 하소

진실로 세상을 위하는 일이 하고 싶거든
동네 우물이나 치소 길이나 쓸어 보오
우는 애 업어나 주고
앓는 병 구완이나 하소
그리고 아예 그 주의 그 혁명을랑
부디 길에 나와 시끄럽게는 마소

— 미발표 시첩 『내 노래』

잘 살 수 있는 나라

남북 삼천리 좀 작긴 하지마는
얌전한 나라인데 소담하고
산이 좀 많지만 들도 먹을 만하고
물들이 크진 못해도 수력은 낼 만하고

삼면 바다에 명태 조기 정어리
숭어 민어 송어 맛있는 고기도 많다
큰 항구는 없을망정 쌓기만 하면
쓸 만한 좋은 거는 적지도 않아

석유 유황 안티노니 같은 건 안 나도
석탄 철 금 은 마그네사이트
고귀한 희유 금속은 특별히 많아
세기의 총아 우라늄광도 있는데

지반이 든든해 지진도 화산도 없고
토질은 좋아 오곡백과는 맛이 있고
닭도 돼지도 꿩도 우리 것이 맛나
소는 순키로나 힘쓰기로나 세계에 으뜸

물맛 좋것다 공기 맑것다
경치 좋기는 말할 것도 없고
겨울이 좀 춥고 비가 좀 부족해도
건강과 농사에는 알맞다는 좋은 나라

"자연은 좋다마는 주인을 못 만났다"
외국인의 흉보는 소리 원통해라
산은 헐벗고 개울은 막히고
성시 촌락이 초라하단 말이다

이런 책망은 들어도 싸
입이 열이라도 할 말은 없다
산은 헐벗고 개울은 막히고
성시나 촌락은 초라하긴 하거든

잘못이야 우리 잘못
남의 탓이 아니다
산에 나무는 찍었으니 안 심었으니
게을러서 좋은 집도 못 지었으니

오백 년이나 나빴거나 왜정이 나빴거나
양반 잘못이었거나 유교의 탓이었거나
탓은 우리 탓 우리 잘못
벗어붙인 삼천만이 하면 될 일 아닌가

나무는 심세그려 개울은 치세그려
큰 개울에 담을 쳐서 전기도 내세그려
묵은장이 일궈 내어 논밭 새로 풀어 놓고
광물을랑 캐어 내어 공업 원료 삼세그려

마음에 나무 나야 산에도 나무 난다
마음 나무 없는 백성 사는 곳에 나무 없다
산에 수풀 덮일 때에 국태민안 올 것이다
우리 마음 눅어져야 산에 수풀 덮이라

산에 수풀 덮이면은 개울물이 깊어진다
개울물이 깊어지면 쌀이 많고 고기 많다
쌀과 고기 넉넉하면 인심이 후해진다
속일 사람 그 누구리 싸울 사람 그 누구리

거짓말 도적질 협잡 미워하기 싸우기
이 마음 가진 사람 맘 편할 날 있을쏜가
이런 사람 사는 세상 잘될 줄이 있을쏜가
산은 헐벗고 개울은 막히리라

붉은 넋이 보이면은 동네가 망한다고
닭 개 짐승 싸움해도 그 집이 흉하다고
큰 소리 나는 집에 있던 복도 나간다고
마음 깨끗한 사람을 버리지도 피한다고

복스러운 개 한 마리가 있어도
왼 집안에 복이 온다
복덕 있는 한 사람이 왼 집과 왼 동네
아니, 왼 나라의 복이 된다

어화 이 강산에 어떤 나라 세울까나
산에는 수풀 듬쑥 강에는 물이 철철
동네는 화평하고 도로는 탄탄하고
오곡은 무성하고 육축은 번식하고

기계는 쉼 없이 돌고
배 수레는 기운차게 달리고
산에는 새 짐승 즐겁게 소리하고
물에는 물고기 맘 놓고 모여들고

거짓은 잊혀지고
참만이 이뤄지고
미움은 죽고
사랑은 피고

낮은 알맞은 노동으로 가고
밤은 포근한 안심으로 흐르고
굶주린 이 없고 헐벗은 이 없고
늙은이 덕 있는 이외에 높낮이 없고

이 땅은 이런 나라 만들기에 맞는 땅
피 같고 말 같은 이 백성도 맞는 백성
때도 마침 이런 나라 이룩할 때
필요한 것 오직 "내가 하자"는 마음이다

1949. 5. 19.

— 미발표 시첩 『내 노래』

법화경(法華經)

임의 미간 백호(白毫) 상광(常光)을 뵙고도
멍멍한 나에게, 임은

일구게(一句偈)만 들어도, 불상 앞에
장난삼아 한 한 번 합장도
다 성불하였다 하시건마는

버러지같이 못나고 업장 투겁 쓴
이 몸이 천인사불세존(天人師佛世尊)이 되리라고는
믿어지지 않았습니다

임은 이어 비유를 설하시고 또
길고 긴 인연을 설하셨습니다
삼주설법이 끝나도 어릿어릿하는 나입니다

임이 수무량(壽無量)하시니 나도 수무량하올 것이
임이 불(佛) 되시니 나도 한번 불 될 것이
임이시나 내나 한마음이라 하시니이다

— 미발표 시첩 『내 노래』

무제(無題)

달 없고 임 없는 이 밤
새우라면 그대로 새우기도 하겠지마는
고독에 싸인 이 심경 임 아니면 누구에게 말할 것인가
동백이 천년이라면 내 마음 알아줄까
아마도 달 뜨고 임 오실 때까지 기다릴까 하노라

— 미발표 시첩 『내 노래』

시조

악부〔고구려지부(高句麗之部)〕

금와(金蛙)

『삼국사기』「고구려 본기」에 "부여 왕 해부루(解夫婁)가 늙도록 아들이 없어 산천에 제(祭)하여 아들을 구하더니, 하루는 그의 타신 말이 곤연(鯤淵)이란 데 이르며 큰 바위 둘이 마주 서서 눈물을 흘리거늘, 왕이 괴이히 여겨 사람을 시켜 바위를 굴리니, 한 어린아이 있어 그 생김이 금와 같은지라. 왕이 기뻐 가로되 '이는 하늘이 내게 영윤(令胤)을 줌이라.' 하고 거두어 길러 이름을 금와라 하고, 자라매 태자를 삼으니라."

곤연의 큰 바위에
   눈물이 어인 일고
새 임금 나시오니
   대지에 땀이로다
해부루 노왕의 기쁨을
   이제 본 듯하여라

해모수(解慕漱)

"아란불(阿蘭弗)이 마침내 왕을 권하여, 동해지빈(東海之濱) 가섭원(迦葉原)에 이도(移都)하고 국호를 동부여라 하다. 그 구도(舊都)에는 어디서 온 지 모르는 사람이 천제지자(天帝之子) 해모수라고 자칭하고 와서 도읍하다."(『삼국사기』「고구려 본기」)

　　해부루 늙은 왕이
　　　가섭원에 옮아가니
　　난데없는 해모수라
　　　와서 왕이 되단 말가
　　진실로 옛사람의 일을
　　　알 길 없어 하노라

유화(柳花)

"해부루 붕하시고 금와태자 위(位)에 즉(卽)하시다. 이때에 태백산 남 우발수(優渤水)에 한 여자를 얻은지라, 가로되 '나는 하백(河伯)의 딸 유화러니 제제(諸帝)로 더불어 나와 노닐 제 어떤 남자—스스로 천제의 아들 해모수로라 칭하고, 나를 유(誘)하여 웅심산하(熊心山下) 압록변(鴨綠邊) 실중(室中)에서 사(私)하고 가서는 인해 돌아오지 아니하는지라, 부모—나의 매(媒) 없이 인(人)을 종(從)함을 책하시매, 드디어 우발수에 적거(謫居)하노라.' 하거늘, 금와—괴이히 여겨 실중에 유폐하였더니, 볕이 쪼이면 몸을 피하고 몸을 피하면 다시 볕이 따라가 쪼여, 인하여 한 알을 낳으니 크기가 오승(五升)은 될러라. 왕이 버리시매, 개ㆍ돼지—먹지 아니하고, 또 길 가운데에 버리시매 우마(牛馬)— 이를 피하고, 또 들에 버리시매 새들이 와 나래로 덮거늘, 왕이 이를 쪼개려 하되 능치 못한지라. 마침내 그 모(母)에게 드렸더니, 모—무엇으로 그것을 싸서 따뜻한 곳에 두었더니 한 사나이 껍데기를 깨뜨리고 나오니 골표(骨表)가 영기(英奇)한지라……"(『삼국사기』「고구려 본기」)

　　우발수 잎 떨린 버들 밑에
　　　저 어인 미인인고

눈물에 젖은 뺨에
　　석양을 담뿍 받고
한 가락 떨리는 노래로
　　망부곡(望夫曲)을 부르더라

부모와 형제들은
　　저 산 너머 계시겠다
그리는 해모수는
　　북으로 가시니라
홀로 남은 이 몸이
　　갈 곳 몰라 하노라

지샌 달 태백에 걸리고
　　부흥이 압록 숲에 울 제
청총마(靑驄馬) 안장 높이 지어
　　긴 활 메고 달리던 양을
지금에 잊지 못하니
　　애끊는 듯하여라

사냥 가자 임 쓰시던 활 있으니
　　압록벌로 사냥을 가자
추풍에 몰리는 기러기 오리
　　하마도 많으리니
님 잃은 외로운 몸이라

사냥 갈까 하노라

　　　　〔사기(史記)에 그러한 말이 없거니와, 홀로 적거하는 유화는 사냥으로 먹을 것을 얻고 사슴의 가죽 벗겨 옷을 삼았으리로다. 하루는 사냥 갔던 길에 동부여왕 금와를 만나니 금와 또한 비범한 청년이라, 그 만나던 모양이 자못 극적일 것이외다.〕

저 어인 공자(公子)신고
　　풍채도 늠름하다
달리며 쏘는 살이
　　사슴을 맞혔으니
이 아니 해모수 아니시면
　　금와인가 하노라

　　　　〔이것은 해모수를 기다리는 유화, 금와 왕의 사냥 온 풍채를 보고 이러한 위장부(偉丈夫)일진대, 필연 밤낮에 그리는 남편이거나 그렇지 아니하면 천하에 이름이 떨치는 금와일 것이라 함이거니와, 금와 왕이 또한 유화를 처음 볼 때 감흥이 없지 못하리로다.〕

저 어인 미인인고
　　아마도 천녀로다
태백에 오르는 달인들
　　저다지 맑을쏜가
동부여 금와대왕 이르니
　　아옵고저 하노라

대왕이 임하시니
　　황공도 한저이고

하백의 딸이요
　해모수의 아낼러니
해모수 가고 아니 오시니
　수공규(守空閨)를 하노라

동명성왕(東明聖王)

"……한 사나이 '대란(大卵)의' 껍데기 깨뜨리고 나오는지라, 골표(骨表)—영기(永奇)하여 나이 겨우 일곱 살에 남달리 뛰어나더라. 스스로 궁시(弓矢)를 만들어 쏘니 백발백중하는지라. 부여 말에, 활쏘기 잘하는 이를 주몽(朱蒙)이라 하므로 그를 주몽이라 부르니라." (『삼국사기』「고구려 본기」)

성왕이 나시오니 범인(凡人)관 다를러라
하백의 외손이요 천제의 아들인져
억만대 영화를 담았으니 대란(大卵)인가 하노라

이 나라님이시니 마소인들 모르리오
하늘에 나는 새도 날개 펴 덮는구나
부여에 복이 박(薄)하오매 금와 홀로 모르더라

일곱 살 다 못 되셔 외연히 뛰어나시니
스스로 궁시 지어 백발백중하시도다
여민(黎民)이 편린만 뵈옵고 주몽이라 부르더라

"금와의 칠자(七子)—매양 주몽으로 더불어 노닐새 모든 재주 다 주몽만 못한지라, 그 맏아들 대소(帶素)—왕께 여쭙되 '주몽은 사람에게서 낳지 아니하였고 그 사람됨이 용(勇)하니 어서 없애지 아니하면 후환이 있으리이다…….' 왕자—제신(諸臣)으로 더불어 그를 죽이려 할새 주몽의 어미 그윽이 알고 이르되 '국인(國人)이 너를 해하려 하나니 네 그 재주로 어디를 간들 무엇을 못 하리오. 오래 머물다가 욕을 당함보다 멀리 달아나 큰일을 함이 좋으리로다.' 하거늘, 주몽이 곧 오이(烏伊)·마리(摩離)·협보(陜父) 등 삼 인과 벗이 되어 떠나니라."

잘난 이 새는 맘은 예 이제나 한결인 듯
창업의 웅재로도 갖은 욕을 받는단 말이냐
욕 받아 굴할 이 아니니 그만 기뻐하노라

떠나다 떠나시다 오이 마리 데리시고
대제국 서울 길로 동으로 떠나시다
그날에 초초하신 행색을 더욱 기려 하노라

지아비 여의었거늘 아들마저 간단 말이냐
보내는 어미의 안 그런들 여북하랴마는
가거라 영웅의 길을 막을 줄이 있으랴

"가다가 엄체수〔淹滯水, 일명 개사수(蓋斯水), 금(今) 압록 동북〕에 다다르니 건너려도 다리 없고 추병(追兵)은 임박하였는지라. 물에 고하여 가로되 '나는 천제의 아들이요 하백의 외손이러니, 이제 도망하는 길에 따르는 이 뒤에 미쳤으니 어이하리오.' 한대, 어별(魚鼈)이 떠나와 다리를 이루었다가 주몽이 건너매 모두 흩어져 따르는 이 건너지 못하니라."(『삼국사기』「고구려 본기」)

개사수 넓었는데 추병은 급하고나
주즙(舟楫) 끊였으니 창파에 어이할꼬

어별도 성왕을 아는지 다리 놓아 건너니라

"주몽이 모둔곡(毛屯谷)에 이르러 세 사람을 만나 이름을 물으니, 마의(麻衣)를 입은 이는 재사(再思)요, 납의(衲衣)를 입은 이는 무골(武骨)이요, 수조의(水藻衣)를 입은 이를 묵거(默居)라 하는지라. 주몽이 …… 무리에게 일러 가로되 '내 바야흐로 경명(景命)을 받아 원기(元基)를 계(啓)하려 하더니 마침 이 삼현(三賢)을 만나니 어찌 하늘의 주신 바 아니리오.' 하고 그 재주를 따라 일을 맡기니라. 함께 졸본천〔卒本川, 위서(魏書)에는 흘주골성(紇州骨城)〕에 이르러 보니, 토양이 비미(肥美)하고 산하가 제고(際固)한지라, 드디어 이에 도읍하고 미처 궁실을 지을 겨를이 없어 초막을 비류수상(沸流水上)에 치고 국호를 고구려라 하니, 때에 주몽의 나이 이십이 세니, 신라 박혁거세(朴赫居世) 이십일년 갑신세요, 한(漢) 효원제(孝元帝) 건소(建昭) 이년이라. 사방이 듣고 내부하는 자— 많더라."

승경명(承景命) 계원기(啓元基)의 하올 일이 크다 하사
하늘이 모둔곡에 삼현을 주시도다
지화자 말 채쳐 몰아라 때 왔는가 하노라

흘승골(紇升骨) 좋을시고 토비(土肥)코 산하 고(固)하니
만년 대도를 이곳에나 세우리라
궁실은 차차로 짓자 초막 칠까 하노라

새 나라 세우시니 그 이름 고구려를
성군이 임하시니 사방이 내부커다
비류수 물로 더불어 만세무강하소서

오는 자를 덕으로 만지시고 오랑캐란 위(威)로 복(服)하시니
제국의 판도— 날을 조차 넓노매라

비노니 님의 성덕이 화천하(化天下)를 하옵소서

"왕이 비류수 중에 채엽(菜葉)이 떠내려옴을 보시고 상류에 사람이 있으리라 하여 사냥해서 찾아 비류국에 이르시니 그 나라 왕 송양(松讓)이 나와 보고 가로되 '과인이 해우(海隅)에 벽재(僻在)하여 일찍 군자를 못 뵈었더니 오늘 해후히 서로 만나니 또한 행이로다. 알지 못해라, 그대는 어디서 오뇨.' 대답하여 가로되 '나는 천제의 아들이러니 아무 곳에 도읍하였노라.' 송양이 가로되 '내 누세(累世)로 왕이 되었으되 이 땅이 작아 두 임금을 용납지 못할지라, 그대 도읍한 지 오래지 아니하니 나의 부용(附庸)이 되려나뇨.' 왕이 그 말을 분히 여기사 더불어 말로 다투시고 또한 활 쏘아 서로 재주를 비기시니 송양이 능히 겨루지 못하더라."(『삼국사기』「고구려 본기」)

비류수 물을 따라 채엽이 흐른다

아마도 상류에 사람이 사는구나

직사(直司)야 말안장 지어라 찾아갈까 하노라

과인은 비류국 송양왕이어니와

해우에 벽재하여 군자를 못 뵀더니

오늘날 해후상봉하니 그 또한 행이로다

알지 못해라 오자(吾子)는 자하래(自何來)를 하시뇨

왕이 대답하시되

나는 천제의 아들로서 저곳에 도읍하였노라

송양왕이 가로되

과인이 이 땅에 누세로 왕이 되었거늘

작은 땅이 두 임금을 용납지 못할지라

오자─입도(立都)한 지 일천하니

나의 부용이 되지 않겠는가

왕이 그 말을 분히 여기셔
말로써 다투시고 활 쏘아 재주를 비기시니
송양이 능히 겨루리오 하마배(下馬拜)를 하니라

> "이년 하(夏) 유월에 송양이 이국내항(以國來降)하거늘, 그 땅으로 다물도(多勿都)를 삼고 송양으로 그 주(主)를 하이시니, 여어(麗語)에 다물은 복구토(復舊土)란 뜻이다."(『삼국사기』「고구려 본기」)

송양왕 설운지고 이국내항하단 말가
'복구토' 원(願)이 되어 다물이라 부르도다
천년에 다물 못 보니 눈물겨워 하노라

송양왕 죽은 혼이 다물 되어 복구토를
천년 내 하(夏) 유월에 피 토하고 울다 하니
사람아 귀 기울이소라 들으실까 하노라

아해야 하 유월에 행혀 새를 잡을서라
불행히 잡더라도 소리 먼저 들을 것이
들어서 복구토라거든 다물도인 줄 알리라

> "십사년 추(秋) 팔월에 왕모 유화—부여에 훙(薨)하시니 그 왕 금와—태후 예로써 장(葬)하고 신묘(神廟)를 세우다. 동(冬) 시월에 (왕이) 부여에 사(使)를 보내서 방물을 궤(饋)하여 그 덕을 갚으니라."

십사년 추(秋) 팔월에 유화 태후 붕(崩)하시다
이십 년 떠난 정을 풀어 보지 못하고서

가시는 자모(慈母)의 안을 못내 슬퍼하노라

"가거라" 말씀 듣고 슬하 떠난 이십 년에
승경명(承景命) 계원기(啓元基)의 대업을 이루옵고
모시어 즐기고자 했는데 가시다니 설워라

금와도 성군이셨다 태후예로 장(葬)하시고
묘 세워 향(享)하시니 이 아니 성덕이냐
한배의 크신 덕화(德化)는 끝 간 데를 몰라라

   "십구년 추 구월에 왕이 붕하시니 시년(時年)이 사십 세라, 용산에 장(葬)하
   고 동명성왕이라 호하니라."(『삼국사기』「고구려 본기」)

추 구월 기러기 날 때 성왕이 붕하시다
천년 제업(帝業)을 어이하고 가신단 말고
만민아 서러워 말아라 성태자(聖太子) 또 오시니라

사십 평생이 웅위(雄偉)도 한져이고
동정(東征) 서북에 대제국 세우시고
십팔 년 치천하하시니 억조승평(億兆昇平)하니라

성왕이 가신 후로 숙홀(倏忽)할사 이천 세를
기다(幾多) 창상(滄桑)에 유업을 어디 찾나
용산에 달 비꼈으니 옛정인가 하노라

―「백조(白潮)」, 1922. 1.~5.

새해의 희망

꼬꼬요 닭이 우니 솟는 해가 새해라네
희망의 붉은 빛이 삼천리에 뻗었으니
시인아 붓을 들어라 새 노래를 읊으라

지구도 귀여운지고 조그마한 것이언만
억만리 하늘길을 돌고 돎이 몇억 년인고?
영겁에 돌고 돌아도 싫을 줄을 모르더라

천지야 늙을쏘냐 늘 젊을손 천지로다
새해의 붉은 희망 영겁에 있는 것을
사람아 천지로 더불어 늙은 줄을 모르리라

― 「조선문단」, 1925. 1.

꿈

날 잊고 가신 임을 내 어이 못 잊고서
밤이면 꿈이 되어 임의 곁을 따르는고?
임이야 잊으라 하랴, 내 못 잊어 하노라

가시고 안 오시매 잊으신 줄 여겼더니
꿈에 와 뵈오시니 임도 나를 생각는지
반생에 깊이 든 정이 가신 줄이 있으랴?

―「동아일보」, 1925. 10. 9.;「춘원시가집」, 1940. 2.

고시조·1

국화야 너는 어이
삼월 동풍(東風) 다 지나고
낙목한천(落木寒天)에
네 홀로 피었는가
아마도 오상고절(傲霜孤節)은 너뿐인가

창 밖에 국화를 심어
국화 밑에 술 빚어 두니
술 익자 국화 피자
벗 오시자 달이 돋아
아이야 거문고 청(淸)쳐라
벗님 대접

― 「동아일보」, 1925. 10. 9.

보낸 뒤

보내고 집에 오니 그때 보곤 더한지고
휑뎅글 빈방 안에 보이나니 네 그림자
잡힐 듯 잡힐 듯하여 오락가락하노라

서창을 여니 금계봉(金鷄峰)에 달이로다
아마도 저 달빛은 대마도를 비추려니
현해(玄海)야 물결 일서라 임 깨실까 하노라

사랑이 깊은 줄은 떠나 보면 알 것이
다투고 밉던 것도 생각하면 다 사랑을
그칠 줄 모르는 정을 이제 알았나 하노라

—「동아일보」, 1925. 10. 9.;「춘원시가집」, 1940. 2.

고시조·2

짚방석 내지 마라
　낙엽엔들 못 앉으랴
솔불 켜지 마라
　어제 진 달도 다 온다
아이야 산채(山菜)와 독주(獨酒)일망정
　없다 말고

세사(世事)는 금(琴) 삼척(三尺)이요
　생애(生涯)는 주(酒) 일배(一杯)라
서정강(西亭江) 상일(上日)이
　뚜렷이 밝았는데
동각(東閣)에 설중매(雪中梅) 데리고 완월장취(翫月長醉)

―『동아일보』, 1925. 10. 10.

중추월

중추월 중추월
달도 달도 밝을시고
산마다 안개거늘
풀잎마다 이슬인데
마을에 떡 치는 소리 들리니
옛정인가 하노라

들국화 피인 곳에
시내 울어 외치는구나
허리 구부려
마시려 하올 적에
물 가득 달빛 넘치니
중추월인가 하노라

—「동아일보」, 1925. 10. 10.

행로난(行路難)
금강산 온정령(溫井嶺)을 넘으며

인생행로가 진실로 어려워라
오르기 어렵거든 내리기조차 어려운지고
하물며 짐이 무거우니 눈물겨워 하노라

인생백년을 길다 할까 짧다 할까
노역(勞役)은 길거늘 향락은 짧으니
길고도 짧은 것이 인생인가 하노라

땀에 또 울며 기며 가까스로 추었으니
영산(嶺山)의 서늘한 안식을 탐함직도 하건마는
앞길이 남았사오매 바삐 갈까 하노라

1923. 8.

—『시인선집』, 1926. 10.

눈

어젯밤 궂은비가 새벽 찬 눈이로다
한 아이 손뼉 치며 소금 뿌렸다 하니
한 아이 뛰어나가며 설탕이다 하더라

기와집 덮는 눈과 모옥(茅屋)에 뿌리는 눈이
뉘라서 한 눈이라느냐? 한 눈은 아닌 것이
모옥에 뿌리는 눈은 녹아 눈물 되더라

검은 북한산이 눈 덮여 희어라
밉던 그 얼굴을 꾸몄다 하지 마소
그래도 예전에 보던 얼굴을 못내 그려 하노라

—「조선문단」, 1927. 1.;「삼인시가집」, 1929. 10.

옛 친구

이번 병으로 입원하기 때문에 오래 보지 못하던 옛 친구 몇 분을 만나보게 되었다. 이런 일로 보아서는 이번 병이 도리어 복이 되었다. 보지 못하던 친구들도 내가 중하게 앓는다는 말을 듣고 찾아온 것이다. 옛 친구를 만나 보는 것은 실로 반갑고도 기쁜 일이다.

막힌들 잊으시리 잊으신들 미워하리까?
비록 미워하기로 옛 정을 어이하리?
미워서도 못 잊으심은 임과 나와 다르랴?

— 『문예공론(文藝公論)』, 1929. 5.; 『삼인시가집』, 1929. 10.

옛 친구 대한 맘은 아는 이나 알 것이
범연한 듯해도 대해 보면 정이 깊어
할 말도 없으면서도 날 가는 줄 몰라라

옛 친구 놓고 보면 생각도 끝없어라
어린 제 젊은 제 어느덧 다 보내고
오늘에 그대와 나와 중년이라 하나뇨?

— 『문예공론』, 1929. 7.; 『삼인시가집』, 1929. 10.

잠옷

작년에 크던 잠옷 금년에는 무릎 치네
"작아서 어이하리?" "동생이나 물려주지"
어른들 웃는 것 보고 저도 따라 웃더라

―「삼천리」, 1929. 6.;「삼인시가집」, 1929. 10.

인정(人情)

나는 인정의 '신자(信者)'다. 될 수만 있으면 인정의 사도(使徒)가 되고 싶다. 인정을 몸으로 행하여 보이고 입으로 붓으로 인생에게 설(說)하고 싶다. 인정은 다만 인류의 최고(最高) 최미(最美) 최산(最善)한 것일 뿐 아니라 전 우주의 최고 존재다.

세상에 귀한 것이 인정밖에 또 있는가?
눈물 한 방울 그 값을 칠 양이면,
천지를 열 번 꼽아도 못 당할까 하노라

별이 곱다기로 꽃에야 비길 건가?
꽃이 곱다 해도 사람에는 못 대려니
사람에 으뜸 고운 것이 인정인가 하노라

—「문예공론」, 1929. 6.; 「삼인시가집」, 1929. 10.

금매화(金梅花)

내 집 안마당에 진달래 한 포기와 금매화 한 포기가 있다. 진달래는 오늘 비에 거의 다 지고 곁에 선 금매의 노란 꽃이 탐스럽게 피어난다. 하나는 가고 하나는 오는 것을 보고 무상의 비감을 가지는 것은 내가 병든 탓인가?

오늘 오는 비는 진달래 떨구는 비
비 맞아, 흙 묻어 송이송이 지는 그를
금매화 뒤대어 피니 더욱 비감하여라.

― 『문예공론』, 1929. 6.; 『삼인시가집』, 1929. 10.

생(生)과 무상(無常)

병창(病窓) 앞 진달래꽃이 피었다. 꿀벌이 날아와 이 꽃 저 꽃 맡으며 돌아간다. 비 갠 공기 중에 수없는 벌레들이 춘광 속에 난무한다. 생의 기쁨! 그런데 이것을 보고도 생의 무상까지 생각하지 아니하면 아니 되는 것은 사람 된 슬픔이다.

만물이 즐기거든 무상하다 말을 마오
기나 짧으나 살았으니 대견하네.
구태여 슬픔 알리어 흥 깨울 줄 있으리

꽃 피다. 꽃이 피다. 잎새조차 푸르르다
벌 날다. 봄볕 속에 온갖 벌레 오고 가다
모두 다 살아 뛰노니 그만한가 하노라

— 「문예공론」, 1929. 6. ; 「삼인시가집」, 1929. 10.

송아지

송아지 부러워라 너야 무슨 일 있으리
풀 먹고 물 마시고 꼬리 치고 누웠으니
어미의 "젖머" 소리도 못 들은 체하더라

― 『신생(新生)』, 1929. 7.

해운대(海雲臺)에서

창파(滄波)엔 명월이요 청산(靑山)엔 청풍이라
청풍명월이 고루(高樓)에 가득 차니
홍진에 막혔던 흉금이 활연개(豁然開)를 하더라

바다도 좋다 하고 청산도 좋다 하거늘
바다와 청산이 한곳에 모이단 말가?
하물며 청풍명월 있으니 선경(仙景)인가 하노라

누우면 산월(山月)이요 앉으면 해월(海月)이라
가만히 눈 감으면 흉중에도 명월 있다
오륙도(五六島) 스쳐 가는 배도 명월 싣고 가더라

어이 갈거나? 내 어이 갈거나?
이 청풍, 이 명월 두고 내 어이 갈거나?
잠이야 아무 때 못 자랴? 밤새도록 보리라

―「삼인시가집」, 1929. 10.

사비성(泗沘城)에서

반월성(半月城) 깊은 밤에 화광(火光)이 어인 일고
삼천궁녀가 낙화암에 졌단 말까
수변(水邊)에 푸른 양류가 너무 무심

강산은 좋다마는 인물이 누구인가
자온대(自溫臺) 대왕포(大王浦)에 오작(烏鵲)이 깃들이니
지금에 의자왕 없음을 못내 슬퍼

사비성 궁궐터에 보리밀 가렸으니
당시 번화(繁華)를 어디 가 찾을런가
동문 밖 누누(纍纍)한 무덤에 석양 찾아가시오

— 『삼인시가집』, 1929. 10.

촉석루(矗石樓)에서

남강에 달 밝은 제 이 옥적(玉笛)이 어디인고
촉석루에 홀로 앉아 귀 기울여 듣노라니
중류(中流)에 일엽화방(一葉畵舫)이 임거래(任去來)를 하더라

강산은 좋다마는 인물이 누구누구
강감찬(姜邯贊) 나신 곳엔 죽림만 제제(濟濟)하다
비봉산(飛鳳山) 북두(北斗)를 가리켜 장탄식을 하도다

― 『삼인시가집』, 1929. 10.

청춘

4월 말 어느 날. 창경원에 벚꽃을 보다. 연래(年來) 병석에 있은 까닭으로 아마 오 년 만인가. 꽃이 한창 지는 날이다. 펄펄 또 펄펄 눈같이 소나기같이 꽃은 날아 병든 몸을 때린다.

펄펄 날리는 꽃, 송이송이 가는 봄을
날같이 병든 몸이 아낀다 하랴마는
청춘이 어제인 듯하여 무심 못해 하노라

이날이 학교·회사 노는 날이어서 남녀 학생과 기타 젊은 남녀들이 많이 지는 꽃을 보러 오다. 그 청춘에 상기한 어여쁜 얼굴들, 아까운 줄 모르게 지는 꽃을 밟는 청춘의 땀이 촉촉이 젖었을 발들. 그들은 인생의 주인이요 또 봄에도 주인이다.

꽃보라 치는 속에 오고 가는 젊은이의
상기해 붉은 얼굴 봄에도 주인이매
낙화를 짓밟고 가도 무엄하지 않아라

나같이 병든 자가 낙화를 짓밟는 것은 심히 무엄해 보인다. 그러나 아름다운 인생의 꽃들의 발에 밟히는 것은 낙화에게도 소원일 것이다. 하물며 그들의 상기한 뺨을 때려 보는 이야 억조(億兆) 많은 낙화 중에 몇이나 되랴. 그러나 청춘은 간다. 젊은이는 늙고, 아름답던 것은 미워지고, 힘 있던 것은 약하여진다. 인생의 사업과 환락이 모두 청춘의 일이거늘 청춘은 꿈과 같구나, 눈 깜짝할 새로구나!

아침에 봄을 찾아 꽃그늘에 누웠더니

한잠 깨어 보니 만원앵화(滿苑櫻花) 다 날렸다.

가는 봄 가라 하여라! 새봄 오라 하여라!

　　　　종장은 미상불 앙탈이다. "사람도 다 흩어지고 나만 홀로 있더라" 하고 싶었
　　　　으나 한번 헛 호기(豪氣)를 뽐내어 본 것이다.

　　　　　　　　　　　　　　　　　　　　　　　—「삼인시가집」, 1929. 10.

임

산 넘어 또 산 넘어 임을 꼭 뵙고저
넘은 산이 백이언만 넘을 산이 천인가 만인가?
두어라 억이요 조라도 넘어 볼까 하노라

「삼인시가집」, 1929. 10. ; 「삼천리」, 1931. 11.

새해맞이

가는 해 보냅시다 열두 맞기 고이 묶어
희망의 무덤 속에 깊이 영장하올 적에
대대로 물려 온 팔자 부디 함께 묻으쇼

새해 온다 하거든 도소주도 붓지 말고
우리 얼싸안고 새로운 맹세 굳은 맹세
합력과 굳센 분투로 새해 인사 합시다

분명히 내 날이요 기다리던 그날이요
두 다리 벋디디고 주먹 한번 들어 치니
강산에 울리는 품이 내 날 분명하외다

— 『동아일보』, 1930. 1. 5.

석왕사(釋王寺)에서

조계(曹溪) 열두 굽이
　어느덧에 들어온고
수성(水聲) 산색(山色)이
　인간경(人間景)은 아니로다
어즈버 홍진번뇌가
　꿈이런가 하노라

上方春色花如霞 異鳥聲中牛夢甘
萬德通光無證處 挿天靑峯碧於藍 (鏡虛法師)

1930. 8. 17.

―『신생』, 1930. 9.

새 여자의 노래

여자의 힘 간 곳이 어디인가 하더인고
하늘꼭지 위요 땅바닥의 밑이로다
중간의 인생 만사를 여자 아니 낳은가

딸들아 힘껏 한번 발 구르며 외쳤으라
이 땅 낡은 세상 아니 고칠 내냐고
나라의 새로운 목숨이 내게 있다 하여라

어리광 집어쳐라 아양으랑 등댕여라
아내 어머니 거룩하온 내 소임을
사나이 삼가라 하라 의지 아니 하리라

—『신광(新光)』, 1931. 2.

삼월의 노래

삼월이 안 좋은가 경칩이요 춘분이라
낮은 길어지고 군생(群生)이 다 움직이니
나 젊고 몸 튼튼할진댄 즐길 땐가 하노라

삼월 삼짇날은 제비들도 온다더라
무덤 잔디에도 속잎이 난다 하거든
사람이 늙었다기로 사랑 아니 돋으랴

칠십을 살기로니 세월 깃동 얼마한가
어린 제 늙은 제 떼고 보면 요만하니
한 봄을 붙들기더란 찌검까지 마시소

—『혜성(慧星)』, 1931. 3.

우리의 뜻

거짓말 마십시다 속이는 일 잊읍시다
혀 끊어 벙얼어도 숨 멎어 죽어도
거짓말 속이는 일을 다시 하올 우리리까

남이 잘하옵거든 내 한 듯이 기쁘리라
불행 잘못해도 슬퍼한들 미워하랴
도무지 동족끼리는 사랑 깊게 하여라

내 몸이 무엇이오 한때에는 죽을 것이
고락을 헤오리까 한바탕 꿈이로다
조그만 목숨이나마 겨레 위해 바치리라

현재를 슬퍼 마소 장래 앞에 못 보는가
남을 믿지 마소 하올 이는 나뿐일세
우리는 장래 바라고 일심단결하오리라

버섯은 하루라도 춘(椿)나무는 오백춘추
만년지계를 일단(一旦)에야 바라리까
꾸준히 하여만 갈진댄 이룰 날이 있으리라

우리가 하올 일이 이도 아니 저도 아니
세상이 떠드는 일 그것도 다 아니로다
개인과 단결을 기름 이뿐이라 하시오

뿌리 없는 나무를 심어 온 지 몇십 년인고
기초 안 논 집을 세울 공론 그만하소
바쁘다 하지 말고 힘을 먼저 기르소

힘이란 무엇인고 개인의 힘 단결의 힘
힘 가진 개인이 굳게 뭉친 큰 단결이
이는 때 바로 그때에 큰일 절로 일리라

—『동광』, 1931. 5.

비판

1
세상에 어려운 일 하나둘이 아니언만
시비를 가리는 것 어려움 중 어려움이
삼가고 삼가심으로 하옵소서 하노라

2
비판이 없는 곳에 진리 어이 나타나리
진리 아니 나타나면 문화 진보 없을 것을
지금에 비판이 나니 바라옴이 많아라

3
옳은 것 북돋울 땐 자애로운 호미 되고
그른 것 버릴 때 서리 같은 칼이로다
비판의 한 몸 두 날을 그대 알까 하노라

—「비판(批判)」, 1931. 5.

시비

1
옳은 것 옳다 하고 그른 것을 그르다기
게서 더 쉬운 일이 세상에는 없으련만
어쩌다 약은 사람은 갈팡질팡하는고

2
칼날이 오더라도 옳은 것은 옳은 것이
부귀를 주마 해도 그른 것은 그른 것이
내 맘의 옳고 그름을 섞을 줄이 있으랴

3
옳은 것 보옵고도 옳다고 할까 말까
그른 것 보옵고도 그르다고 할까 말까
이럴까 망설이기로 못난 일생 보내어라

─「비판」, 1931. 10.

병아(病兒) 〔수오(首五)〕

어느 때 안 그러리 아비 맘은 너의 것이
범연한 체해도 잊힐 때 있으랴만
아플 제 가여운 안은 비길 곳이 없어라

사십 도 높은 열에 어린 몸이 애쓰는 양
볼 때에 내 목숨과 바꾸어 주옵소서
빌 곳 어디겠냐만 빌고 빌고 하여라

고(苦)가 어디서 왔는고 죗값이라 하올진대
말도 못 하는 네야 무슨 죄 있으리
생명은 깊은 비밀을 울며 노려보노라

인생에 태어남도 고생이라 하였거든
하물며 이 땅에 살아 무슨 낙 있으리
너 낳은 아비 잘못을 못내 슬퍼하노라

이 땅의 쓴 살림에 소리 없이 가려느냐
한번 크게 싸워 새 세상을 지을 것인가
반야(半夜)에 병아를 보며 울고 빌고 하노라

— 『신동아(新東亞)』, 1931. 11.

묵상 기록〔육(六)〕

망오자조(望五自嘲) 십수(十首)

자정이 이로부터 십오 분. 신경통으로 잠을 못 이루고 회고와 전망의 공상이 머리를 어지럽게 한다. 이제 십오 분만 지나면 내 나이 사십일 세. 이제 불혹을 지나 오십을 바라본다. 사십 년 소득이 무엇인고? 병구(病軀)와 부채(負債)와 벌어먹이기 어려운 처자와 변변치 못한 저서 이십여 책과 수없는 실패와 훼예(毀譽)의 역사와 이 앞은 어찌 되려나.

부모 여의옵고 집 잃은 지 만 사십 년
일본에 지나(支那)에 시베리아 빈 벌판에
방랑의 지낸 반생이 사나운 꿈이로다

누님과 누이동생 피를 나눈 단 두 동기
한 분은 천 리 밖에 또 하나는 만 리 밖에
흩어져 못 만난 것이 이십 년을 넘어라

갑진(甲辰)의 총소리를 정주성(定州城)에서 듣고
오조약 칠조약을 동경에서 놀란 손이
경술년 팔월 이십구일을 오산(五山)에서 우니라

일사년(一四年) 세계대전 터진 것이 치타 역려(逆旅)
십일월 십일일을 북경에서 보내고서
기미년 삼월 일일을 상해에서 보니라

윌슨 로이조지 크레망소 그네들께
팔백 불 긴 전보를 손수 치고 돌아와서
법조계 한 모퉁이에 신정부를 그리다

그때 있던 사람 죽은 이는 누구누구
망명 신세로 백발 된 이 그이 그이
구차한 병든 목숨을 무엇 하자 늘였나?

붓으로 갚자 하여 써 놓은 것 이십여 책
말로 갚자 하여 말한 것이 몇천만 어
지금에 돌아보니 모두 허사였어라

이십에 맹세하고 삼십에 맹세하고
사십에 맹세해도 일일이 바이 없네
망오(望五)의 새로운 맹세도 억진 듯만 싶어라

이리나 하여 볼까 저리 하여 볼까
합네 합네 하고 해 놓은 일 바 없으니
안 될 일 하려 함인가 남부끄러 어이해

큰 뜻을 어이 하리 바위 밑에 눌린 큰 뜻
펴라 펴라 해도 펴든 못하고 묵는 뜻을
타고난 어리석음이니 웃을 이는 웃으소

내 못남인가 세상이 틀림인가

하노라 해도 해도 하여진 일 하나 없네

안 하려 하는 망발만 뒤를 대어 달아라

1931. 제야(除夜), 1932. 초각(初刻), 500년 구도북성(舊都北城) 저당잡힌 집에서

―「동광」, 1932. 2.

전원에 가시는 이
권구현(權九玄) 형이 영동(永同)에 귀향하심을 보내며

전원에 가는 것을 옛일이라 하지 마소
전원은 천만년에 인생의 보금자리
그대여 먼저 가시오 나도 따라가리다

그대는 크로폿킨을 좋아하시나이까
나는 톨스토이를 좋아하네
그대나 내나 다 오늘의 사람은 아니로세

전원에 가시거든 하올 일이 많을 것이
낚대 드리우면 고긴들 아니 물리
고기는 아니 물더라도 물빛 보려 하노라

신미(辛未) 12. 27. 춘원(春園) 어숭삼동병석(於崇三洞病席) 난필(亂筆)

—「동광」, 1932. 2.

삼계중생(三界衆生)

삼계중생이 모두 다 동포거든
어찌 이 나라라 저 나라라 가르는가
하물며 이지(李之)요 김지(金之)일 줄이 있으랴

이천삼백만이 모두 다 한 겨레라
왕검 한아버지 혼과 피를 받았으니
온 땅이 한 집이 되랴 너 나 할 줄 있으랴

아버지 어머니를 지어 집을 이룸 같이
한아버지의 혈속(血屬)들이 따로 모여
이 나라 빛내자 하오니 또한 마땅하노라

―『중명(衆明)』, 1933. 5.

어머님 생각

어머님 생각을 쓰란 말이 야속하오
삼십 년 지내어도 덜지 않는 이 설움을
어찌 다시 들추어 애끓으라 하시오

북국의 찬 겨울에 솜옷 한 벌 못 입으심
가실 제 모진 병에 약 한 첩도 못 자심을
아무리 불효자식이기로 차마 생각하리오

그 어느 장맛날에 천주산(天柱山)에 오르셔
화라지 한 짐 이고 딸기 따서 풀잎에 싸
앞치마 자락에 싸다가 주시던 양 뵙니다

기르신 세 혈육이 그도 한데 못 모이고
하나는 죽고 또 하나는 만리타국
이놈도 분묘를 못 뵌 지 삼십 년이 됩니다

—「신가정」, 1933. 5.

조선(시조·1)

남만 못한 조선이다 남만 못한 조선이길래
조선 사람에게까지 미움받는 조선이다
미워도 못 떨어질 인연을 가진 조선이로구나

상하(上下) 오천 년 살아오기 짧다 하며
남북(南北) 만여 리 받은 땅인들 좁다 하리
슬프다 우리 조상님네 사는 법을 몰랐구나

무엇이 못하던가 피 좋겠다 뼈 좋겠다
정신도 재주도 남만 못지않았건만
'우리'란 말 한마디를 잊은 것이 섧구나

누이야 오라비야! 빈터거든 갈아 보세
벗은 산 입히고 묻힌 개천 쳐내고서
예보다 나은 조선을 이뤄 보세 이뤄 보아

박차고 나서거라 묵은 허물 홀떡 벗고 일터로 나아가자!
"우리! 우리!" 군호 맞춰
이보다 나은 조선을 후손에게 물려주자

1933. 5. 22. 야반(夜半) 서울 단피골에서

― 『동광총서(東光叢書)』 제1권, 1933. 6.

태백산(太白山)(시조·2)

차창에 잠을 깨니 대동강에 달이로다
왕검(王儉)의 달 아니냐 고구려의 달 아니냐
반만년 우리 서울이시라 아아 평양이로구나

월림강(月林江) 건너서며 단군굴을 묻습니다
산 보러 왔소이까 절 보러나 왔소이까
우리 님 사신 곳이니 터 보러 왔습니다

묘향산이라고 그 어느 분이 고치신고
우리 님 계옵시던 태백산을 태백산을
철없는 선인의 소위(所爲)를 못내 슬퍼합니다

주(註)
- 월림강 : 청천강 상류, 향산 입구.
- 우리 님 단군. 신인강우태백산단목하(神人降于太白山檀木下). 삼천중(三千衆)으로 신시(神市)를 세우시니 나라의 처음이다. 태백은 평안도 묘향산, 경상도 태백산 양처가 있으나, 단군왕검 탄강지로는 고기(古記)가 다 평안의 태백을 가리킨다.

1933. 6. 5.

—「동광총서」제2권, 1933. 7.

누이야(시조·3)
조선의 여성에게

누이야 네 가슴에 타오르는 그 사랑을
뉘게다 주려 하오? 뉘게다 주려 하오?
네 앞에 손 내민 조선을 안아 주오 안아 주오!

누이야 꽃같이 곱고 힘 있고 깨끗한 몸을
뉘게다 주려 하오? 뉘게다 주려 하오?
네 앞에 팔 벌린 조선에 안기시오 안기시오

누이야 청춘도 가고 사랑도 생명도 다 가는 인생이오
아니 가는 것은 영원한 조선이니
당신의 청춘과 사랑과 생명을 바치시오 조선에

1933. 5. 22. 야반(夜半) 서울 단피골에서

—『동광총서』제1권, 1933. 6.

압록강(鴨綠江)에서

우리 조상님네 어찌어찌 오셔견고?
아리나리 건너 푸른 오리 검은 오리
맑은 내 건너오셔서 왕검서울 여시니라

조상님 겨오신 곳 여기인가 저기인가
산이면 태백, 물이면 한물 큰물
큰 뜻을 품으시니 안 그럴 길 없어라

"강 건너 되 따라"니 그 무슨 말씀인고?
조상님 사시던 터 되 딸 줄이 있으리까
언제나 옛터로소이다 우리 옛터로소이다

    주(註):
    • 오셔견고 : 와 계신고. 오셨는고.
    • 아리나리 : 아리나리(阿利那理) 혹은 아리나례(阿利那禮)니, 운하, 압록강
    의 우리말.
    • 푸른 오리 : 압록강.
    • 오리꼴 : 압록곡. 여기서 의주(義州)라는 이름이 생겼다. 의(義) 자는 오리
    → 옳이.
    • 맑은내 : 청천강.
    • 왕검서울 : 왕검성. 평양. 평양선인왕검지택(平壤仙人王儉之宅)

                  1933. 6. 5.

―『동광총서』 제2권, 1933. 7.

송화강반(松花江畔)에서

송화강 여기로다
　그 무엇을 보았는고
위에는 하늘이요
　아래에는 벌이로다
그 속에 흰 한 줄기는
　내 맘인가 하노라

―『삼천리』, 1933. 9.

조충혼(弔忠魂)

천만 번 죽사온들
　변할 뉘 아니거든
그 뜻 부귀야
　내 안다 하오리까
차라리 충혼이 되어
　울고 울까 하노라

삼학사(三學士) 피 흘린 곳이
　여기리까 저기리까
심양성(瀋陽城) 풀 우거진 곳에
　풍우만 재우쳐라
충혼을 부르는 손이
　갈 바 몰라 하노라

세 번 부르노라
　삼학사의 가신 넋을
삼백 년 지나기로
　충혼이 슬오리까
오늘에 치는 풍우를

눈물 흘려 뵈노라

계유(癸酉) 하(夏) 심양(瀋陽)에서

―『삼천리』, 1933. 9.

새벽의 노래

1
밤도 어두웠네 바람도 추웠어라
새 빛을 기다리고 맘 졸인 지 얼마런고
보아라 불끈 동천에 새 햇발이 비추네

2
사람아 일어나라 문을 차고 나서라
창조의 기쁨을 가슴 가득 마신 후에
지화자 새 일터 가세 팔들 걷고 나가세

3
어제를 생각하랴 오늘도 모르노라
빛나는 새날이 환히 트지 않았는가
앞길은 내 것이로세 한도 끝도 없어라

―『조선일보(朝鮮日報)』, 1934. 1. 1.

곤한 몸

곤한 몸 쉬어 볼까 눈 감고 누웠어도
세포 알알이 저려 잠을 못 이룰 제
어린것 돌아누우니 오줌 누어 주리라

1932. 3. 숭삼동(崇三洞)에서

―『개벽』, 1934. 11. ; 『춘원시가집』, 1940. 2.

하염없는 마음

이른 봄 초어스름 녹인 땅이 다시 얼 제
앓고 난 어린것들 노래 불러 재고 나면
내 마음 하염없이도 지향할 바 몰라라

1932. 3. 숭삼동(崇三洞)에서

—「개벽」, 1934. 11.;「춘원시가집」, 1940. 2.

봄

반찬 가게에 모시조개 달래 나면
양지쪽 냉이 싹도 돋아난다 하건마는
내 맘에 숨은 슬픔도 봄을 따라 깨어라

1932. 3. 숭삼동(崇三洞)에서

—『개벽』, 1934. 11. ; 『춘원시가집』, 1940. 2.

역사(驛舍)

홀로 역사에 누워 잠 못 이뤄 하올 적에
어디서 예 듣던 벌레 귀뜰귀뜰 우는구나
울다가 끊는 도막이 더욱 외로워하노라

1932. 9. 4. 신의주역(新義州驛) 호텔에서

―『개벽』, 1934. 11.;『춘원시가집』, 1940. 2.

마흔한째 돌

마흔한째 돌도 그저께 지냈으니
나이 이만하면 맘 잡을 만하건마는
타고남 흐려 그런가 더욱 들떠 하노라

고요한 혼자 때면 인생이 멀어지네
행렬 지난 뒤에 이 몸 혼자 떨어진 듯
희망도 따를 기운도 다 풀린 듯하여라

×××일? 아아 ×××일 하노라고 하였겠다
내 한다 하여 ×× 바로잡혔던가
사십 년 헛된 삶을 불에 넣고 싶어라

모르는 친구들이 나를 아껴 줄 적이
그적이 더더구나 죽고 싶은 적이로다
혹시나 칭찬 줄 때면 매 맞는 듯하여라

사십에 한 일 없이 더 바랄 것 무엇이리?
속임 아니언만 속인 것만 같은지고
툭 털어 말씀하오면 염치없는 내외다

1932. 9. 4. 신의주역(新義州驛) 호텔에서

—「개벽」, 1934. 11.

만폭동(萬瀑洞)에서

산 깊어 봄 늦은가, 오월인데 벚꽃 지네
천인절벽(千仞絶壁)에 남모르게 피었다가
오늘에 객자(客子) 이르니 흩어 볼까 하노라

만폭의 우는 소리 무슨 뜻을 아뢰는고?
가만히 들어 보면 소리소리 제 가락을
조화의 다 못 편 뜻을 들어 볼까 하노라

1933. 5. 내금강(內金剛) 분설담(噴雪潭)에서

―『개벽』, 1934. 11. ; 『춘원시가집』, 1940. 2.

대동강(大同江)

대동강 몇 굽이오?
백 굽이오 천 굽이라

보일락 숨을락
하늘에 닿았으니

지나온 한두 굽이로
좋다 좋다 하리까?

모란봉 올라서니
훤칠도 하는구나 —

백 리 대야(大野)에
천리장강(千里長江) 비낄세라

왕검(王儉)의 만년기업(萬年基業)이
예 아니고 어디리?

동명(東明)은 어저께요

왕검이 그저께라

그동안 오천 년은
눈 깜박할 사이로다

앞으로 끝없는 세월이
네 것인가 하노라

평양에서

―『신인문학』, 1935. 6. ; 시집 『사랑』, 1955. 10.

즉흥

평생에 즐기는 것 산수청한(山水淸閒)이언마는
어디 그것이 저마다의 분복(分福)인가?
북한(北漢)의 한 모퉁이를 그만 여겨 사노라

부귀공명은 저마다 못 바라도
안빈낙도야 내 못 하랴 하였더니
천생의 하열(下劣)한 성품이 그도 못 해 하노라

사십도 훌쩍 넘어 오십도 반이로다.
아직도 한창이라 큰소리는 한다마는
지난 제 헤아려 보오매 앞날 아득하여라

— 『신인문학』, 1935. 8. ; 『춘원시가집』 1940. 2.

차중에서

들 그득 누른 낟알 기쁨 직도 하건마는
호조쌀 묵은 빚에 비기 전에 ××이라
여름내 들인 공력을 호소할 곳 어디뇨

찬물에 거름 주어 더운물에 김을 매어
가물어 마음 졸여 장마 들어 마음 졸여
아끼고 가꾼 것이니 내 것이라 하시오

한 알 심어 백 알 되니 그 간 데가 없으련만
해마다 드는 풍년 붓는 빚을 못 따르니
아마도 어느 구석에 틈난 곳이 있어라

온양에서

— 「신인문학」, 1936. 3. ; 시집 「사랑」, 1955. 10.

임 찾아갈거나

굴뚝에 연기 나는 마을이면은 거리면은
찾는 그 님이 계시기는 계시려니
내 소리 들으시는가 그리는 양 보시는가

찾아 떠날까나 마을 따라 거리마다
그 노래 높이 불러 두루두루 도울까나
이 몸이 다하기까지 그 님 찾아갈거나

찾다가 못 찾았던 다 닳아진 이 몸을랑
무덤에 던져 주고 새 몸 쓰고 나설까나
억만 번 나고 죽어서 그 님 찾아 보리라

─『현대조선문학전집(現代朝鮮文學全集) - 시가집(詩歌集)』, 1938. 4.

앞길

앞길 바라보면 혹시 누가 오시는가
오실 이 없건만 기다리는 내러니
이제는 하고한 날에 기다릴 이 없어라

기나긴 겨울밤을 비인 방에 외로 앉아
눈 오는 소리 바람 지나가는 소리
내 심장 뛰는 소리를 듣고 듣고 있노라

밤 깊어 고갯길에 괴괴 인적 끊인 적에
혼자 팔짱 끼고 집을 찾아 오느라면
별 보고 걷는 이 몸이 뉘 몸인 줄 몰라라

— 『현대조선문학전집 – 시가집』, 1938. 4.

병든 몸

언젠지 모르는 옛날에 내 생명이 첫걸음을 내어놓을 때, 그때에는 이러한 범부(凡夫)가 되자는 것은 아니었더니. 그 임 앞에서 크나큰 원(願)과 뜻을 세운 것이었더니. 희미한 기억이 떠올라서 잊어버렸던 임의 이름을 부르는 노래.

병든 맘 잠 못 일고 지향 없이 달리다가
염주 세어 가며 임의 이름 부를 제
빈방에 울리는 소리 뉘 소린 줄 몰라라

숯같이 검은 마음 씻어 희게 하란 어림
속들이 검었거든 씻다 희어지오리까
임께서 태우시고야 금강(金剛) 될까 하노라

내 속에 깊이깊이 먹은 마음 뉘라 알리
전의 깊은 맹세 저는 아주 잊었어도
임께서 다 아심을 오늘에야 알아라

— 『조광』, 1938. 11. ; 『춘원시가집』, 1940. 2.

천지(天地)

오랜 병원 생활의 어떤 날, 날은 덥고, 몸은 아프고, 돈은 없고, 내 일 남의 일은 뜻대로 안 되고, 시원히 나가 걸어 다닐 수도 없는 몸. 이러한 때에 장난삼아 일으켜 보는 인생고(人生苦)의 불평. 그러나 그것이 다 제 탓이요, 제 마음인 줄을 깨달을 때, 고통의 노래가 곡조를 채 이루지 못하고 부서지고 만다.

천지 넓다더니 그 무엇이 넓다던가?
대 자 가웃 남짓 이 한 몸을 둘 곳 없어
슬픔과 괴롬에 쫓겨 갈 길 몰라 하나니

언제는 단칸방이 횅뎅그렁 넓을러니
때로 온 천지도 숨 막힐 듯 좁은지고
알겠구나 이렇고 저럼이 내 맘인가 하노라

내 마음 쉬일 땐 폭풍우도 한가하더니
한번 날치오매 천지 함께 뒤놓아라
조화의 숨은 고동을 내 잡았다 하노라

—『조광』, 1938. 11.;『춘원시가집』, 1940. 2.

꿈

임이 나를 두고 가 버리신 것만 같다. 이 외롭고 괴로운 세상에 나를 버리고 다른 고운 임을 찾아가신 것만 같다. 원통해! 원망스러워! 제욕인연(諸慾因緣)으로 삼악도(三惡道)에 떨어져서 육취중(六趣中)에 두루 돌아보는 모든 고독(苦毒) 갖추 받고, 박덕소복(薄德少福)한 까닭으로 사견(邪見) 숲에 길을 잃어 허망한 것을 참으로 알고, 아무리 해도 이것을 놓으려 아니 하여, 그러면서도 도리어 제가 고작인 체, 제가 다 아는 체, 제가 바로 아는 체, 마음은 꼬부라지고 거짓되어서 천만 겁을 가도 바른길로 들어서지 못하니 제도(濟度) 못 할 중생이다(법화경). 나도 그러한 중생이거니와, 이따금 내가 꿈을 깨고 임의 품에 안겨 임의 고우신 얼굴을 바라보는 듯한 순간도 있다. 그러한 순간의 노래다. 언제 이 '순간'이 내 '영원'이 될 것인고!

임이 가시다니 날 두고 갈 임이신가?
차마 못 떠나서 이로 품에 안으시거늘
제라서 꿈에 임 떠나 돌아올 줄 모르고서

꿈이 꿈인 줄을 모르고서 참만 여겨
얻고자 안 놓고자 헛것 잡고 울고 웃고
임께서 날 버리셨다고 몸을 부려 웁니다

때 되어 꿈 깨오니 예 같으신 임의 얼굴
그 기쁨 그 슬픔이, 살던 것이 죽던 것이
그것이 다 꿈이었던가, 임의 품에 안긴 채로

—「조광」, 1938. 11. ; 「춘원시가집」, 1940. 2.

발자국

바닷가 새 모래에 임 남기신 발자국을
더듬어 더듬어서 오늘 해도 저물었네
밤물이 들었다 나면 다 씻길까 하노라

—「여성」, 1938. 11. ; 「춘원시가집」, 1940. 2.

긴긴 꿈

억겁에 만난 임을 이번에도 여의오면
다시 몇억 겁을 돌고 돌아 만나 뵈리?
이 몸이 가루 되어도 놓을 줄이 없으리다

네 바로 주인 되어 천지를 헐고 짓고
미진중생(微塵衆生)을 다스리라 하신 뜻을
잊고서 삼계육도(三界六道)를 헤매던 나여라

무명(無明)을 빛만 여겨 나고 죽는 한 바다의
검은 물결 따라 들락날락 하올 적에
어디서 북소리 울려 긴긴 꿈을 깨니라

—『조광』, 1938. 12.;『춘원시가집』, 1940. 2.

잊은 뜻

내 속에 먹은 뜻을 임밖에 뉘 아시리?
먹고도 모르는 뜻 그 뜻마다 다 아셔
때때로 일깨우시니 은혜 지극하셔라

그때에 임의 앞에 굳게굳게 한 맹세
잊었네, 다 잊었네, 잊은 줄도 잊었어라
임께서 안 이르셨다면 영 잊을 뻔하여라

나고 자라옴이 이미 내 힘 아니거든
죽고 살 일이 내 힘일 줄 있을쏘냐?
"임이여" 부름만이 내 힘인가 하노라

— 『조광』, 1938. 12. ; 『춘원시가집』, 1940. 2.

주랄 것이

사람은 주랄 것이 달랄 것은 아닌 것이
주기만 할 양이면 서러울 일이 왜 있으리?
이후란 달라지 말고 주며 주며 살리라

주는 기쁨이란 걸 아는 이나 알 것이
받기 바라기는 가라치의 맘인 것이
한없이 주는 나로서 기쁨 한이 없어라

임의 문전에 날로 와서 서는 뜻은
얻으려 아니옵고 드리려 함이오니
문 여사 어린 예물을 받으소서 합니다

―『조선문학』, 1939. 1.

박인배(朴仁培) 군께

오래 살라 죽지 마라, 약 많이 먹고 병 어서 나아라
부디부디 죽지 마라, 당부하신 그대 말씀
받들고 울고 두렵고 부끄럽고 합니다

마흔일곱 살을 오래 살다 하랴마는
온 길 돌아보면 그만 삶도 과하여라
나아서 더 산다기로 뉘 보시기 어려워라

있는 목숨이면 손수 끊든 않으리라
나머지 힘은 오로 쓸 만하게 쓰오리만
내 맘을 내 믿지 못하여 다짐 못 둬 합니다

— 『수필(隨筆)과 시가(詩歌)』, 1939. 1.

기다림

숯 같은 몸이오매 단장하다 고울 리 없지만
씻고 바르고 빨고 대린 옷 갈아입고
설레는 마음을 안고 들락날락하오라

불 밑에 그린 듯이 앉아 임을 기다릴 제
여름 짧은 밤이 천년만은 한 듯하다
세 홰를 재우쳐 우니 눈물 절로 흘러라

어져 내일이여 그리도 어리던가?
임 드실 문빗장을 열을 줄을 잊었어라
오셨던 자국 뵈옵고 몸을 부려 우노라

이후란 다 말고서 단장도 마옵고서
문부터 열 것이 활짝 열어 놓을 것이
다시는 다 오신 임을 놓칠 줄이 있으랴?

열어라 하실진댄 버선발로 열 것을
한 말씀 없으시고 가신 임도 가신 임이?
어느 제 다시 오시리 다 늙을까 하노라

찾아 떠나갈까? 집도 모두 다 버리고
임의 종적을 두루 찾아 헤맬까나?
가다가 쓰러진 곳이 무덤인가 하소서

— 「삼천리」, 1939. 4. ; 「춘원시가집」, 1940. 2.

초라한 나

임이 나를 이끄시니 무엇을 보고 이끄시리
문전에 선 걸인을 어여삐 여기심이
이 님을 이끈다 하니 나도 무엄하여라

고운 옷 떨뜨리고 갖은 단장 다 하여도
임 앞에 설 때에 초초하온 행색이여
그래도 만져 주시오니 눈물겨워 하노라

허위 단신으로 임의 집을 찾아와서
문전만 바라옵고 그저 돌아가는 뜻은
차마 초라한 이 꼴을 못 뵈여서입니다.

—「삼천리」, 1939. 4. ; 「춘원시가집」, 1940. 2.

단장을 버리나이다

내 이제 이 세상에 뵐 임 없사오니
분인들 바르리까? 향물인들 뿌리리까?
단장을 버리나이다. 누더기를 입나이다

제 얼굴 고운 줄로 믿던 적도 있었것다
까마귀 두꺼비와 같은 난 줄 아옵거든
다시는 거울 만나기로 비춰 볼 줄 있소이까

뜰에 기어가는 옴두꺼비 보고 문득
지난 반생의 내 마음이 생각나라
나같이 두꺼비 저도 잘난 맛에 살아라

— 「삼천리」, 1939. 4. ; 「춘원시가집」, 1940. 2.

집도 다 없어도

집도 다 없어도 팔다리도 다 없어도
살아 있는 이로 임 없는 이 있으리까?
저마다 제 임 따라 가 보면 알까 하노라

임을 따르는 길이 정성밖에 또 있는가?
몸도 맘도 함께 싸고 묶어 바치고서
그 임이 끄시는 대로 가 보소서 하노라

새 임 고르나니 있는 임을 따를 것이
있는 임 따라 따라 끝 간 데를 갈 양이면
새 임이 오실 임이면 절로 올까 하노라

참임 찾는 이여 이 임 찾고 저 임 찾아
하루 정 이틀 정을 주고받고 하기로니
속 깊은 임의 참정이야 아올 줄이 있으랴

한 임 만나거든 죽어 놓지 마올 것이
여느 임 아니시라 그가 바로 임이셔라
임 되고 임 안 되시기는 내게 있다 하노라

— 「삼천리」, 1939. 4. ; 「춘원시가집」, 1940. 2.

헛애 켜는가

나를 찾으실 줄 믿기 곧 믿을진대
천겁을 기다려도 마다 아니 하련마는
잊으신 임이신가 하여 때로 낙심하여라

뵈올 일 망연하고 연신조차 끊였으니
임이 두신 뜻을 아올 길이 바이없어
돌 던져 점을 치옵고 얼굴 붉어하노라

천지 없어져도 안 변하마 하신 맹세
설마 이 세상에 변하실 리 있으시리
다심한 이 몸이 헛애 켜는가 하노라

— 『삼천리』, 1939. 4. ; 『춘원시가집』, 1940. 2.

하나님
누가복음 12장

전지하시거늘 내 마음만 못 여겨서
전능하시거늘 내 마음만 못 여겨서
믿어야 하올 이시거늘 못 믿어 온 나여라

내시와 기르시와 먹이시와 입히시와
빛으로 비춰시와 어루시와 만지시와
품에 늘 안으시거늘 안 계시다 하니라

잘하면 잘한 값을, 못하올 젠 못한 값을
더도 덜도 없이 적으시와 셈하시와
고르게 내리시거늘 야속하다 하니라

임 아니 계실진대 어둔 세상 어이 살리?
하물며 죽음길에 의지할 이 그 뉘런가?
진실로 임 계시매 마음 든든하여라

내 털 오리오리 모르시는 오리 있나?
내 날 하루하루 임이 마련하신 것이
하늘에 새 한 마리도 잊으심이 없으셔라

봄비 내렸으니 주신 씨나 뿌릴 것이

잎이 자랐으니 김이나 매올 것이

여물고 익히시기는 익히 손수 하실 것이

    〔부기(附記)〕 "오 적게 믿는 자들아" 적게 믿음은 내 어리석은 교만이었습니다. "두려워하지 말지어다" 날마다 불안이 있고 시간마다 두려움이 있는 나여! 안 믿으려던 교만은 어찌하였는고! 너와 나와 날로 "내일 일을 위하여" "무엇을 먹을까 무엇을 입을까" 하여 염려하여 얻는 것은 오직 괴로움과 죽음이 있을 뿐이로다. 너와 나와의 아우성은 믿음을 잃은 소리니, 너와 나와는 바야흐로 믿음의 구원을 부를 날에 다다랐도다.

                        —「삼천리」, 1939. 4.;「춘원시가집」, 1940. 2.

여름 볕

만물 어느 것이 임의 양자 아니시리?
날 보고 어르시는 가지가지 짓이셔라
여름 볕 밝고 더움이 더욱 그러하여라

그날에 영산회(靈山會)에 기(記) 받잡고 물러나서
그동안 삼천년을 어디 돌아 무엇 한고?
오늘에 불현듯 깨오니 임 부르심이셨다

눈을 감사오면, 귀를 코를 막사오면
오는 빛과 소리 없음즉도 하건마는
속에서 나는 소리를 어찌할 길 없어라

이 마음 끊고 지고, 뿌리마저 뽑고 지고
불로 살라지다, 재까지도 씻어지다.
펼치고 고요하든 그 음성을 들오리라

　　　　　　　　　　　—『삼천리』, 1939. 4.;『춘원시가집』, 1940. 2.

영년기세(迎年祈世)

하늘이 불그스레 솟아오른 새 빛발아
아시아 넓은 무대 어두움을 벗었더라
이 빛이 어디서 오뇨 우리 임금이셨다

— 『경성일보(京城日報)』, 1940. 1. 11.

봉아(鳳兒) 사후(死後) 둘째 생일에

鳳兒之來不足悅 其去也不足悲 如是因也如是緣也 願共成佛道 度脫生死海.
봉아가 온 것이 기쁠 수 없다. 그가 간 것이 슬플 수 없다. 이는 인이고 연이기 때문이다. 함께 불도를 이루고, 생사의 바다에서 도탈하기를 바란다.

오기도 가옵기도 모두 다 인연이라
만난 이 안 떠나는 길이 없다 하였거든
맞으나 보내나 간에 기쁘다 서럽다 하리?

오다, 어디서 오며 가다, 어디로 가리?
그동안 법계(法界)가 한 조각 꿈이로다
그것이 그 속이니 오다가다 있으리?

우주 나기 전과 죽은 후를 못 보는가?
일월성신도 있다 없는 거품이거든
이 몸의 일생일사야 헤아려 무엇 하리오?

을해(乙亥) 5. 30.

—『춘원시가집』, 1940. 2.

제야(除夜)

임 뵈려는 눈일러니 임 찾을 줄 전혀 잊고
반생이 기울도록 헛것 따라 헤매다가
이 눈이 흐릴 만한 제 임을 찾아 떠났어라

임께만 바치리다 단단하게 맹세하고
초례청 가는 길에 이리저리 굴리다가
이제야 다 더럽힌 몸이 임의 앞에 섰어라

정축(丁丑)

―『춘원시가집』, 1940. 2.

물 한 잔

물 한 잔 받으소서 바위틈에 솟은 샘물
맑고도 찬 샘물을 받들어서 드립니다
박복한 사바 중생이 드릴 것 없어라

1938. 신춘(新春)

─『춘원시가집』, 1940. 2.

잉태

날 믿고 온 생명이 내 배에 들었으니
소중도 하올시고 황송함도 끝없어라
열 달을 고이 선 뒤에 고이 나게 하소서

깨끗하오리다. 몸과 맘과 안과 밖에
한 땀 부정인들 있어서야 쓰오리까?
거룩한 촛불 켜옵고 빌고 빌고 있으리다

애기 낳는 날에 큰 기쁨이 생기다!
집의 기둥이요 나라에 힘 되다
백복이 다 갖추어지다! 어미 기도입니다.

〔부언(附言)〕 의전(醫專) 병원의 내 병실이 산실에서 가까워서 분만이 있을 때마다 알 수가 있었다. 팔 개월 입원 중에 여러 십 명 분만을 알았다. 아들도 있었고, 딸도 있었고, 사산(死産)도 있었다. 이 노래는 어떤 날 새벽에 진통의 소리를 들으며 지은 것이다. 1938. 6. 6.

— 『춘원시가집』, 1940. 2.

남운(南雲)께

어찌 지내시나? 가난이야 어쩔 수 없지만
몸 늘 성하시고 걱정이나 없으신가?
요새에 긴 비 내리니 옛 벗 생각하노라

우리 처음 만난 것이 세어 보니 열여덟 해
연천봉(連天峯) 내린 눈에 끝 모르던 이야기도
이제는 옛꿈이로세, 다시 못 올 날이로세

내 벌써 두 귀밑에 센 터럭이 번뜩이니
그댄들 고생살이 하니 아니 늙었으리
천 리에 병든 몸이 만날 기약 멀어라

1938. 7. 7.

— 『춘원시가집』, 1940. 2.

시심작불(是心作佛)

정창(靜窓)에 단좌(端坐)하여 불(佛)을 염(念)할 제면 내 마음도 맑고 고요하여지오니 부처님의 자비셔라. 그러나 다생(多生)의 습기(習氣) 좀처럼 멸하지 아니하도다.

부처를 염하올 제 이 몸 고대 부처려니
염하기 그치오니 도로 중생 되는구나
진실로 시심작불을 이제 본가 하노라

주(註)
- '시심작불'은 『관무량수경(觀無量壽經)』의 구.
- '고대'는 '곧'이라.

— 『춘원시가집』, 1940. 2.

능금 공양

      북한(北漢)의 작은 집에 은거하매 때마침 구월 능금 철이라, 소학교에 다니는 가아(家兒) 찾아와 능금 사다가 고여 놓고 둘이서 꿇어 합장하다.

능금 성한 걸로 하나하나 골라내어
목판에 한 목판 층층으로 고여 놓고
작은 손 합장하옵고 부처님께 바치니라

      인제 열 살 되는 가아(家兒), "아버지, 우리 해마다 능금 때면 이렇게 부처님께 바쳐" 하기로,

"해마다 능금 때면 이렇게 바칩시다."
어린 아들의 경건하온 말과 태도
임께서 받자오심을 분명 뵌가 합니다.

      삼보(三寶)께 공양하옵고 중생의 굶주림이 생각되옵기로,

"악한 귀신들도 다들 와서 먹으라
내 손에 죽은 버러지의 귀신들도
능금을 먹어 보라"고 다시 합장하니라

—『춘원시가집』, 1940. 2.

관음상

관음상 이뤄지다, 대자대비하신 모습
끌로나 붓으로나 옮길 줄이 있으리만
하 그리 그리운 맘에 흙을 빚어 봅니다.

시방 아무 데나 아니 나심 없으시니
이 땅이 부정키로 버리실 줄 있으시리
임이여 현신하소서 그 얼굴을 보이소서.

서른두 가지 몸 마음대로 나투시니
끝동 회장저고리 남치마로 차리시고
젊으신 어머니 되셔서 오래 여기 계십시오

      주(註)
      • '시방'은 '十方'의 고음(古音).
      • '현신'은 '現身'.

―『춘원시가집』, 1940. 2.

고운 님

고우신 임이기에 떠나시면 더 멀어라
아무리 그래도 그 모습이 안 떠오른다
그릴 수 있는 임일진댄 이토록 그리랴

임 뫼셔 들을 제는 다 아는 듯하더니만
가시고 혼자거든 한 말씀도 안 남아라
임 곁에 모셔야 할 난 줄 이제 더욱 느껴라

임 함께 계실 때는 내 몸에도 빛일러니
가시고 혼자거든 숯인 듯 어두워라
그 빛이 임의 빛임을 깨달은 듯하여라

— 『춘원시가집』, 1940. 2.

뵈오러 갔던 길

벼르고 별러서 임 뵈오러 가던 날엔
고개 소곳하고 길만 보고 걷다가
네더냐 하신 음성에 소스라쳐 놀라니라

두 손 모으옵고 임의 앞에 섰노라면
두려워 반가워서 가슴만 설레다가
사뢸 말 하나 못 사뢰고 하직 사뢰고 오니라

뵈옵고 돌아서면 기쁜 듯도 서글퍼서
걷다가 섰다가 지향 없는 맘을 안고
못 믿을 내일을 믿고 타박타박 옵니다

— 『춘원시가집』, 1940. 2.

부질없는 내 근심

내 어인 근심인고 임께 이미 바친 몸이
세상이 뭐라기로 욕하기로 때리기로
아랑곳할 일 있으리 부질없는 내로다

― 『춘원시가집』, 1940. 2.

임 여기 계시다네

임 여기 계시다네, 내 앞에 늘 계시건만
내가 눈 어두워 곁에 둔 임 못 뵌다네
천겁에 흐렸던 눈이 한번 밝고 싶어라

이 눈 곧 뜰 양이면 고우신 임 뵈올 것이
귀마저 열릴진대 그 음성도 들을 것이
번연히 곁에 모시고 보도 듣도 못하구나

번뜻 보이는 양 그 모양이 임이신가
소리 들리는 듯 그것 임의 음성인가
몸 스쳐 지나시는 듯 잡히지 않아라

―「춘원시가집」, 1940. 2.

언뜻 뵈온 얼굴

언뜻 뵈온 얼굴 임이신가 여기고서
바삐 단장하고 문소리를 기다렸네
아마도 그리운 마음에 헛뵈온 듯하여라

귓결에 들린 소리 임의 음성 아니신가?
귀 기울이니 바람 소리뿐이로다
이 밤이 다 지나도록 앉아 샌 줄 아소서

임의 발자국을 따라간 지 얼마던고
찾고 찾는 끝에 만날 줄을 믿사와도
이날이 저물기 전에 뵙고 싶어 합니다

그때 뵈왔을 때 품에 어이 못 들고서
보내고 뒤를 따라 애를 끓고 그리는고?
이번에 번뜻만 하소서 놓을 줄이 있으랴

—「춘원시가집」, 1940. 2.

임 그려

임 그려 병드온들 죽사온들 서럽기만
하다가 잊사옵기 그이 더욱 설운지고
그립고 잊히는 일은 나도 몰라 하노라

임을 내 잊사올 때 내 임을 떠남인가?
그립고 그린 임을 내 떠날 줄 있으리까
아마도 날 버리시는 임이신가 합니다

떠나지 마옵소서 잊삽지도 마옵소서
어디서 길이길이 임 뫼옵고 사옵고저
그것이 죽음 넘어서라면 고대 죽다 설우리

임을 헤아리니 헬수록 고우셔라
헤아려 그리오매 그릴수록 더 그리워
언젠지 모를 기약을 믿고 그려하오라

꽃이 핀 적에야 임이 나를 찾을 것이
봉오리도 안 진 것이 임 생각만 먼저 피어
바람결 빗방울마다 임이신가 애 켜라

— 『춘원시가집』, 1940. 2.

폭풍우·대뇌전(大雷電)

우레 크게 울고 번개 크게 빛나는 밤
앓는 몸 일으키와 임의 앞에 꿇어앉아
고요히 제 마음속을 두루 살피나이다

막혀 어두운 맘 임의 뜻을 못 알아도
크신 빛 크신 소리 여느 적과 다르시매
조심히 우러러 받자옴이 제 분인가 하나이다

우레 듣잡고도 못 열리는 이 귀옵고
번개 재우쳐도 못 뜨옵는 눈이어라
하잘것없는 몸인 줄 더욱더욱 느껍니다

—『춘원시가집』, 1940. 2.

임의 음성

한 소리 막아 내면 또 한 소리 또 한 소리
아아 시끄러라 허튼소리 뜬소리여
바라는 임의 음성을 들을 길이 없어라

—『춘원시가집』, 1940. 2.

어디를 가옵기로

어디를 가옵기로 임의 나라 아니리까?
이 몸 있는 곳이 어디에나 임의 품이
죽었다 태어날 때마다 새 세계를 보아라

— 『춘원시가집』, 1940. 2.

장자(莊子)를 읽고

임이 타시오니 내 뫼시와 듣잡다가
흥겨워 나는 춤을 아니 추고 어이하리
추다가 임을 뵈오니 임도 기뻐하서라

임이 지으시니 나도 따라 짓삽다가
도로 헐으시매 임을 따라 헐더니만
허심도 지으심과 같이 기뻐하셨다

기쁘면 기쁜 대로 슬프면은 슬픈 대로
늙음의, 병들음의 임의 가락 맞추다가
끝으로 죽음의 장단에 맘껏 추고 가오리다

―『춘원시가집』, 1940. 2.

임의 얼굴

열 오른 몸이 병상에 누웠노라면 떠오르는 임의 얼굴. 그것은 부처님의 얼굴인가. 그러면서도 눈에 보이고 손으로 만져지는 얼굴을 만들어 놓고야 비로소 살뜰한 그리운 정을 발할 수 있는 나의 도심(道心)! 천지를 두들겨 부숴서 한 분 임을 빚어 놓고 그리워하고 반가워하고 두려워하고 빌고 어리광하는 나의 마음이여. 이 우상마다 두들겨 부수고 싶으면서도 한끝 차마 아깝기도 한 내 무명(無明)이여.

날마다 뵈옵건만 늘 새로우신 임의 얼굴
그러하옵길래 뵙고 나면 또 그리워
천만년 두고 뵈어도 그만인 줄 없어라

임 얼굴 고우심이 천만 되리 만만 되리
일생에 곁에 모셔 두고두고 뵙더라도
고우신 반이나 뵈오리 만일이나 뵈오리

어설픈 이 눈으로 좁고 어린 이 맘으로
생전 헤아려도 못 헤아릴 그 고우심
차라리 모른 척하고 임의 품에 들리라

―「춘원시가집」, 1940. 2.

작은 샘

거칠은 내 동산에 샘 하나를 찾았어라
물인들 많사오리 웬 맛인들 좋으리만
임이여 오시옵소서 샘물 마시옵소서

동산이라 해도 담도 문도 없사옵고
길인들 있사오리 아무 데나 밟으시고
낮이나 밤이나 간에 마음대로 오소서

동산이 거칠기로 풀꽃이야 없으리까?
아무리 가난해도 낮에 햇볕 밤에 달빛
때맞춰 여름밤일진대 이슬이야 없으리까?

작은 샘물 앞에 바가지를 놓아두고
오실 길 가실 길에 내 샘물을 잡수실 때
이 몸은 숨어 앉사와 뵙고 기뻐합니다

— 『춘원시가집』, 1940. 2.

연꽃

임 주신 연꽃 봉오리 옥화병에 꽂아 놓고
밤마다 내일이나 필까 필까 하였더니
새벽이 가고 또 가도 필 뜻 아니 보여라

뿌리 끊였으니 핀들 열매 바라리만
모처럼 맺힌 봉오리 못 퍼 보고 갈 양이면
제 비록 무심하여도 내 애달파 어이리

이왕 못 필 꽃을 버림 직도 하건마는
시들고 마르도록 두고두고 보는 뜻은
피려고 벼르던 옛 뜻을 못내 아껴 함이라

―『춘원시가집』, 1940. 2.

매미

매미 내 창 밖에 아침마다 와서 운다
아무리 타일러도 못 깨닫는 둔한 나를
깨울까 깨울까 하신 임의 뜻이시로다

매미 아뢰는 말 다 알지는 못하여도
보름도 못 살 몸이 재오재오 외침은
덧없다 덧없어라를 뇌임인가 합니다

열나흘 짧은 목숨 할 일도 많은 양해
이 나무 저 나무로 울고 가서 울고 가서
울다가 울다가 진해 한평생을 마치더라

매미 우는 뜻이 임 부르다 하건마는
사랑의 한순간이 일생 뜻은 아닐 것이
못 일고 남기는 뜻을 전하련가 하노라

— 「춘원시가집」, 1940. 2.

술회(述懷)

내 맘이 꾸는 꿈에 내 울고 웃음같이
제 지은 제 세계에 나고 죽고 하는구나
꿈도 깨어남도 다 꿈인 줄 아니라

울음도 웃음도 꿈인 줄은 알면서도
못 깨친 중생이 애달파함 볼 때에
그 꿈을 깨워 주려고 또한 꿈을 꾸노라

꿈이 꿈인 줄을 알진댄 어쩌랴만
금시 깰 꿈도 깨기 전엔 참인 양해
가위에 눌린 중생을 보고 눈물 지노라

―『춘원시가집』, 1940. 2.

사모

임 사모하는 마음 무엇에나 비기리까?
혀로도 붓으로도 그릴 길이 없사오매
손 모아 가슴에 안고 눈을 감아 봅니다

임 한 번 뵈온 뒤로 세상과는 발을 끊고
방에 깊이 숨어 나지 아니하는 뜻은
임 두고 누구를 만나리 만날 뜻이 없어라

세상이 제 모르고 임을 헐어 말하올 제
헐어서 헐릴 임이 아니신 줄 알면서도
하 그리 소중한 마음에 가슴 아파합니다

중생의 임이시니 나만 혼자 못 모실 줄
번연히 알면서도 어리석은 맘인지
내 임만 되소서 하여 애를 애를 씁니다

때 되면 오시련만 그때를 못 참고서
늦어라 그렇다기에 좋은 세월 다 보내고
오실 제 드릴 예물엔 손도 아니 대었어라

— 「춘원시가집」, 1940. 2.

임 거기

임 거기 계신 줄 말로 들어 아옵건만
때는 달리거늘 내 걸음은 더디어라
갈 길로 다 가기 전에 해 저물까 저어하노라

가다가 저문 날에 몸은 가빠 다리 아파
두 손 모아 안고 길바닥에 꿇어앉아
"임이여" 부르옵거든 나와 맞아 줍소서

임 찾아가는 길을 걸어 걸어 갈수록
힘들고 고달픔이 이 몸으론 어려워라
손 끌어 주시옵소서 대어 가게 합소서

어두운 광야 길에 풍우조차 칠 양이면
가냘픈 내 촛불 가누기도 어려워서
가지도 오지도 못하고 임 부르고 우노라

임 불러 슬픈 정곡 아뢰옵는 내 기도를
폭풍이 부숴 부숴 산산이도 흩었어라
흩어진 조각조각을 모아 들어 주소서

임 찾아 떠난 길이 이 하루도 다 지났다
햇것 다릿것 걸을 길은 길이건만
끝 모를 앞길 세오매 까마아득하구나

이 몸 하올 일이 이 일밖에 또 있는가?
걸어라 걸어, 새면 걷고 새면 걸어
목숨이 다하기까지 임 찾는 길 걸어라

임이 계신 곳이 십만억토 밖이라네
백만억토기로 가면 갈 날 있을 것이
갈밖에 없는 길이니 멀다 마다하리까

본원 정토에서 임의 앞에 뵈올 때에
아아 그 기꺼움 생각만도 고맙거든
허덕여 걷는 일쯤을 고생되다 하리까?

—「춘원시가집」, 1940. 2.

불심(佛心)

무엇은 못 드리리, 몸이거나 혼이거나
억만 번이나 죽고 나고 죽고 나서
그 목숨 모두 드려도 아까울 것 없어라

삼천대천세계 바늘 끝만 한 구석도
임 목숨 안 버리신 땅이 없다 하였어라
중생을 사랑하심이 그지없으시어라

어둡던 맘일러니 이 빛이 어인 빛인고?
구원겁래(久遠劫來)에 못 뵈옵던 빛이어라
그리도 굳은 업장(業障)이 이제 깨어지니라

무엇을 바치리까? 박복하고 빈궁하와
바칠 것 바이없어라, 그동안 몸을 아끼리만
한 송이 꽃만 못하오매 그를 설워합니다

— 『춘원시가집』, 1940. 2.

은거

살구꽃 다 날리고 앵두꽃도 한물 지나
담 너머 벚꽃이 드믓드믓 피었는데
뜰 앞에 옮긴 목련도 새순 돋아나더라

밤 새우는 부엉이의 소리 아직 안 끊인 제
무당새 하마 깨어 첫 가락을 아뢰오니
이 몸도 소세하옵고 아침 송경(誦經) 하리라

지게 지고 저울 들고 넝마 수지 파쇠 장수
황해도 사투리로 익살 섞어 값을 깎아
한 짐은 되는 내 책을 칠십 전에 사 가니라

과일로 힘 안 되어 닭을 치다 하더니만
막벌이, 석수 일 다 잘하는 부성이네
식전에 세간을 싣고 앞 개천을 건너더라

— 『춘원시가집』, 1940. 2.

내 뜰

애솔 서너 포기, 잣나무를 두어 그루
모두 뼘 남짓 두 자 키도 못 되는을
뜰에다 옮겨 심고서 물을 주고 보노라

바위옷 입은 돌을 두서 근도 못 되올을
주워다 세워 놓고 바위인들 보는구나
물 주어 젖은 모양을 더욱 좋아하노라

주(註)
- 못 되는을 : '못 되는 것을'의 고어법(古語法).
- 못 되올을 : '못 되올 것을'의 고어체(古語體).

—『춘원시가집』, 1940. 2.

창의문(彰義門)에서

저 달 바라보며 "좋다"는 이 그 무엇인고?
내라 하거든 내라는 이 또 무엇인고?
나밖에 모를 내라니 찾아 찾아 가노라

— 『춘원시가집』, 1940. 2.

웃고 오는 임

웃고 오는 임께 아예 맘을 주지 마소
돌아서 가실 때에 두고 가는 임 있던가?
맘 맞아 잃은 몸 되어 어이 살자 하느뇨?

한번 맺힌 정을 변치 않고 살 양이면
지옥 불이기로 마다할 내 아니건만
본 대로 말씀하오면 그런 임이 없어라

이러하옵길래 오는 임도 다 물리고
시들고 더럽혀진 몸을 끌고 허위허위
영겁에 안 가실 임을 찾아 찾아 나섰노라

―『춘원시가집』, 1940. 2.

날 찾으시는 이에게

나같이 못난 몸을 그대 어찌 보시고서
그처러 마음 깊이 따르노라 하시는고
값없이 받는 사랑은 때림보다 아파라

그대 나를 보고 사모하심 참일진대
아마도 몸과 말로 내 그대를 속인 것이
속은 이 허물 있으리? 내 죄 깊어 하노라

참되신 임의 사랑 횃불같이 더운 빛이
이 몸에 비췰 때면 차마 못 뵐 몸이길래
임 얼굴 바로 못 보고 때로 외면하여라

임아 가옵소서! 날 버리고 가옵소서!
참된 임 찾아 찾아 날 버리고 가옵소서!
그 길에 아쉬우시거든 이 몸 밟고 가옵소서!

오는 날 좋은 날에 나를 생각하시거든
옛날 주신 정을 잃지 아니하시거든
그날에 이 몸을 찾아 손 이끌어 주소서

주(註)
- '그처러'는 '그처럼'의 고형(古形).
- '좋은 날'은 '득도하는 날'.

―『춘원시가집』, 1940. 2.

가신 임

솔밭에 계신가고 뒷산에 올랐더니
밤새 소리만 남의 시름 돋게 한다
가신 임 올 리 있으랴? 헛길 온가 하노라

— 『춘원시가집』, 1940. 2.

옥수수

옥수수 붉은 수염 이슬 구슬 맺힐 때면
담 너머 싸리꽃이 비에 젖어 숙을 때면
임 함께 거닐던 날을 내 못 잊어 하노라

―『춘원시가집』, 1940. 2.

임 가신 뒤

임 아주 가시오니 기다릴 임 없어 좋의
올 임 없었으니 갈 임인들 있을쏘냐?
그러기 이별하기는 외롬 두고 어려워라

임 두고 그리기에 젊은 속이 다 썩었다
가는 임네 보내기에 뼈와 골이 녹았어라
그릴 임 가실 임 없으니 마음 펼까 하노라

때로 어린 맘이 옛날 쓰림 다 잊고서
없는 임을 찾아 팔 벌리고 헤맬 제면
임일래 겪던 설움일망정 있었고저 하노라

—「춘원시가집」, 1940. 2.

처음 뵈온 임

처음 뵈온 임이 그리도 반가운지고
그도 그럴 것이 천겁 전에 갈린 임이
다생(多生)을 두루 찾다가 만남인가 합니다

모르는 임의 편지 보고 안고 하는 말이
보고 또 보아도 별말씀도 없건마는
어이타 보고 또 보고 가슴 이리 설레노?

모른다 하여도 그는 남이 아닐 것이
첨이라 하건마는 필시 길이 사귄 임이
날 보고 아노라 하시니 안 그럴 줄 있으리?

— 『춘원시가집』, 1940. 2.

어머니

새 옷 입을 때면 어머님이 생각나라
삼동 다 지나도 솜옷 한 벌 없으시고
가난에 쪼들리시던 젊으신네시었다

장맛비 퍼붓던 날 젖은 나뭇짐을 이고
치맛자락에 호박잎에 싼 딸기를
보경(寶鏡)아 부르시어서 주시던 이시었다.

채마 좁은 끝에 옥수수를 심으시어
여물기도 전에 저녁 짓는 아궁이에
구워서 꼬챙이 꿰어 주시던 이시었다

손수 누에 놓아 명주 한 필 낳은 것을
싸서 두고두고 꺼내어서 보고 보고
보경이 장가들기를 기다리신 이셨다.

"홀어미, 어린 누이, 네 몸에 누(累) 되어서
장부 일 못 하리라. 아버지 따라 가오리라"
아버님 시체를 넘어 돌아가신 이셨다

〔부언(附言)〕내 어머니 충주김씨는 열다섯 살에 이십 년 연장인 내 아버지에게로 시집왔다. 어머니 스물세 살 적에 내가 나고는 집이 치패하여서 서른세 살 그가 돌아갈 임박하여서는 조석이 말유(末由)하였다. 이 노래는 그런 어머니를 생각하고 지은 것이다. 나 장가들이기를 무척 기다리던 어머니였다. 그 명주 한 필을 내가 처음 서울 올 때 노자로 삼았다. 그것과 은물(銀物) 몇 가지와 세목(細木) 두 필과 이것이 어머니의 유산인 동시에 내 생애의 밑천이었다. 말 없는 내 어머니의 사랑이었다. 어머니는 시체를 넘으면 죽는다는 것을 믿고 어린 누이를 업고 아버지의 시체를 타고 넘었다. 그 후 어머니는 팔 일 만에, 어린 누이는 일 년 만에 아버지 뒤를 따랐다.

— 『춘원시가집』, 1940. 2.

송아지
평강과로소견(平康過路所見)

풀 바다 넓기도 해라 시원키도 한저이고
송아지 천만 마리 저기다들 내놓고
나마저 한데 어울려 뛰놀고자 하노라

송아지 부러워라 너야 무슨 일 있으리?
풀 먹고 물 마시고 꼬리 치고 누웠으니
어미의 "젖머" 소리도 못 들은 체하더라

도라지 붉은빛이 범부채 누른빛이
억새 옥색모전(玉色毛氈) 점점이 수놓으니
늙은 소 누워서 졸고 송아지는 뛰더라

— 『춘원시가집』, 1940. 2.

수미암(須彌庵) · 1

내금강의 가장 높고 궁벽한 암자다

그 누구 세상이 어떻게나 싫었관데
피하여 피하여서 이런 곳에 숨었던고
정녕코 그 사람 후신(後身)이 내공(乃公)인가 하노라

— 『춘원시가집』, 1940. 2.

수미암(須彌庵)·2

수미암 찾아드니 능허봉(凌虛峯)에 석양인데
노승은 간데없고 비인 암자뿐이로다
담 밑에 백일홍 피니 옛정인가 하노라

— 『춘원시가집』, 1940. 2.

온정령(溫井嶺)

인생행로가 진실로 어려워라
오르기도 어렵거든 내리기조차 어려운지고!
하물며 진 짐 무거우니 눈물겨워 하노라

인생 백 년을 길다 할까 짧다 할까?
노역은 기옵거늘 향락은 짧을러라
길고도 짧은 것이야 인생인가 하노라

땀에 떠 울며 기며 가까스로 추어 올랐으니
영상(嶺上)의 서늘한 안식을 탐함 직도 하건마는
앞길이 남았사오매 다시 갈까 하노라

"요기요 요기요"커늘 다리 끌고 가옵더니
요기가 어디 있으랴 고개요 또 고개로다
온 길로 돌 줄이 없으니 더 가 보려 하노라

있기는 있더라 가면은 이를러라
가깝다 멀단 말을 사람더런 묻지 마소
원근(遠近)이 내게 있으니 가고 감이 어떠리

―「춘원시가집」, 1940. 2.

보광암(普光庵)

연일 임우(霖雨)로 사오일이나 유련(留連)하게 되어서 여기서 처음 『법화경』을 읽는 인연을 얻게 되었다.

옛 절에 밤 깊으니 풍경 소리뿐이로다
노승의 염불성(念佛聲)도 끊인 지 오래거든
산비만 비인 뜰 가로 오락가락하더라

바람은 어이하여 만고에 불어 있고
구름은 무슨 일로 팔방으로 달리는고?
두어라 천지의 일이오니 보고 놀까 하노라.

첩첩이 쌓인 구름 뚫고 솟는 저 명월아!
만리강산을 두루 다 비취거든
어찌타 이내 방장(方丈)은 밝힐 줄을 모르느니?

— 『춘원시가집』, 1940. 2.

만물초(萬物草)

만상정(萬相亭)에서 한밤을 지낼새 마침 달 밝다.

음영이 움직이니 조화옹의 손이로다
움직이매 나는 소리 그의 쓰는 망치로다
월백(月白)코 풍청(風淸)타거늘 밤일인가 하노라

이 줄을 울리시니 궁(宮)이요 상(商)이로다
저 줄을 울리시니 각(角)이요 치(徵)로구나
만 줄을 만 손으로 울리시니 만뢰(萬籟)인가 하노라

임께서 울리시오니 내 있어 듣는구나
임께서 새기시오니 내 있어 보는구나
저 임아 울리고 새기시옵소서 듣고 볼까 하노라

임 있고 내 없으면 뉘 있어 보오리오?
내 있고 임 없으면 지을 이도 없을 것이
임 짖고 내 있어 보오니 우주인가 하노라

―『춘원시가집』, 1940. 2.

도솔암(兜率庵)

내금강 망군대(望軍臺)에 있는 암자로 승방(僧房)이다.

처마 끝에 흰 구름 얼고 이마에 상아 앉은 제
어떤 젊은 승님이 홀로 앉아 염불만 하노?
한월(寒月)이 뒷봉(峯)을 넘도록 목탁을 치며 염불만 하노

— 『춘원시가집』, 1940. 2.

호랑아

호랑아 추월야(秋月夜)에 대(臺)에 오름 무슨 일고?
동령(東嶺)에 오르는 달구경도 하옵다가
산삼에 살찐 사슴을 엿보기도 하오라

— 『춘원시가집』, 1940. 2.

만폭동(萬瀑洞)·1

만폭동 반석(盤石) 위에 바둑판 그려 놓고
금강 풍월을 혼자 맡아 논단 말가?
아마도 풍류남아는 너뿐인가 하노라

양처사(楊處士) 바둑판이 비인 지 오래기로
청계에 돌을 주워 날 맞도록 앉았으나
어느 벗 행여나 오리 혼자 놀까 하노라

산수야 좋다마는 주인이 그 누군고?
이 좋은 청풍명월이 헛되이 늙단 말가?
영랑자(永郎子) 가고 아니 오니 벗 그리워하노라

―「춘원시가집」, 1940. 2.

만폭동(萬瀑洞)·2

바람이 물소린가 물소리 바람인가?
석벽에 달린 노송 옴츠리고 춤을 추니
백운(白雲)이 허우적거려 창천(蒼天)에서 내리더라

정학봉(靜鶴峯) 솔을 베어 일장금(一張琴) 하옵거든
원화동천(元化洞天)의 신곡(神曲)도 전하련만
천옹(天翁)이 말라 하시니 할 일 없어 하노라

정학봉 향로봉에 소나무 좋을시고!
붉은 몸 푸른 잎에 대조차 곧단 말가?
절벽에 인적이 끊였으니 못 만짐이 설워라

석벽에 붙은 저 허리 굽은 노송아
하고 많은 땅이거늘 구태여 거기 어이?
우리도 속진(俗塵)을 꺼리매 예 왔노라 하더라

—『춘원시가집』, 1940. 2.

석비(石碑)

만폭동으로 마하연(摩訶衍)을 향하노라면 좌편에 천연 석비로 생긴 바위가 있다.

인적 부도처(不到處)에 홀로 선 저 석비야
세운 이 그 누구며 적은 말은 무엇 무엇?
속안(俗眼)이 천어(天語)를 모르니 그를 슬퍼하노라

— 『춘원시가집』, 1940. 2.

산

금강 제봉(諸峯)이 바위로 된 것을 희(戲)한 것이다.

산이라 산이라니 무슨 산만 여겼던고?
큰 바위 갈아 내어 백운(白雲) 중에 세웠더라
풍우에 썩은 줌 흙이야 있다 어이하리오

— 『춘원시가집』, 1940. 2.

바위
만폭동에서

바위야 늙은 바위 네 신세 부럽구나!
천락(天樂)에 취하여서 백운(白雲) 속에 누웠으니
골수(骨髓)에 엉킨 기운이 청풍(淸風)인가 하노라

— 『춘원시가집』, 1940. 2.

명경대(明鏡臺)

천하의 모든 죄인 지옥문에 대령하라!
보살의 손가락이 구름 속에 번득이니
명경(明鏡)이 열린다커든 너 갈 길을 알리라

— 『춘원시가집』, 1940. 2.

백탑동(百塔洞)

백탑동은 수렴동(水簾洞)에서도 십여 리나 들어가는 깊은 곳.

백탑동 깊은 골에 드는 길이 어떻드뇨?
천곡수(千曲水) 만곡수(萬曲水) 물만 따라 오르다가
동천(洞天)이 열리는 곳에 궤좌정례(跪坐頂禮)를 하여라

— 『춘원시가집』, 1940. 2.

운수종적(雲水蹤跡)

고성(高城)서 줄곧 비를 맞으며 유점(楡岾)으로 가는 길에. 이때 박한영(朴漢永) 노사, 이병기(李秉岐) 박현환(朴賢煥) 양형(兩兄)과 동반이었다.

금강이 어디러냐, 관동팔경은 어디 어디?
청산(青山)도 끝없다마는 녹수(綠水)도 끝없어라
이 중에 운수종적도 끝날 줄을 몰라라

— 「춘원시가집」, 1940. 2.

외원통(外圓通)

백천교(百川橋)에서 비를 맞으며 송림사(松林寺)를 찾는 길에.

원통동 깊은 골을 우중(雨中)에 찾아드니
두루 다 백운(白雲)인 제 청계성(淸溪聲)뿐이로다
송림(松林, 廢寺名)에 범종도 끊였으니 갈 곳 몰라 하노라

— 『춘원시가집』, 1940. 2.

동석동(動石洞)

동석동 육육봉(六六峯)을 아는 이 양봉래(楊蓬萊)아?
그 사람 가온 후에 찾는 이 끊였으니
봉두(峰頭)에 그니는 백운(白雲)도 공거래(空去來)를 하더라

— 『춘원시가집』, 1940. 2.

헐성루(歇惺樓)

헐성루 올라서니 만이천봉 일모(一眸)인데
백운(白雲)이 가고 오니 경개 또한 만이천을
단풍이 석양에 타는 양이 더욱 좋다 하더라

금강산 이뤘으니 헐성루 없을쏘냐?
헐성루 있을진대 시인이 누구누구?
누(樓) 있고 시인 없으니 그를 아껴 하노라

영랑봉(永郞峯), 비로봉과 상하중향(上下衆香), 일월출(日月出)
망군대(望軍臺), 지장(地藏), 백마(白馬), 상하금수(上下錦繡), 향로봉
차례로 만이천봉이 고개 들어 뵈더라

—『춘원시가집』, 1940. 2.

봄

노란 버들 숲을, 푸른 보리밭을
기어서 흐르는, 햇빛 받은 아침 개울
먼 산을 가린 안개도 모두 화평하여라

올망졸망한 것, 들쑹날쑹한 것
우리네 사는 집이, 우리네 죽은 무덤
작은 게 흠이 아니라 빛 있으라 하노라

앞에 들이 있고 뒤에는 큰 산 있고
산 지나 마실이요 마실 돌아 강이로다
보릿빛 한창 푸른 제 아침 안개 흘러라

―「춘원시가집」, 1940. 2.

여인네
마산(馬山)에서

봄볕 등에 지고 가시는 저 여인네야
썰물 꼬리 밟고 어디로 가시는고?
아침도 굶었사옵기 가재잡이 갑니다

—『춘원시가집』, 1940. 2.

축원

성수무강(聖壽無疆)하옵시고 팔굉일우(八紘一宇)하옵소서
아주풍운(亞洲風雲)이 하루바삐 걷어져서
창생(蒼生)이 성은에 젖어 공존공영하옵소서

사바중생(娑婆衆生)이 탐진치(貪瞋痴)를 멸하옵고
자비로 육도(六道) 닦아 악도윤회(惡道輪廻) 끊은 후에
모조리 정토복락(淨土福樂)이 그칠 줄을 모르소서

반도 이천만이 묵은 때를 씻사옵고
청정한 새 몸 되어 큰 뜻 큰 힘 얻어서
이 나라 빛내옵소서 자손 창성하옵소서

―『춘원시가집』, 1940. 2.

부여행(扶餘行)

부소산 올라서서 금강을 굽어보니
천정대(天政臺) 내린 물이 낙화암을 씻어 돈다
반월성 여름비 개어 풀이 더욱 푸르러라

천년 꿈인 듯 옛 서울 못 보아도
기와 조각에 새긴 연꽃 그날 솜씨 완연하다
그 문화 일본에 피어서 오늘 다시 보니라

신궁(神宮) 참도(參道)의 흙을 파서 나를 제
부소산 꾀꼬리 소리 울어 보내더라
손 들어 땀을 씻으며 귀 기울여 듣노라

—「신시대」, 1941. 7.

벗님네

(시조 세 머리)

먼 길 달리시어 숨은 나를 찾으시니
벗님네 다사론 뜻을 갚을 길이 바이없네
가신 뒤 멀리 바라보고 혼자 합장합니다

벗님네 날 찾으심 무얼 보고 찾으신고
값없는 이 몸인 줄 아마도 모르시고
행여나 무엇인가 하여 찾으신가 합니다

벗님네 오셨으니 무엇으로 이 받으리
내 집에 있는 것 없어 한갓 맘만 설레다가
산이나 보시오 하고 서창 열어 보이니라

사릉(思陵) 집에서

— 시집 『사랑』, 1955. 10.

무슨 원?
(시조 세 머리)

이 세상 들어올 제 무슨 원을 가졌는고
누구를 보았던고 어떤 일을 하잤던고
내 무엇 찾아 헤매어 이제 여기 있는고

영겁의 끝없는 길 두루 도는 몸일러니
고운 임 만나서도 붙잡을 줄 모르고서
놓치고 또 찾는 길을 가고 가는 나로다

가자 훨훨 가자 가는 대로 가잤어라
가다가 저물어도 드새고나 가잤어라
죽고 또 나고 하면서 끝 간 데를 보리라

― 시집 「사랑」, 1955. 10.

가는 봄

간밤 비바람에 동산 꽃 다 날렸다
병들어 누운 손을 두고 이 봄 지나가네
녹음의 여름 풍류나 즐겨 볼까 하노라

— 시집 『사랑』, 1955. 10.

송석(松石) 박 선생 대인(大人) 수연(壽筵)을 비오며

오래 사소서 매양에 젊으소서
아드님 따님마다 큰 겨레를 이루소서
이 복을 받으시옴도 적선여경(積善餘慶)이셨다

한 복도 어렵거든 다섯 복을 갖추신가
빼어나신 아드님이 그 더욱 기쁘셔라
하물며 양당(兩堂) 해로시니 천복인가 하노라

계유(癸酉) 삼월 이광수 근고(謹稿)

―『송석수연시첩(松石壽宴詩帖)』, 1955.

모르는 은혜

어려움 당하여서 어이할 줄 모르올 제
좋은 이 보내시어 편안하게 하시오니
이 몸이 무엇이기로 이래 괘념하시니까

— 미발표 시첩 『내 노래』

복

복이 탐욕으로 얻을 것이라 하오면
세상에 빈궁한 이 있을 리가 없을 것이
보시(布施)야 부귀의 인(因)임을 알고 보면 알리라

탐욕의 일생에도 어쩌다가 선업(善業) 지어
저도 잊은 선업으로 온 과보(果報)를 모르고서
부귀를 제 탐욕으로 얻음인 줄 알러라

금생(今生) 빈궁이 전생 탐욕 응보(應報)임을
알기곧 알 양이면 전율할 만하올 것이
내생(來生)의 무서운 빈궁을 찾아 중생(衆生) 가더라

— 미발표 시첩 『내 노래』

병든 걸인

문전(門前)에 온 병든 걸인 돈을 주어 쫓고 나서
내 집에 못 들여도 입원이나 시킬 것을
제 모양 지질치 못함을 못내 참괴(慙愧)하니라

다음날 또 왔기로 병원으로 데리고 가
진찰하고 약을 주고 열흘 묵을 돈을 주어
보내고 돌아오는 길이 개운치도 않아라

추운데 온 병인(病人)을 우선 집에 들일 것을
남루에 떠는 몸에 옷 한 벌을 입힐 것을
옷깃에 기는 이 보고 가까움을 꺼리니라

— 미발표 시첩 『내 노래』

무제(無題)

나라 있길래로 죄 주는 법도 있다
이런 법 열 있어도 내 나라만 좋았과져
임일래 지은 죄이매 대견하다 합니다

— 미발표 시첩 『내 노래』

한시(漢詩)와 영시(英詩)

贈三笑居士

東上途中에서 孤舟生

南溪幽屋始逢君
禪榻焚香人自薰
躰胖眼靑容似笑
滿胸道昧定氤氳

―『매일신보』, 1906. 9. 8.

〔번역〕

삼소 거사에게 드림

동상도중(東上途中)에서 고주생(孤舟生)

남계(南溪)의 깊은 집에서 처음 님을 만나니
선탑(禪榻)에 향을 태움에 사람이 절로 향내 나네
몸은 크고 눈은 맑으며 얼굴은 미소짓는 모양이니
가슴에 가득한 도매(道昧)가 정히 따뜻하네

明堂風月 三首

開闢記者索余以一編[1]隨筆余以明堂風月三首寒[2]其責雖云明堂風月隨筆端則一世明堂風月者無韻無廉[3]沒格風月之謂也

辛未除夕韻

四十伶俜一志明
愧聽年首曉鐘聲
文章報國非其器
無那忡忡憂慾世情

石顚上人華甲戲贈

上人何事數年華
六甲元非合佛家
吾聞菩薩超生死
享壽無量籌恒沙

---

1 篇의 오식으로 보인다.
2 塞의 오식으로 보인다.
3 簾의 오식으로 보인다.

其二

平生最愛天眞客
得見斯翁愜此心
白首長存童子德
能同宇宙古如今

〔附言〕
石顚上人映湖堂 朴漢永師也以經名詩僧余喜其天眞欽之慕之者十年于玆矣.

―「혜성」, 1932. 4.

〔번역〕

명당풍월 삼 수

『개벽』 기자[4]가 나에게 한 편의 수필을 써 달라고 하였다. 나는 「명당풍월 삼 수」로 그 책임을 다하고자 한다. 비록 '명당풍월'이라 하였지만 수필[5]이라는 측면에서 일세명당(一世明堂)의 풍월이라는 것으로, 운이 없고, 염도 없고, 격식도 없는 풍월을 이른다.

---

4 『혜성』이 개벽사에서 발간되었기 때문에 '개벽 기자'라고 쓴 듯하다. (감수자)
5 이 글이 실린 난이 '수필(隨筆)'로 되어 있다. 이 한시 뒤에 이정섭(李晶燮)의 한글 수필이 실려 있다. (감수자)

신미년〔1931〕 섣달그믐 정취

사십 세 외로운 늙은이 오로지 하나의 뜻에 밝으니
한 해를 시작하는 새벽 종소리를 들으니 부끄럽구나
문장보국(文章報國)은 그 그릇이 아니지만
세상 물정 근심하는 마음은 어찌할 수 없구나

석전 상인(石顚上人) 화갑에 장난으로 드림

스님께서 어찌 연세를 따지시는가!
화갑잔치는 원래 불가(佛家)에 부합하지 않네
내 듣기로 보살은 생사를 초월했다 하니
갠지스강 모래처럼 무량(無量)한 수명 누리시리

기이(其二)

평생 천진한 사람을 가장 사랑했는데
이 노인 만나 보니 내 마음에 맞구나
백발에도 동자(童子)의 덕을 지녀
고금(古今)의 천지를 하나로 삼을 수 있으리라

[부언]
석전 상인(石顚上人)은 영호당(映湖堂) 박한영(朴漢永) 스님이다. 경(經)으로 이름난 시승(詩僧)이었기에 내가 그 천진함을 기뻐하며 흠모하고 연모한 것이 십 년이 되었다.

無題

古宮秋日暖如春
烏鵲聲中懷遠人
落葉蕭蕭拂水下
此心此院不留蔓

昌慶苑にて先生を御偲申上げます。十月 十日。

1936. 10. 10.

— 이광수 친필 서한

〔번역〕

무제

고궁의 가을날 따뜻하기가 봄과 같은데
까막까치 소리 먼 곳의 임을 그리는 듯
낙엽이 쏴 하며 물을 치고 떨어지니

이 마음과 이 뜰, 누각에 머물지 못하네

창경원에서 선생을 그리워합니다. 10월 10일.

病中吟

본사 사장 방응모(方應謨) 선생이 사무(社務)에 주야 진로하신 여독으로 와석하신 지 월여! 그동안 간독(懇篤)하신 간호와 정양으로써 완쾌하시는 도정에 계시옵는데, 이 병보(病報)를 받은 춘원(春園)이 또한 병중(病中)에서 일 시편(詩篇)을 보내어 위문하였다. 이 시편에 방 선생은 또 화답의 시를 쓰셨다. 이제 이 두 편을 실어 독자에게 드리는 것이다.[1] 일독하여 음미해 보시는 것도 재미있을 것이라 생각된다.(편집자)

聞啓礎翁有疾

病中聞友疾
惻惻更添愁
世事元無定
勞生何所求
白雲行閒閒
綠水流悠悠
舒志願言樂
聊隨不繫舟

戊寅 六月 一日
春園 弟拜

—『조광』, 1938. 9.

---

1 방응모의 답시(答詩)는 생략했다. - 감수자

[번역]

병중에 읊다

계초(啓礎) 옹이 병들었다는 소식을 듣고

병중(病中)에 벗이 아프다고 들어
슬퍼서 더욱 근심을 더하네
세상일은 원래 정해진 것이 없으니
고달픈 생에 무엇을 구할 것인가
흰 구름 떠다니는 것이 한가롭고
푸른 물은 여유롭게 흐르는데
원컨대 마음을 편안히 하고
매어 놓지 않은 배를 따라다니세

무인 6월 1일
동생 춘원 배상

丁丑 四月 二十八日 李光洙 鞠躬

蘇翁言志
句句春風
頑石點頭
理存平中

　　　　　　　　　　　　　　　　蘇峰大先生

　　　　　　　　　　　　　　—이광수 친필 서한

〔번역〕

정축 4월 28일 이광수 삼가

소호(蘇峰) 옹의 말과 뜻
글귀마다 봄바람 이네
완고한 돌도 고개를 끄덕이니
이치가 그 안에 바르게 있네

　　　　　　　　　　　　　　소호 대선생

蘇峰先生

北陸南洋
皇化日彰
蘇峰精神
愈遙愈昌

御快復祈りたてまつる。小著「同胞に告ぐ」差上げました。
先生の子として書いたつもりであります。
昭和 十六年 天長節 香山光郎

— 이광수 친필 서한

〔번역〕

소호(蘇峰) 선생

북쪽 대륙과 남쪽 바다까지
천황의 덕화(德化) 날로 빛나네
소호 선생의 정신
더욱 널리, 더욱 창성하기를

쾌유를 기원합니다. 소저 『동포에게 고한다』를 보내드립니다.
선생의 자식으로서 쓴 셈입니다.
1941. 4. 29. 가야마 마쓰오

呈德富蘇峰先生在五湖

芙岳風光近若何
五湖明月有君多
正當天地維新日
高唱八紘一宇都

1943. 9. 14.

— 이광수 친필 서한

〔번역〕

오호(五湖)에 계신 도구토마 소호(德富蘇峰) 선생께 드림

부악(芙岳)의 풍광은 근래 어떠합니까
오호의 밝은 달을 님께서 즐기시고 계시겠지요
천지간에 유신(維新)의 날을 바로 맞게 되었으니
팔굉일우(八紘一宇)를 높이 모두 노래합니다

柳樹人¹從江南來訪

三十年前滬上親
漢陽相見已衰人
恢天壯志今猛古²

— 미발표 시첩 『내 노래』

〔번역〕

유수인(柳樹人)이 강남에서 찾아오다

삼십 년 전 상해에서 친하게 지냈는데
한양에서 만나 보니 이미 노쇠한 사람이네
천하를 회복하려던 장대한 뜻은 지금도 옛날과 같이 용맹한데

1 유기석(柳基石, 1905~1980). 노신(魯迅)의 『광인일기(狂人日記)』를 번역한 아나키스트이자 독립운동가. (감수자)
2 미완 시. 4구가 되어야 하는데 3구에서 멈추었다. (감수자)

卽興

眞觀淸淨觀
廣大智慧觀
悲觀及慈觀
常願常瞻仰
無垢淸淨光
慧日破諸暗
能伏災風火
普明照世間
念念勿生疑
觀世音淨聖
捨[1]苦惱死厄
能爲作依怙
具一切功德
慈眼視衆生
福聚海無量
是取應頂禮[2]

---

1 '於'의 오자로 보인다. (감수자)
2 여기까지 『묘법연화경관세음보살보문품제이십오(관음경)』의 일부를 이광수가 편집하여 가져온 것이다. (감수자)

— 미발표 시첩 「내 노래」

[번역]

즉흥

참된 관찰 청정한 관찰이며
넓고 큰 지혜로 관찰하며
가엾이 관찰하고 자애롭게 관찰하며
언제나 원하고 항상 우러러 사모합니다
때 없이 청정한 광명이
해와 같은 지혜로 어둠을 깨치고
풍재(風災)와 화재(火災)를 굴복시키고
골고루 밝음이 세상을 비추니
잠시라도 의심하지 말지어다
관세음보살의 맑은 성스러움이
괴로움과 번뇌와 죽는 액운에
능히 믿고 의지할 수 있으니
일체 공덕을 갖추시고
자비로운 눈으로 중생을 보며
복이 모이는 것이 바다와 같이 헤아릴 수 없으니
그러므로 이마에 땅을 대고 공경히 절을 하시오

My Dear Friends
by G. S. Yi

Oh brothers and sisters!
Do you hear, oh do you hear
The sound of the song I sing,
As I sit beneath the ruined wall,
Bowed down and kneeling low?

Oh brothers and sisters!
Do you smell, oh do you smell
The fragrance of the scented wood.
Which I burn with trembling hand,
In the broken censor bowl?

Oh brothers and sisters!
Do you see me, do you see,
As weeping I stand waiting
Outside the city wall, yearning
For you — for a place in your heart?

―「삼천리」, 1938. 1.

[번역]

내 사랑하는 친구에게
이광수

오 형제자매 여러분!
들리나요, 들리나요?
내가 부르는 노랫소리
폐허가 된 벽 아래 앉아서
고개를 숙이고 낮게 무릎을 꿇으며?

오 형제자매 여러분!
냄새가 나나요, 오 냄새가 나나요?
향기로운 나무의 향기.
내가 떨리는 손으로 태우는
깨진 질화로에?

오 형제자매 여러분!
내가 보이나요, 보이나요?
울면서 기다리고 서서
성벽 밖에서 갈망하며
당신 — 당신 마음속의 자리를 위해?

My Song
by G. S. Yi

I sing a song —
An endless mournful melody
When all things in deep silence lie
And all all alone I be
Ceaselessly I raise my cry

My cry ascends and floats away
Scattred by whirling winds afar
As a woman pouring water all the day
Into leaking water jar
I sing my song

I sing and encline mine ear
If per chance there come to me
Some answering echo I may hear —
From distant mountain field or sea
And sing my endless song again

—「삼천리」, 1938. 1.

[번역]

나의 노래
이광수

나는 노래 부르네 —
끝없는 슬픔의 멜로디
모든 것이 깊은 침묵 속에 누워 있을 때
그리고 나는 온전히 혼자가 되면
나는 끝없이 소리 높이네

내 울음소리는 솟구쳐 날아가
저 멀리 휘몰아치는 바람에 흩어지네
종일 물을 붓는 여인처럼
새는 물 항아리에
나는 노래를 부르네

나는 노래하고 귀를 기울이네
우연히 나에게 온다면
어떤 응답의 메아리가 들릴지도 모르네 —
먼 산, 들, 바다에서
그리고 다시 나는 끝없는 노래를 부르네

역시(譯詩)

강촌(羌村)

두보(杜甫) 작

일

붉은 구름 뭉게뭉게 저녁 빛은 땅에 있네
천리객(千里客) 돌아오니 사립 가득 참새 소리

처자는 나를 보고 어찌 살까 하는구나
놀란 마음 진정하니 그제야 눈물일레

세상이 뒤집거늘 살아온 것 우연일세
이웃 사람 모여들어 담을 싸고 느껴 우네
밤 깊어 초를 갈고 대하니 꿈인 듯

이

구차히 살아나서 집에 온들 무슨 낙인가?
철없는 어린것들 또 갈까 봐 매달리네

떠날 때 못가 나무 바람 쐬던 터일러니

슬프다 된 북풍에 근심만 끓는구나

추수도 다 끝나고 술 괴는 소리 나니
덜 된 대로 걸러 먹고 늦은 설움 잊을까나

삼

닭들도 떠들어라 사람 와도 그저 싸워
쫓겨 나무에 오르고야 문소리 들리도다

부로(父老) 사오 인이 먼 길 갔던 나를 찾아
손 각각 들고 와서 청주 탁주 기울이네

"술맛이 나쁘나 수수밭을 누가 갈리?
난리 아니 그쳤으니 젊은것들 원정 가고"

"부로야 노래 받으라 어려운 이 정이 부끄러워라"
노래 끝에 탄식하니 사좌(四座) 모두 눈물일세

― 『조선문단』, 1926. 3. ; 『삼인시가집』, 1929. 10.

외로운 추수꾼
월리엄 워즈워스 작

빈 들에 홀로 있는 북국(北國) 처녀 보아라
이리 왔다 저리 갔다 보리 베며 노래하네

혼자 베고 혼자 묶고 슬픈 노래 혼자 불러
오오 들으라, 깊은 이 골 넘쳐 가는 이 소리를

아라비아 모래밭에 그늘 찾아 쉬는 행인
그네 듣던 나이팅게일 그 소린들 이만하리

멀고 먼 헤브리디스(Hebrides) 인적 없는 바닷가에
적막 뚫는 봄 꾀꼬리 소리 이리 처량하리

묻노라 저 처녀야 네 무엇을 읊조리나?
지나간 슬픔이냐? 옛 전쟁의 이야기냐?

인생의 덧없음을 한탄하는 노래인가?
면치 못할 고생 설움 네 신세의 하소연인가?

물어도 대답 없고 노래도 끝이 없네

허리 굽혀 낫 두르며 쉬지 않는 일과 노래

망연히 서 있다가 산으로 올라가니
소리는 안 들려도 그 곡조 안 들리랴

—「삼인시가집」, 1929. 10.

시월(그중 몇 절)
게라시모프 작

기운차게 탄환을 노래하라
맥박은 기관총에 맞춰라
고통은 스러지고
환희는 찬송가와 같이 울리네

눈 밑에 눌렸던 통곡은
꽃이 되어 피어나네
우리는 별의 종자를
처녀지에 뿌리려네

농민의 발자취가
장미로 되어 나듯이
우리는 불의 낫으로
눈보라를 베어 들이세

기쁨이 스러지지 말도록
생기 있는 눈의 광채가 스러지지 않도록
우리는 태양의 기름을
우리 가슴에 부어 넣으려네

나아가라 나아가라 빛나는
혁명의 맘의 배야
붉은 날개 치는 물결 위로
용솟음치는 소용돌이 속으로

비췰지어다 꺼질 줄 모르는
맘의 등대여
스러져 가는 어둠을
뚫고 비췰지어다

말과 맘은 합하여
승리의 기쁨에 차네
그리하고 노동의 물결은
무쇠 같은 리듬을 울리네그려

— 『삼인시가집』, 1929. 10.

콩코드기념비 제막식
랄프 왈도 에머슨 작

장강(長江) 위에 휘임한 옛 다리 가에
그들의 군기(軍旗)는 4월 바람에 날렸다
이곳에 우민(愚民)들은 나라를 위해
전 세계를 울리는 총을 놓았다

그들의 적도 고요히 자는 지 오래고
승리자인 그들도 고요히 잠이 들었다
흐르는 세월이 이 옛 다리를 휩쓸어
바다로 기어드는 검은 강파(江波)에 떠내려갔다
이 풀 푸른 언덕 부드러운 물가에
우리는 이날에 돌비를 세운다
존경하는 선인들 모양으로 우리 자녀들이 간 뒤에라도
그네는 존귀한 공적을 기념할까 하고
영(靈)아 그 영웅들에게 죽을 용기를 주고
그네의 자손에게 자유를 주게 하던 영아
세월과 천지를 명하여 깨뜨리지 말게 하라
그들과 너 위해 세우는 우리의 이 비를

—『조선문단』, 1931. 6.

낡은 외투

　　　이 시는 15, 6세기의 영국 무명 시인의 시인데, 춘원은 세검정(洗劍亭) 하반에서 「하바스 클래쓰」 원문으로 이 시를 읽다가 기자에게 번역해 주었다. 시의 내용은 영국 가정 풍경을 노래한 것으로, 남편이 암소를 팔아 새 외투를 사겠다고 하니까 부인이 그러지 말라고 반대하는 장면인 것이다. (기자 주)

우리가 서로 앉아 사십사 년에
아들딸을 아홉 열 아니 낳았소?
그것들을 다 길러 어른 만들어
하느님을 공경하게 하지 않았소?
그런데 이제 와서 왜 망령이오
영감 헌 외투를 제발 입으소—

우리나 마누라나 순하면서도
만사에 가끔 나를 순종시키오
구순한 살림살이 하여 가자니
비록 장부지만 가끔 지지요
뒷날에 하던 대로 앞날도 하지
그러다 헌 외투를 내 입으리라

—『신인문학』. 1934. 2.; 시집 『사랑』, 1955. 10.

〔원문〕

The Old Cloak

It is four and fourty years ago
Sine the one of us the other did cen
And we have had betwixt us two
Of children either nine or ten
We have brought them up to women and men
In the fear of God I trow they be
And why wilt thou thyself misken?
Man take thine old cloak about thee!

Bell my wife she loves not strife
Yee she will lead me if she can

And to maintain an easy life
I oft yield though I'm good man
As we began so will we keep
And I will take my old cloak about me

수선화
윌리엄 워즈워스 작

산머리에 높이 뜬 구름과 같이
나 홀로 방황하올 제
호숫가 나무 그늘에
수선화 한 떼를 문득 보았네
가는 바람에 너울너울
춤추는 금빛 수선화

은하수 가에 반짝거리는
별과도 같이 촘촘히
끝없는 줄을 지어 물가로
늘어선 저 수선화야
천이냐 만이냐 고개를 까닥여
기쁨에 겨운 춤을 추도다

물결도 곁에서 춤을 추건만
기쁜 물결보다도 더 빛나도다
이러한 벗과 같이할 때
시인이 안 기쁘고 어이리마는
나는 보다 다만 보다 생각은 못 하다

이것이 얼마나 귀한 보배인 줄을

그러나 매양 탑(榻)에 홀로 누워
유념무념에 황연(恍然)할 때에
나의 심안에 번뜻거리는구나
오오 수선화 외로운 때의 복이여
그때 나의 맘은 기쁨에 차고
그들과 어우러져 춤을 추도다

—『조선문단』, 1935. 6.

아메리카 사람들아

월트 휘트먼 작

"아메리카 사람들아! 정복자들아! 행진하는 인도자들아!
선도자야! 행진하는 세기야! 자유민아! 모든 단체들아!
이것이 너희가 부를 노래의 제목이다"

"푸레에리(대초원)의 노래와
길게 달아나는 미시시피강과 멕시코해에 흘러 들어가는 노래와
오하이오며 인디아나며 일리노이며 아이오와며 위스콘신이며 미네소타의 노래와 그 밖에 중부에서 캔자스에서 사방으로 우러나오는 노래는
만물에 생기를 주려고 끊임없이 내뿜는 불의 맥박에서 터지어 나오는 것이다"

―『조선문단』, 1935. 6.

신종송(晨鐘頌) 역(譯)
신계사(神溪寺) 보광암(普光庵)에서

맑은 소리 구름 뚫고 자주 귀에 들려오니
광음이 빠른 줄을 그때마다 깨닫도다
크게 치고 작게 치니 다 까닭이 있사오며
두 번 울고 세 번 우니 모두 때를 아룀이라

원컨댄 이 종소리 법계(法界)를 두루 울려
지옥의 구석까지 모조리 밝혀지다
삼도(三道) 비록 괴로워도 도산(刀山)도 깨뜨리고
일체중생이 정각(正覺)을 이루소서

— 『춘원시가집』, 1940. 2.

무제(無題)

윤직(尹直) 작

달 없고 임 없는 이 밤
새우라면 그대로 새우기도 하겠지만
고독에 싸인 이 심경 임 아니면 누구에게 말할 것인가
동백(冬栢)이 천년이라면 내 마음 알아 줄까
아마도 달 뜨고 임 오실 때까지 기다릴까 하노라

— 미발표 시첩 『내 노래』

가요

동아일보 사가(社歌)

1
이천만 가슴속에 졸던 자유혼
깨어라 소리치어 자유의 소리
나날이 새 힘 자라 새는 날마다
영원히 외치도다 자유의 소리

(후렴)
동아일보 동아의 종소리
자유종 소리 이천만 자유혼의 외치는 소리
만국에 울려라 만세에 울려라

2
이 붓대 보았는가 정의의 붓대
의 아닌 것 보고는 못 참는 붓대
차라리 의에 싸워 꺾일지언정
곧고 곧은 그 기개 휘지 못하네

3
횃불은 들렸도다 진리의 횃불

삼천리 우리 강산 두루 비춰려
옛 역사 새 정신 타는 광명은
천만 대 내리 전할 진리의 햇불

4
원컨데 북이 되어 사랑의 꾸리
끝없는 실을 끌고 동포의 가슴
낱낱이 들며 나며 이천만 혼을
짜리라 새 조선의 빛난 깃발을

— 「신생」, 1930. 4.

오산학교 교가

네 눈이 밝구나 엑스빛 같다
하늘을 꿰뚫고 땅을 들추어
온갖 진리를 캐고 말련다
네가 참 다섯 뫼의 아이로구나

네 손이 살갑고 힘도 크구나
불길도 만지고 돌도 주물러
새로운 누리를 짓고 말련다
네가 참 다섯 뫼의 아이로구나

네 맘이 맑구나 예민도 하다
하늘과 땅 사이 미묘한 것이
거울에 더 맑게 비치는구나
네가 참 다섯 뫼의 아이로구나

네 인격 높구나 정성과 사랑
네 손발 가는 데 화평이 있고
무심한 미물도 다 믿는구나
네가 참 다섯 뫼의 아이로구나

─「신생」, 1930. 4.

오산학교 창립 기념가

돌아보라 살진 두던 황량케 거칠었네
다시 같이 그 누구인가
어화 이날이여 우리 학교 창립한 날
이날 우리들 난 날
맘하여라 우리 학교

흙 뒤는 자 흙을 뒤고 뿌리는 자 뿌리되
맘과 뜻은 하나로다
어화 이날이여 우리 학교 창립한 날
이날 우리들 난 날
끝날까지 한 몸 되라

비옵나니 어미 학교 영원히 견디어라
좋은 자 더 많이 나라
어화 이날이여 우리 학교 창립한 날
이날 우리들 난 날
잊지 말아 어미 학교

―「신생」, 1930. 4.

오산 경가(競歌)

간 데마다 악이거든 넘어뜨리고
선이거든 무엇이나 일으키면서
바람 부는 들에서나 물결에서나
오직 우리 하나님께 영광 돌리세

백두산서 자란 범은 백두호라고
범 중에 범으로 불리느니라
우리들은 오산에서 자라났으니
어디를 가든지 오산이어라

—『신생』, 1930. 4.

경성 보성전문학교 교가

1
젊은 가슴 숨은 생명 힘 넘쳐 뛰노나
이 힘이여 이 생명을 펼 곳이 어딘가
눌린 자들 쳐들기에 굽은 것 펴기에
쓰리로다 불리리다 이 힘과 이 생명

(후렴)
보성전문 보성전문
우리 모교 보성전문

2
우리 무리 드는 깃발 생명 정의 진리
성과 용의 붉은 피로 지킬 것이 이것
온 세계에 흐린 물결 굽이쳐 흘러도
확신하네 최후 승리 정의와 또 진리

3
바라보라 천리만리 앞길은 멀어도
비췬 희망의 빛 크기도 크구나

길은 멀고 일은 크나 준비도 크리라
소리치고 일어나자 보성의 건아야

―『신생』, 1930. 4.

운동의 노래

[짓는 까닭] 화나는 것, 근심, 걱정—이것처럼 인생의 몸의 건강과 마음의 화평을 집어먹는 좀이 또 있나. 이것들한테 지는 날이면 우리의 몸은 날로 쇠약하고 싸울 힘은 날로 줄어진다. 이것을 잊자고 술을 먹는 이가 많으나 술은 일시 근심, 걱정을 잊게 한다 하더라도 후독이 무서워 새 근심, 걱정을 빚어낸다. 근심, 걱정 푸는 법으로는 두 팔을 활활 내어두르고 두 다리를 버둥거리며 소리를 지르고 운동을 하는 것이 제일 좋은 듯하다. 운동에 무슨 법 있나. 스웨덴식이나 덴마크식이나 무어나 사지를 내어 두르기만 하면 그 효과는 생긴다. 그것을 할 때에 노래를 부르는 것이 더욱 효과가 있다. 이것은 그러한 노래의 하나.

1
고해라는 세상에
태어나온 인생이
근심, 걱정 안 하고
살아갈 수 있겠나

2
맘 맞는 일보다도
안 맞는 일 더 많아
근심, 걱정 다 하면
편안할 날 있겠나

3
근심하다 일 되며
걱정하다 일 되며

이 세상 한세상을
유쾌하게 사세나

4
참을 것은 참게나
잊을 것은 잊게나
참고 잊고 남는 건
운동으로 풀게나

5
풀고 풀고 남는 건
그야 어찌하겠나
몸과 맘의 힘 길러
싸워 이겨 보세나

— 「동아일보」, 1931. 12. 1.

유치원 원유회가(園遊會歌)

1
많이들도 모였구나
반가워라 동무들
오늘은 오늘은
우리들의 좋은 날

2
어른들도 오셨구나
우리 보러 오셨다
오늘은 오늘은
우리들의 좋은 날

3
기운차게 노래하자
활발하게 뛰놀자
오늘은 오늘은
유치원 원유회

1936년 5월 16일 작

―「조선일보」, 1936. 5. 16.

우리 집의 노래

방 치우고 소세(梳洗)하고 다 차렸느냐
언니, 누나, 아우, 누이 다 모이어라
아버님께 어머님께 인사드리자
밤사이 안녕히들 주무셨는지

아버님과 어머님이 앞을 서시고
언니, 아우 항렬 찾아 차례로 서서
신명(神明) 전에 합장하고 기원하세
우리나라 우리 집이 태평하소서

몸에 가득 아침 하늘 햇빛을 받아
공손하게 가지런히 허리 굽혀서
우리 임금 천황폐하 계신 곳을
마음 모아 정성 모아 요배(遙拜) 드리세

둥근 상에 둘러앉아 온 집안 식구
받자옵는 아침밥의 고마움이여
한 그릇 밥 우리 상에 오르기까지
들인 수고 생각하니 고개 숙어라

식구마다 제 일터로 찾아 나갈 제
어느 일은 임금님의 일이 아닌가
부지런히 하루 일을 마치고 나서
모여드는 우리 집의 즐거움이여

―「신시대」, 1941. 1.

민요

미아리

미아리 가면은
무덤도 많아요
어느 무덤이
우리 님 무덤요

어느 무덤은
우리 님 아니오?
서글픈 이 절을
골고루 받으소

— 「삼천리」, 1934. 7. ; 「춘원시가집」, 1940. 2.

딸기 순

우래기 무덤에
잡풀은 뽑아도
딸기 순 난 것은
다치지 마세요

덩굴이 벋어서
딸기가 열어서
빨갛게 익으면
혹시나 나올까

주(註)
• 우래기 : 우리 애기

— 『삼천리』, 1934. 7.

저기 저 아씨들

저기 저 아씨들
고만들 우서요
남편의 무덤요?
아드님 무덤요?

어느 누구는
아니 죽나요?
먼저 죽기로
설울 것 있나요?

— 「삼천리」, 1934. 7.

동요

만세

이 애들아 나가 대한 독립을 위해
만세를 부르자 만세를 부르자

하늘을 우러러 왼 세계를 향하여
만세를 부르고 만세를 부르자

잡혀 가면서 피 흘려 가면서도
만세를 부르고 만세를 부르자

목이 터지도록 왜나라 꺼지게
만세를 부르고 만세를 부르자

이 애들아 끝내 대한 독립 날까지
만세를 부르자 만세를 부르자

—「신한청년」, 1919. 12. 1.

우리 애기 자는 잠

우리 애기자는 잠
평화로운 잠일세
하나님이 지키시니
평화로운 잠일세

아빠 곁에 자는 잠
평화로운 잠이요
엄마 곁에 자는 잠
평화로운 잠일세

하늘 높이 뜬 달도
평화로운 잠이요
반짝반짝 별들도
평화로운 잠일세

흘러가는 강물도
평화로운 잠이요
늠실늠실 바다도
평화로운 잠일세

수풀 속에 새들도
평화로운 잠이요
연못 밑에 고기도
평화로운 잠일세

평화로운 잠 자고
아침 일찍 일어나
양치하고 세수하고
맘마 먹을 잠일세

한 밤 자고 두 밤 자
놀고 자고 놀고 자
모락모락 자라서
큰 어른이 된다네

―『동아일보』, 1931. 11. 18. ; 『춘원시가집』, 1940. 2.

잃어버린 노래

어젯밤 애기 잘 때
노래 하나 얻었네
그 노래를 부르며
우리 애기 재웠네

우리 애기 재우고
나도 따라 잠들어
어젯밤 얻은 노래
고만 잃어버렸네

아무리 생각해도
잃은 노래 못 찾아
노래 잃은 노래로
오늘 애기 재우네

—「동아일보」, 1931. 11. 27.;「춘원시가집」, 1940. 2.

나무리 구십리

어젯날 좋은 날
우리 애기 날
나무리 구십리
일점풍 없네

어젯밤 수리재
눈보라 치나
우리 애기 한양에
편안히 쉬네

우리 애기 가는 데
봄바람 불고
우리 애기 잠들면
물결도 자네

복 많은 우리 애기
가는 곳마다
세상에 기쁨과
화평을 주네

— 『삼천리』, 1932. 2. ; 『삼인시가집』, 1929. 10.

꾀꼬리

우리 애기 나던 날
꾀꼬리가 울었네
오월에도 그믐날
꾀꼬리가 울었네

창경원에 꾀꼬리
꾀꼬리오 고리오
성균관에 꾀꼬리
꾀꼬리오 고리오.

오월에도 그믐날
우리 애기 나던 날.
우리 애기 났다고
꾀꼬리가 울었네

—「춘원시가집」, 1940. 2.

자장

자장 자장 우리 애기
우리 애기 잘 자네
자면은 이쁜이
울면은 미움보

자장 자장 우리 애기
우리 애기 잘 자네
미움보 될 리 있나?
우리 애기 이쁜이

—『춘원시가집』, 1940. 2.

뒷동산에

뒷동산에
토끼 한 마리
깡충깡충
뛰어간다.
   딴따라란
    따라따라란
     따라란 따라란 딴따라란

저 앞밭에
비둘기 한 쌍
구구구구
새끼 어른다
   딴따라란
    따라따라란
     따라란 따라란 딴따라란

―『춘원시가집』, 1940. 2.

우리 애기 잠자오

우리 애기 잠자오
소리 내지 마세요
천당에서 놀던 꿈
깨뜨리지 마세요

지나가는 바람도
사뿐사뿐 가세요
장난꾼이 새들도
조용조용 하세요

—『춘원시가집』, 1940. 2.

어디서 오셨나?

우리 애기 어디서 오셨나?
저기 저기 별에서 오셨네
이 세상을 구경하려고
너울너울 날아오셨네

생소한 이 세상에 누구를
찾아 찾아 별에서 오셨나
엄마 아빠 찾아 오셨네
우리 집에 귀하신 손님

— 『춘원시가집』, 1940. 2.

해설

영웅, 친일, 사랑: 이광수 시의 도정

정기인

1. 민족 영웅과 다양한 형식 실험

　문학평론가 김현(1942~1990)은 이광수를 "만지면 만질수록 덧나는 상처"라고 표현했다. 이는 이광수가 일제강점기를 대표하는 문호로, 한국 근대소설의 '아버지'로 일컬어졌고, 또 '민족'을 부르짖은 민족주의자로 동경에서의 2·8독립선언서를 기초하기도 하였지만, 결국 친일에 앞장섰던 인물이기 때문이다. 이러한 이광수가 '상처'이기 위해서는 그만큼 그의 영광과 오욕이 마치 자신 또는 '우리'의 것인 듯 동일시되어야 한다. 즉, 이광수의 50년 후배이자 일제강점기에 태어난 김현에게 여전히 이광수는 '객관적' 거리를 두고 바라볼 수 없는 진행형인 '상처'로 인식되었던 것이다. 그러나 이 글을 쓰고 있는 현재, 이미 이광수는 세상을 떠난 지 70여 년이 지났기에 '우리'는 조금 더 거리와 여유를 두고 이광수를 평가할 수 있지 않을까?
　그러한 관점에서 이 글은 이광수의 시를 거리를 두고 차분하게 정리해 보고자 한다. 우선 그의 시를 세 단계로 나누어서 살펴보자. 첫째는 산문시로 출발하여 다양한 형식적 실험을 거듭하다가 시조로 나아가는 단계로, '민족 영웅'을 애타게 부르짖는 시기이다. 한국 최초의 월간잡지 『소년』에 발표한 「우리 영웅」은 충무공 이순신에 대한 시이다. 여기서 이광수는 "나의 선조가 나고 자라고 / 죽어서도 그 몸을 묻은 이 땅", 또 "내가 나고 자라고 활동하고 / 죽어서도 이 몸을 묻을 이 땅"인 "내 나라"를 위해서 자신의 안위와 행복을 뒤로하고 목숨을 바쳐서 싸우는 이순신과 장병들을 예찬하고 있다.

    생명 자유 품은 이 땅 내 나라 위하여
    오 척 단구 이 몸 가루를 만들고
    심장에 끓으며 전신에 돌아든
    맑고 밝고 뜨거운 이 내 피로
    삼천리 청구(靑邱)를 물들이리라
    부모 형제자매—한 피 나눈 우리 동포
    생명 자유 품은 이 땅—내 나라의 운명이 위기일발한 이때 오늘날
    (중략)
    부모 형제자매—한 피를 나눈 우리 민족이
    청구의 낙원으로부터 큰 사명을 다할 때까지 찬양하고 노래하리라
    우리 영웅 충무공 이순신

  –「우리 영웅」(『소년』, 1910. 3.) 중에서(25~26쪽)

차근차근 진행되어 오던 국권 침탈의 과정을, 이광수는 임진왜란의 "위기일발한 이때 오늘날" 이순신이라는 "우리 영웅"을 호명하는 것을 통해서 시적으로 대응하고자 했다. 같이 피를 나눈 "우리 민족"을 위해

"오 척 단구 이 몸 가루를 만들고" "내 피로" "삼천리"를 물들이겠다고 피를 토하듯 노래한다. 그러나 이 시가 발표된 1910년 3월에서 불과 5개월 후 한국은 일제에 의해 국권을 상실한다.

이 시기 이광수 시를 이해하기 위해서 염두에 둘 것은, 이때가 한국어로 시가 쓰인 최초의 시기라는 점이다. 물론 시조가 있었지만, 이는 가창을 염두에 둔 노랫말이었고, 가사 또한 마찬가지였다. 따라서 노래와 분리된 시를 한국어로 쓰기 위해서는 새로운 형식을 창안해야만 했던 시기이다. 이광수는 이에 여러 가지 형식을 실험한다.

내 소원
(ㅏ운―가, 나, 다, 라, 아)

가멸일샌 맘이랄가 이름일샌 바다라나
다비치고 다받아도 고요키론 없음같다
튼튼한몸 나온심정 시를읊고 밭을가라
대우주의 이(理)와 운(運)을 점쳐웃는 저선비아

―「내 소원」(『청춘』, 1915. 1.) 전문(44쪽)

앞서 산문시 「우리 영웅」이 민족 영웅을 피를 토하듯 부르짖기 위해 자유롭게 격렬한 리듬을 도입한 것과는 정반대로, 이 시는 4음보에 16자, 게다가 '가, 나, 다, 라, 아' 운까지 맞춘 정형시이다. 이 시는 '언문풍월(諺文風月)'이라는 장르로, 한시의 모방으로 여겨진다. 여기서 이광수가 '선비'에 대해서 노래한 것은 우연이 아니다. 이후 이광수는 시조 형식으로 자신의 모습을 '궁한 선비'로 묘사한다.

  지아비는 쭈그리고 침 구멍 둘려 때고
  지어미 "추워" 하며 양말 바닥 깁는구나
  "이것도 집이오?" 하거늘 "둥지외다" 하더라

  기침증을 핑계 삼아 아랫목에 이불 펴고
  선비와 아내 둘이 자리 밑에 발을 넣고
  아내는 저고리 짓고 선비는 글 짓더라

  두 달 만에 처음 타 온 백 냥 월급 앞에 놓고
  선비님은 책을 사리 아내는 무명 사리
  초한(楚漢)이 오르던 차에 쌀값 내라 하더라

  중학교에 으뜸 교사 노학자로 자처턴 몸
  논리학 심리학 맛 이제야 처음 들어
  한 손에 담뱃대 들고 꾸덕꾸덕 파더라

  -「궁한 선비」(『청춘』, 1917. 6.) 전문(52쪽)

 당시 중학교 선생님이었던 이광수는 논리학, 심리학 등을 공부하는 '신식' 선비의 모습으로 자신을 그린다. 이후 그는 「문사와 수양」(『창조』, 1921. 1.) 같은 글에서 작가를 '문사'로 지칭하며, 덕성의 수양이 필요하다는 주장을 한다. 이후에도 송(頌), 송(送), 악부시의 형식, 그리고 죽은 자를 애도하는 만시(輓詩) 형식 등 다양한 형식을 국문시로 실험하게 된다. 즉, 한국어로 시가 무엇인지 아직 합의가 없던 시대에, 이광수는 다양한 과거 시 형식을 실험하면서 한국 근대시 형식을 가다듬게 되는 것이다.

이후 1920년대에 들어 이광수의 시적 형식 실험은 시조와 자유시 두 갈래로 정착되는 듯 보인다. 특히 이 시기에는 시조 창작이 집중적으로 이루어지며, 시조의 전통적 가락으로 '우리'의 '정신'을 찾고자 한다. 1910년대에도 이광수의 시조가 발견되지만, 이때는 시험 삼아 시조 형식을 실험해 본 것이라면, 1922년 『백조』에 『삼국사기』의 인물들을 시조 형식으로 풀어서 서술한 후부터 이광수의 시조 창작은 본격화된다.

> 곤연의 큰 바위에
>   눈물이 어인 일고
> 새 임금 나시오니
>   대지에 땀이로다
> 해부루 노왕의 기쁨을
>   이제 본 듯하여라
>
> ─「악부(고구려지부)」 중 '금와'(『백조』, 1922. 1.) 전문(427쪽)

위 시조는 『삼국사기』의 '금와'를 시조 형식으로 소개하며, '악부'라고 이름 붙인 것이다. 과거 전통을 소개했기에 특별히 시조 형식을 취하였다고도 볼 수 있으나, 이후 이광수는 시조 형식을 통해 심상한 일상을 노래하고, 이는 해방 후까지 30여 년간 지속되어 이광수 시에서 큰 비중을 차지하게 된다.

> 작년에 크던 잠옷 금년에는 무릎 치네
> "작아서 어이하리?" "동생이나 물려주지"
> 어른들 웃는 것 보고 저도 따라 웃더라
>
> – 「잠옷」(『삼천리』, 1929. 6.) 전문(446쪽)

예를 들어 위 시조는 이광수의 일상을 시조 형식에 담은 것으로, 아이를 키우면서 있었던 삽화를 노래하고 있다.

2. 친일시의 논리와 민족 영웅시 논리의 동일성

이렇게 민족을 위해서 이순신과 같은 영웅을 찾으며, 민족적 형식인 시조 형식에 일상을 녹여 내는 실험을 하던 민족주의자 이광수는 1940년대에는 조선 청년들에게 전쟁에 나서라는 시를 거듭해서 짓는다.

> 그대는 벌써 지원하였는가
> ─특별 지원병을─
> 내일 지원하려는가
> ─특별 지원병을─
>
> 공부야 언제나 못 하리

다른 일이야 있다가도 하지마는
전쟁은 당장이로세
만사는 승리를 얻은 다음날 일

승패의 결정은 즉금(卽今)으로부터
시각이 바쁜지라 학교도 쉬네
한 사람도 아쉬운지라 그대도 부르시네
일억이 모조리 전투 배치에 서랍시는 오늘

— 「조선의 학도여」(『매일신보』, 1943. 11. 5.) 중에서(218쪽)

    식민지 조선인은 아직 의무 징병이 아니었다. 3·1운동과 그 이후의 독립운동을 예의 주시하던 일본 군부 입장에서, 신뢰할 수 없는 식민지 조선인과 함께 총을 든다는 것은 모험이었다. 그러나 전선이 밀리고 패색이 짙어지면서, "특별 지원병"의 형태로라도 식민지 조선인을 모집하였고, 이를 위해 조선의 청년들이 신뢰하던 식민지 조선 지식인들이 대거 '동원'되었다. 이광수는 그중에서도 선두 격이었다. 젊디젊은 학생들에게, "공부야 언제나 못 하리"라며, "일억이 모조리 전투 배치"되어야만 하는 급박한 상황임을 강조한다. 여기서 "일억"은 누구일까? 당대 일본 내지인은 7천만 명 정도로 추정되니, 나머지 3천만 명은 바로 '삼천만 조선인'이었다.

조국의 흥망이 달린 이 결전
민족의 운명이 결정되는 마루판

단판일세, 다시 해 볼 수 없는 끝판
그대가 나가서 막을 마루판 싸움

(중략)

이 싸움 이기고 나서
아세아 사람의 아세아로
천년의 태평이 있을 때
그 어떤 문화가 될 것인가
아세아는 세계의 성전(聖殿)
세계의 낙원, 이상향
신앙과 윤리와 예술의 원천
그러한 아세아를 세우려고
맹수 독충을 몰아내는 성전(聖戰)
일본 남아의 끓는 피로
아세아의 해(海)와 육(陸)을
깨끗이 씻어 내는 성전(聖戰)

(중략)

그래, 처자를 돌아보는가
자손의 영광이, 번창이
이 싸움 안 이기고 어디 있으리
부모길래, 처자길래, 가라, 그대여

병역의 의무 없이도

가는 그대의 의기―

그러므로 나라에서

특별 지원병이라 부르시도다

의무의 유무를 논하리

이 사정(私情) 저 형편 궁리하리

제만사(除萬事) 제잡담(除雜談) 하고

나서라 조선의 학도여

그대들의 나섬은

그대들의 충의(忠義) 가문의 영화(榮華)

삼천만 조선인의 생광(生光)이요 생로(生路)

일억 국민의 기쁨과 감사

남아 한번 세상에 나

이런 호기(好機) 또 있던가

일생일사(一生一死)는 저마다 다 있는 것

위국충절(爲國忠節)은 그대네만의 행운

가라 조선의 육천 학도여

삼천만 동향인의 앞잡이 되라

총후(銃後)의 국민의 큰 기탁과

누이들의 만인침(萬人針)을 받아 띠고 가라

―「조선의 학도여」 중에서(219~221쪽)

여기서 이광수는 이 전쟁을 "성전(聖戰)"으로 규정하며, "세계의 낙원"으로서의 아시아를 세우기 위해 "일본 남아의 끓는 피"가 필요하다고 한다. 물론 여기서 조선인은 일본인에 포함되어 "일억"이라는 숫자가 도출되는 것이다. 과거 "우리 영웅" 이순신을 부르며, 일촉즉발의 상황에서 "삼천리"를 "내 피"로 물들이라고 하며 우리 "민족"을 위해 일본과 싸우자고 했던 이광수의 논리는 완전히 돌변한 것처럼 보인다. 그러나 어쩌면 이 둘 사이는 아주 작은 간극만이 있는 것일지도 모른다. '일본'을 위해 피를 흘리자는 이 시에서도 '민족'이 호명되고, 결국 민족을 위해 나아가서 싸우고 죽자는 논리는 같기 때문이다. 이때 민족이 '조선' 민족을 말하는 것인지, 아니면 (조선인이 포함된) '일본 남아'를 말하는 것인지는 알 수 없다. 조선 민족을 위해 일본에 협력해야 한다는 논리가 매개된다면, 이때 '민족'의 내포가 '조선 민족'이어도 조선 민족을 위해 '성전'에 나가야 한다는 말이 성립된다. 아니면 일제 말기 일본이 거듭 주장했던 '내선일체(內鮮一體)'(내지 일본과 조선은 하나의 몸이다)에 따르면, 일본과 조선은 하나의 '민족'인 것과 마찬가지이다. 어찌 되었든, 이광수는 이렇게 매끄럽게 '민족'의 범위를 확장함으로써 30여 년 전 조선을 위해 피를 흘리자며 이순신을 찾다가, 이제는 일본 천황을 위해 피를 흘리자고 선동하고 있는 것이다.

3. 해방 후의 변명과 사랑

해방 후 이광수는 이러한 친일 행위들이 모두 "민족을 위해"서였다고 변명한다.

그러나 나는 믿었습니다—인과의 이법(理法)을, 힘의 불멸을

내가 바치는 머리카락만 한 힘도 쌓이고 쌓이면 무엇이 되리라고

내가 호호 부는 다스운 입김이 삼천리 삼천만의 어느 몸을 조금이라도 녹이리라고

그런데 나는 민족 반역자의 죄명으로 법에 걸렸습니다

(중략)

그러나 나는 아무리 겸손을 꾸미더라도 그런 거짓말은 할 수 없습니다

나를 어리석었다 하면 그것은 수긍도 하겠습니다

대국(大局)을 볼 줄 몰랐다 하면 그럴 법도 하겠습니다

저를 모르는 과대망상이었다 하면 그럴 법도 하겠습니다

"네까짓 것이 하나 나서기로 무슨 민족 수난 완화의 효과가 있었겠느냐" 하면

거기 대하여서도 나는 묵묵하겠습니다

어리석은 과대망상—아마 그럴는지도 모릅니다

나는 '우자(愚者)의 효성'이라고도 저를 평해 보았습니다

그러나 나는 내가 할 일을 하여 버렸습니다

내게는 아무 불평도 회한도 없습니다

나는 '민족을 위하여 살고 민족을 위하다가 죽은 이광수'가 되기에 부끄럼이 없습니다

천지가 이를 알고 신만이 이를 알 것입니다

세상에도 이를 아는 동포도 있을 것입니다

아니, 아는 이가 한 분도 없어도 할 수 없거니와 그래도 좋습니다

나는 내가 할 일을 하였기 때문입니다

- 미발표 시 「인과(因果)」 중에서(390~392쪽)

    이광수는 자신이 어리석었을지 몰라도, 끝끝내 민족을 위해서 "삼천리 삼천만의 어느 몸을 조금이라도 녹이리라고" 친일을 했다고 변명한다. 이러한 억지는 어떻게 가능했던 것일까? 앞서 살펴보았듯이, 공부는 언제라도 할 수 있지만 전쟁에는 지금 나서야 된다고 하며, 일본 남아로서 죽자고 권유했던 것이 어떻게 "삼천만의 어느 몸"을 녹이는 일이 된다고 주장하는 것일까? 이광수가 기대고 있는 논리는, 당시 조선인이 일본에게 받던 차별을 극복하기 위해서는 일본인과 함께 전쟁에 나서서, 그들을 위해서 죽어서 인정받아야 한다는 것이었다. 이것이 조금이라도 인정받기 위해서는 두 가지 조건이 필요하다. 첫째, 일본은 계속 지속될 단단한 제국이었어야 한다. 둘째, 조선인이 일본을 위해 지원해서 죽으면 일본에서는 차별을 완화시킬 것이다. 일단 첫 번째 조건이 틀렸다는 것은 역사가 보여 주는 것이며, 둘째도 당대의 민족말살정책 등을 보면 가능했을 법하지 않다. 물론 시대 밖에서 해당 시대 속에 있는 인물의 한계를 지적한다는 것은 조심스러운 일이다. 그러나 분명 같은 시대에 엄혹한 환경 속에서 독립운동에 매진했던 인물들도 이광수와 함께 그 시대 속에 존재했었다는 것 또한 거듭 강조되어야 한다. 이광수의 이 고백이 진실하다면, 그는 분명 시대에 대한 판단력이 매우 떨어지는 인물이었거나, 아니면 압박 속에서 믿고 싶었던 것을 믿어 버리고 만 나약한 인물이라고밖에 할 수 없다.
    이러한 변명과 함께 이광수는 만인에게 평등한 사랑을 노래한다. 아무런 다툼과 차별 없는 사랑의 세계는 '반민족행위처벌법'으로 수감되어 만인에게 비난받는다는 생각에 괴로웠던 이광수가 기댈 곳이었으며, 동시에 미소(美蘇)의 견제와 한반도 안의 좌우 대립 끝에 분단되고 결국에는 6·25전쟁 발발에까지 이르는 과정의 한반도를 바라보는 지친 노인의 마음이 가닿은 곳이었다.

> 요새 웬 사람이 이렇게들 죽소?
> 오늘도 세 사람이 총을 맞아 죽었다고
> 가만히 두어도 앓아서들 죽는 것을
> 왜들 총을 쏘고 칼로 찔러서 미리 죽이오?
>
> 왜 그리 서로 미워들 할까요?
> 피차에 얼마 못 살고 죽을 인생이
> 서로 웃고들 삽시다
> 서로 좋은 말 하고들 삽시다그려
>
> 주고 살아도 한세상 빼앗고 살아도 한세상
> 빼앗아 잘사는 이 보았소? 주어 못사는 이 보았소?
> 미워하다가도 죽고 사랑하다가 죽는 인생이라면
> 같은 값에 주다가 사랑하다가 죽읍시다그려
>
> – 미발표 시 「사랑과 미움」 전문(403쪽)

이렇게 이광수의 시 세계는 끝을 맺는다. 민족 영웅 이순신을 부르짖으며 삼천리에 피를 쏟더라도 일본군을 몰아내자던 젊은이는 일제 치하 35년을 겪으며 일본은 절대 패망하지 않을 것이라 믿게 되고, 일본을 위

해설 665

해 피를 흘리자고 주창하다 해방 후에 반민족특별법으로 고발되자, 자신은 민족을 위해 친일을 했다고 변명하고는 마침내 지친 몸과 마음으로 싸우지 말고 사랑하자고 한다. 이후 이광수는 6·25전쟁이 발발한 후 납북되어 이송 중에 사망한다.

이제 이광수는 "만지면 만질수록 덧나는 상처"가 아니라, 문학에 투신했던 어떤 특별한 사내로 우리 자신을 돌아보게 만드는 사례이다.